"十二五"国家重点图书出版规划项目
新视野教师教育丛书·学校管理改革与校长专业发展系列
系列主编　魏志春　陈建华

普通高中
红黄蓝绩效管理模式研究

陈志明　主编

内 容 简 介

本书从分析学校的绩效管理内涵出发，详细介绍了浙江省台州市洪家中学这一具有校本意义和创新价值的红黄蓝绩效管理模式的探索和实践过程。从理论与实践两个层面，对这种管理模式的内涵、管理流程的总体设计、管理中绩效规划与绩效指标的制定、绩效信息的收集和绩效反馈等方面进行了综合分析和辩证思考，从而证明了绩效管理在学校管理改革和现代学校制度建设中具有的重要价值。

本书适合于教育行政部门领导、中小学校长、中小学中层领导和教育管理专业的本科生和研究生阅读。

图书在版编目（CIP）数据

普通高中红黄蓝绩效管理模式研究/陈志明主编．— 北京：北京大学出版社，2011.11
（新视野教师教育丛书·学校管理改革与校长专业发展系列）
ISBN 978-7-301-19686-1

Ⅰ.①普… Ⅱ.①陈… Ⅲ.①高中—学校行政—管理模式—研究 Ⅳ.①G637.2

中国版本图书馆 CIP 数据核字（2011）第 225622 号

书　　　名：	普通高中红黄蓝绩效管理模式研究
著作责任者：	陈志明　主编
丛 书 策 划：	姚成龙
责 任 编 辑：	周　伟
标 准 书 号：	ISBN 978-7-301-19686-1/G·3254
出 版 发 行：	北京大学出版社（北京市海淀区成府路 205 号　100871）
网　　　址：	http://www.pup.cn
电 子 信 箱：	zyjy@pup.cn
电　　　话：	邮购部 62752015　发行部 62750672　编辑部 62754934
	出版部 62754962
印 刷 者：	河北涞县鑫华书刊印刷厂
经 销 者：	新华书店
	787 毫米×1092 毫米　16 开本　13.5 印张　329 千字
	2011 年 11 月第 1 版　2011 年 11 月第 1 次印刷
定　　　价：	32.00 元

未经许可，不得以任何方式复制或抄袭本书之部分或全部内容。

版权所有，侵权必究

举报电话：(010) 62752024　电子信箱：fd@pup.pku.edu.cn

总　序

20世纪初，源于欧美工业发达国家的近代国民教育制度引入中国，在幅员辽阔又有着自身悠久文化教育传统的城乡各地，逐步建立起了效仿他人的公立中小学。在历经一个世纪之久的制度移植、文化冲突与融合、变革与创新之后，建立起了一个基本成型的中小学组织管理模式。现阶段我国中小学的学校管理，尽管因地域、城乡、资源投入等方面的差异，尚存有不少区别。但是，在学校管理过程中特别是支持其组织运行的基本要素，依然呈现出若干共同的特征。

作为工业社会衍生物的公立中小学，在普及义务教育制度推行的历史进程中，其主要职能就是为工业社会成长与运行和文明的国民社会建设，培育与夯实可持续发展的基础。虽经历了多种形式的组织制度迁移与转换过程，体现工业化精髓的工厂精神、制度与措施，仍然是公立中小学校组织管理与运行的重要基础。

第一，遵循近代机器大工业组织内部分工协作的规则，根据学校组织目标、任务以及学科教学的要求，对教育劳动进行具体分工。学校内部的教育教学过程，被划分为由不同教师协作完成的许多工序，让教师尽快融入与熟练操作，形成教学活动每一步骤的规范化、标准化甚至自动化，把教师个人的知识和能力整合到学校的组织系统中，力图将教师自身持有的价值观念与行为方式同学校组织目标与规则的摩擦减少到最低程度，以此实现学校组织效率的目标。第二，采用科层组织的规则与程序，将学校内部等级权力的行使制度化。通过学校的组织结构、岗位分工、任务计划、检查评价等，依赖建立理性化的规则和程序，界定教师的工作任务、指挥教师的教学行为、评估教师的工作绩效，在此基础上进行报酬的分配以及奖惩的采用等，以完成对教育教学及其他工作的全面控制。第三，为了使教师规范的劳动行为得到激励，最大限度地提高教师的劳动效率，以泰罗开创的"科学管理"作为衡量与评价教师劳动绩效的理论基础。现阶段学校对教师工作绩效普遍采用的管理方式，是以可"计量"的科学管理方式进行监控和评价。通常的做法是建立起以教师"工作量"考核为基本依据，薪酬制度为核心，包括奖励、晋升等在内的激励机制。

从管理主义的视角来看，这种反映工业化精神和规则的学校管理模式，通过建立起有效的组织控制来规范师生的行为，这其中包括三个因素：一是对教育教学工作任务的规定和指导；二是通过学生的学业成就评估教师的工作绩效；三是对酬劳和奖惩教师工作和学生学业有明确的指向。能受到学校的奖赏主要表现为以下三类行为：一是"规则取向"的行为，即遵守学校要求的工作和学习规则的行为；二是具有"可预测性和可靠性习惯"的行为，即能以可靠、可信任、可预测的方式来完成工作任务的行为；三是将学校的组织目标与价值内化为个人的行为。在学校管理过程中，这种以通过提高教师的劳动效率，进而提升学生学业成就的路径依赖，充斥着工业生产过程与产品标准化的理念与规则，以有限的投入获取尽可能多的产出，也适应了在教育资源投入受到严重约束条件下获得学校组织效率的需要。

正是这种作为"穷国办大教育"基石的学校组织效率，在不到半个世纪的时期内，我国完成了从城乡大多数居民处于文盲半文盲状态到基本普及九年义务教育、基本扫除青壮年文盲的历史性跨越，从而为农业社会向工业社会的顺利转型，一跃成为"世界工厂"，准备了充实的人力资源基础。但是，这种仿制工厂组织规制的学校管理模式，至少需要有以下两个条件的满足，才能使其获得社会对教育的认同，效率得以体现。其一，工业化初始阶段对工厂员工行为要求，主要是被动守制与服从，而不是主动灵变与创新的统一；标准化的教育内容与形式以及与此相配套的管理规则与手段，方能得到社会接受和学校采纳。其二，城乡居民对国民基本教育需要尚处于标准化的普及性需求，而不是多样化的选择性阶段，学生及其家长对入学的学校，既无选择的意识也别无选择的现实。在进入21世纪以前，分布在城乡各地绝大多数的中小学，基本处于这种状态。

1985年5月《中共中央关于教育体制改革的决定》的颁布，拉开了教育改革进程的序幕，遍布我国城乡各地的中小学开始了各种教育教学改革的探索。跨进新世纪以后，我国经济与社会发展进程迅速加快，科学技术进步与产业的不断升级，知识和能力开始显示出对个人职业生涯的重要作用，启动了城乡居民对基础教育的需求从普及性向选择性的转变，并突出表现为对优质教育持续扩大的需求，进而对中小学的教育质量与办学特色的要求逐步提高。这种质量与特色要求已经超越了机器大工业的时代局限性，体现为社会发展对学校育人过程、方式与特点多样化和个性化的要求，反映了工业社会向信息社会跨越的需要。这种情形下，以机器大工业工厂规制为参照模板的学校教育及其管理模式，就不能不面临多样化、个性化和创新性的变革。我国基础教育领域的中小学及其校长，肩负着这个快速变革时代对基础教育发展带来的压力，面临社会和居民个人对学校教育质量水平与日俱增的要求，应对青少年学生和教师队伍不断出现的新情况、新问题。在受教育权利成为现代社会国民基本人权，学校仍然承担着国民启蒙和基本素质养成的职责，教育资源投入尚存有较大制约的历史条件下，校长们以自己对教育事业的忠诚与执着，教育本质的理解和行动，持续不断的探索精神，把握新时代对基础教育的要求，勇于改革的创新实践，带领教师进行了包括学校管理在内的多种改革尝试，换来了中小学教育改革"百花齐放"的新局面。

《国家中长期教育改革和发展规划纲要（2010—2020年）》明确指出："要创造有利条件，鼓励教师和校长在实践中大胆探索，创新教育思想、教育模式和教育方法，形成教学特色和办学风格，造就一批教育家，倡导教育家办学。"《纲要》中所指的"教育家办学"对中小学校长的关键要求是创建办学风格、追求教育特色。创建办学风格、追求教育特色，反映了现代学校在改革与发展中突破机器大工业时代局限性、适应信息社会的必然要求。这指明了今后学校办学的发展趋势，既是衡量校长专业化水平高低和职业成熟程度的一个重要标志，也是新的历史阶段对校长专业发展提出的要求。

随着基础教育办学体制改革的深化，学校创设自身办学风格、追求教育特色的环境渐趋形成。中小学办学自主权的逐步扩大与落实，学校作为现代社会中相对独立的专业化组织初现雏形，开始改变中小学作为政府及其教育行政部门附属机构的状况。在遵循国家的教育法律法规、党和政府教育方针政策的前提下，学校根据自身所处的社会环境、办学条件与可能获取的资源等，谋划学校的未来，确立学校的发展目标，提炼学校的办学特色，形成学校的品牌，正在成为学校教育适应社会变革需要的回应。进入21世纪以来，一些学校在办学过程中，以创新教育思想、教育模式和教育方法为突破口和抓手，以点带面，以局部带动整体，实现整体优化，推进学校的全面改革，促进学校教育质量的提高；从优势项目到项目特色，从项目特色到学校特色，再从学校特色到特色学校，取得了令人瞩目的特色办学成果，形成一种独特、优质、稳定的办学风貌。

特色办学让学校找到迈进卓越的领域，这是一个非常有效的教育教学及其管理改革的过程。这些改革不仅涉及面十分广泛，并且具有来自理论思考与实践成效等多方面的支持。从管理的覆盖面看，从教育教学过程的变革到行政工作的调整，从学生思想品德教育到行为规范养成，从校容校貌的端正到设施设备的更新，从教风、学风、校风的建设到校外各种和谐关系的建立；从管理的支撑点看，从理念的构设到践行，从规章制度的建立到行为培育，从行动倡导到文化建设等。作为学校改革领导者和行动者的校长，所有这些思考和行为都必须落实在一所学校的各个工作领域，归结起来，大体上可以从以下方面得以反映。

在管理观念的改革上，勾画学校组织的愿景，确立学校的发展目标。树立起以教育家的理想、信念和视野，认真思考社会发展对教育改革的要求和学校所在区域的特点，把握政府和社会向学校提出的发展目标与质量具体要求，认真梳理与总结学校发展历程中成功的经验与失误的教训，厘清推进或阻碍学校发展的各种因素。在准确把握学校"定位"的基础上，选择、明确与落实学校优先发展的事项，提出并实施各种具有现实性、针对性与可行性的改革行动方案。以自己清晰的教育理念和坚决的行动，引导教师深刻理解学校教育的使命、性质与职能。

在课程教学的改革上，开拓领导课程教学的视野，清楚了解课程教学改革的发展趋势与动向，聚焦课程教学的目标与过程。引导、组织与支持教师开展教学研究，认真梳理教学过程中存在的各种问题，探索课程教学的有效方法与途径。建立起课程教学实施状况的评价机制，实施提高教学质量的激励制度和措施，向教师提供课程教学改革的政策与资源；引导和鼓励教师通过个人努力与团队协作，进行包括利用信息技术提高教学质量，支持信息技术与课程教学的整合在内的各种教学改革探索，促进教师为持续提高课程教学质量而努力。

在引领教师专业成长和建设教师队伍方面，构建有助于教师专业的全面性与自主性发展的制度环境，增强教师专业发展的内驱力。在学校中建立与实施科学合理的教师工作绩效评价制度，制定与实施激励教师专业成长的制度和措施；创设满足教师专业发展愿望与需求的各种条件，提供教师继续学习的各种资源与机会；满足教师专业发展的主动性和自主性需求，制定和实施校本培训的制度与措施，选择与开发校本培训的资源、策略与途径；实施包括个性化的教师专业发展规划、个人自主的专业进修培训、自选的研究项目等在内的各种具体制度与措施，使教师既有充分施展自己个人抱负和能力的时间与空间，又有利于激励教师之间的相互尊重、理解与欣赏，形成教师专业发展的互助合作机制，全面提升与拓展教师队伍的专业素质与能力。

在提升学校的组织效能方面，构建公正、进取、合作、开放的学校组织文化，激励教职员工的进取精神与行为，提高管理效率。为适应快速多变的社会环境和体现"以人为本"的学校管理形态，建立与完善在校长负责制下的权力分配、制衡与监督机制，充分发挥党群组织和教代会在学校中的地位与作用；推进教职员工的民主管理和民主监督，建立民主科学的学校决策机制；建立与实施学校的规章制度，落实学校各部门与教职员工的岗位职责，确定与分配教师团队与个人的工作任务，推行、评估与改进学校各部门与教职员工的绩效管理；从而使学校各种管理规则以及由此派生的激励策略与手段等，通过学校的组织结构、任务计划、岗位分工、检查评价等，把教职员工个人的知识和能力整合到学校组织的系统运作中；并借助管理技术手段的不断更新和管理流程的完善，提高学校管理效能。

在建设学校的公共关系方面，引导、激励学生家长与社会公众对学校的理解与支持，打造良好的办学环境。在影响与制约办学因素与日俱增的社会环境中，学校逐步改变以往尽力避免家长以及社会公众"干预"的做法。通过舆论导向、制度建设、措施落实和成效显现，在吸引家长以及社会公众对学校事务的参与和支持过程中，引导他们认同学校教育目标与价值，启迪他们接受学校教育理念与办学特色；不仅使家长以及社会公众成为办学条件的知情者与关注者、办学过程的评价者与监督者，而且创造条件使他们成为学校办学特色的参与者与建设者，教育教学改革的支持者与欣赏者；让家长以及社会公众普遍享用和受惠学校发展与改革的成果。

在持续推进改革的进程中，许多校长的眼光没有局限于自己所在的学校，也没有仅仅着眼于身处的地域，更不是凭自己的感觉或经验行事。他们从肩负的使命出发，始终紧紧盯住国内乃至世界范围内同行的改革举措、进展和成效，并不断从中汲取经验，检视各种改革的成败得失及其原因，探索适合自身学校条件的做法，使自己领导学校改革的理念与行动，切合基础教育阶段学校发展与改革的大趋势；同时对他人的改革措施进行认真鉴别和精心改造，创造出更加适应自己所在学校条件的新的制度、机制和措施方法，形成具有自己"知识产权"特点的改革版本。这些改革不仅有"破"，即针对学校长期存有的各种弊端的变革行动，更有"立"，即进行多种为应对新挑战，适应新情况、解决新问题、攀登新高度的制度建设、体制建构和行为变革。

在我们所熟悉的校长中，绝大多数是从学科教师转变而来的，他们走上领导和管理学校岗位的机缘多种多样，但"教而优则仕"是其基本特点。因此，他们的专长多表现在对学科知识体系的把握和课堂教学过程的掌控，管理学和教育学的理论功底普遍比较薄弱。在担任校长职务之初，对领导一所学校的认知，大都停留在理解和执行上级教育行政部门的指令上，以及来自自己教师职业生涯中对学校管理的体验与感悟。学校管理行为理性思考不足，缺乏预先的规划设计，常常凭直觉或成规管理学校的各项事务，且带有很大程度的随意性，是一些校长工作中常见的现象。因此，有人说大多数中小学校长属于经验型的校长，学校管理工作呈粗放型状态，这并非空穴来风的断言。在教育教学的专业化程度越来越高，学校之间竞争日渐剧烈的环境下，如何在办学中提升教育质量、追逐学校卓越品质，这既是社会对学校的强烈期望，又是学校教育改革的自身要求，其中包含了对广大中小学校长专业化水平的诉求。在校长自身的专业成长中，对教育事业的忠诚，对青少年学生成长的心血倾注，对教师发展的引领，无疑是领导学校改革的前提。长于思考，善于学习，勇于实践，勤于反思，不断追求新知，则是获得学校改革成功的保证。这就使推进学校持续改革，形成办学风格的进程，成为校长不断熔铸自己的教育理念和管理思想，拓展管理知识，提升管理能力的专业发展过程。一大批优秀的校长正是伴随着其领导学校的改革,创设办学特色的实践过程中成长起来。

基于上述考虑,我们编写了"学校管理改革与校长专业发展系列"丛书,这是一套开放性的图书。编写本套丛书有三个目的:(1)呈现目前我国有代表性的中小学在管理改革方面的特色和成功经验,为其他的中小学提供借鉴和启示;(2)以特色办学为切入点,分析其与校长专业发展的内在关系,为中小学校长专业发展提供一条有效的路径;(3)探索学校整体改革的思路,总结创建办学特色的经验,为学校管理改革提供咨询、指导。

最后需要说明的是,本套丛书是我们在北京大学出版社主编出版的"学校发展规划与校长专业发展"系列丛书的延续,在丛书选题和内容设计上,我们征求了华东师范大学、上海师范大学的同行,长三角地区部分中小学校长的意见,我们真诚地希望有关专家和读者能够提出更好的建议!

魏志春　陈建华
2011年10月于上海

前　言

随着经济全球化和信息时代的到来，世界各国企业或组织都面临着越来越激烈的国内和国际市场的竞争，经济的增长越来越取决于知识的创新和人才的培养，而各国综合国力竞争也最终取决于人才的优势。要培养优秀的人才，发展教育是先决条件。

学校发展的关键，应该是在理想目标与现实条件之间寻找机会，努力创造学校教育发展的时空条件。其核心是实施"以人为本"的教育，永远把教师和学生的利益放在第一位。其中，学校的责任则是在发挥人的主体性、追求多样化发展的过程中，实现社会的主流价值。学校改革应当把促进教师的专业成长和促进学生的健康发展作为重中之重的工作，并通过各种各样的管理改革促进教师和学生的共同发展和共同进步。从一定程度上可以说，一所学校的发展过程，往往就是学校管理的不断探索和改进的历程。

浙江省台州市洪家中学地处经济发达的东部沿海城市，建校五十五周年以来，历经不断的改革和蜕变，已经由一所名不见经传的农村中学，转变为具有现代气息的示范性普通高中，现有学生近两千名，专任教师162人。在洪家中学的发展过程中，通过管理改革与创新提高教育质量一直是学校的不懈追求。教育管理改革过程中不断的探索创新，为学校快速发展注入了活力。1994年以来，学校不断探索内部管理体制的改革，先后实施了教师聘任制和结构工资制，引进了ISO9000质量管理体系，变传统科层式管理为扁平式管理体制等，这一系列管理改革对于学校教育教学质量的全面提升、美誉度及学校办学水平的提高起到了良好的促进作用。

随着教育改革的深入，以及学校生源素质的提高，管理体制存在的一些局限性和不足慢慢显现出来：源自企业的ISO9000质量管理，以监控为主要的管理手段，刚性有余、柔性不足，企业味有余、教育味不足；扁平式管理虽然挖掘了年级段这一基层组织的积极性和潜能，但是对于协调年级段之间的关系，对于教职员工个体发展与组织发展的共同促进考虑得不够充分；单一的结构工资制，强化了教职员工的经济追求，在一定程度上反而挫伤了教职员工的积极性、加剧了他们之间的恶性竞争、降低了教职员工的幸福指数……

"世界唯一不变的就是变化"。针对以往管理制度的不足，学校领导进行分析诊断并积极寻找对策，不断完善管理制度，推出了一系列新的改革举措：变原来注重"过程监控、持续改正"为注重"过程监控、持续激励"；在原来的扁平式管理中，注入了以促进个体和组织共同发展为主要目的的捆绑式评价，以此来激发教职员工和学生的工作和学习积极性，增强教职员工和学生的幸福体验……

"经验源自于探索"，通过不断的探索，一种新的有特色的普通高中绩效管理模式——"红黄蓝管理"水到渠成地形成了。我们希望通过这一管理模式的改革，进一步提高学校的教育教学效能，协调个体进步和团体发展之间的关系，构建和谐合作的学校文化，最终建立一种新型的现代学校制度，从而促进学校跨越式的发展。

绩效管理作为现代企业一种行之有效的管理方式，在学校管理领域为越来越多的有识之士所探讨和应用。随着义务教育阶段绩效工资政策的广泛推行，绩效管理的影响力势必逐渐上升。但是作为一种从西方引进的管理概念，学校管理工作者对它的认识有个逐步加深的过程。首先，搞清楚绩效管理的真正含义，这是学校管理工作者面临的第一个问题。这个问题不解决，绩效管理推进过程中的种种误解和误用就会不可避免的出现。其次，绩效管理在学校管理领域中的运用，目前尚处于初步探索的阶段，学校绩效管理本身是一个持续动态发展的过程，管理过程中的诸多方法和模式需要在实践情境中被加以综合的考量和运用，其方法和模式有待于进一步的分析与反思。最后，任何一所学校要尝试与运用绩效管理，必须考虑学校的具体情况，使其渗透到学校教育教学工作的各个方面，才能真正发挥它的价值。

洪家中学立足绩效管理以人为本的精髓要义，在绩效管理领域进行了一系列富有意义的尝试，提出了具有学校特色的红黄蓝绩效管理模式。作为一种人文取向的绩效管理，红黄蓝绩效管理模式不单是一种管理工具，更是一种思维方式和一种行为习惯。在管理过程中，学校更加注重管理者要参与和教职员工的沟通，倾听教职员工的呼声，放眼未来，引导教职员工做自我改变以适应学校的发展变化。有了全校师生的积极参与，学校的发展才能迸发出巨大的生命力，才能为实现个体发展和组织发展的双赢奠定坚实的基础。尤其是，红黄蓝绩效管理模式的探索把学校管理改革的特色和品牌与现代学校制度结合在一起，进一步梳理学校改革的核心价值观和办学理念，并且使它渗透和融合于学校的各项工作，以管理提高效率，以管理促进学校发展，以管理特色提炼和管理品牌建设来总体设计和推进洪家中学的现代学校制度建设，这是学校今后发展的一个非常重要的命题。

本书从分析学校的绩效管理内涵出发，详细介绍了洪家中学这一具有校本意义和创新价值的红黄蓝绩效管理模式的探索和实践过程。从理论与实践两个层面，对这种管理模式的内涵、管理流程的总体设计、管理中绩效规划与绩效指标的制定、绩效信息的收集和绩效反馈等方面进行了综合分析和辩证思考，从而证明了绩效管理在学校管理中、在现代学校制度的建设中具有的重要价值，最终也证明了洪家中学创造了一次成功的校本管理研究的案例，可以为其他学校实施有效的绩效管理提供一定的借鉴和帮助。

任何一套管理体系都不可能适用于所有复杂的学校管理情境，因此，在实际运用绩效管理体系时，还需要结合实际的情境做出适应性的选择与调整。本书仅仅是提供了一些可选择的参考性信息和我们的经验，在很多方面尚需在各种管理情境中加以完善。管理问题的创造力来自于管理的实践，因此衷心希望与从事学校绩效管理的理论工作者和实践工作中，共同探讨完善这一领域的管理方法，也欢迎大家对本书的观点提出批评和指正。

陈志明
2011 年 8 月

目录

| 前 言 | 1 |

第一章 学校的绩效管理 1

  第一节 绩效管理的定义 1

    一、绩效的定义 1

    二、绩效管理的定义 2

    三、绩效管理的作用 4

    四、绩效管理的方法 6

  第二节 学校的绩效管理 8

    一、学校绩效管理的定义 8

    二、对教育绩效的要求与规定 8

    三、学校绩效管理的多元主体 9

    四、学校绩效管理的功能和价值 10

    五、目前学校绩效管理中普遍存在的问题 11

    六、四种典型的学校绩效管理模式 13

  第三节 洪家中学红黄蓝绩效管理模式的探索 15

    一、红黄蓝绩效管理模式的基本框架 15

    二、红黄蓝绩效管理模式的创新之处 16

第二章 从科层管理到红黄蓝管理 18

  第一节 传统科层管理阶段：1956—1993 18

    一、学校管理以科层管理为主与外部环境有关 18

    二、科层管理模式及其在学校中应用的合理性和局限性 19

  第二节 以 ISO9000 质量管理体系引进为核心项目的管理改革阶段：

         1994—2008 23

    一、内部管理体制改革：1994—1999 23

    二、ISO9000 质量管理体系的引进：2000—2004 25

    三、扁平式管理：2004—2008 29

第三节 以红黄蓝管理为核心的人文取向绩效管理阶段：2009年至今 ·········· 33
    一、实施红黄蓝管理的必然性 ·········· 33
    二、红黄蓝绩效管理模式的理论基础："以人为本"管理理论 ·········· 35
    三、"以人为本"管理理念与洪家中学红黄蓝绩效管理模式的契合点 ·········· 35

第三章 红黄蓝管理的内涵分析   40
第一节 红黄蓝管理的定义 ·········· 40
    一、红黄蓝三色在中西方文化中的意义 ·········· 40
    二、红黄蓝管理的由来 ·········· 41
    三、红黄蓝管理的界定 ·········· 43
第二节 红黄蓝管理的特征 ·········· 44
    一、崇尚民主，以人为本 ·········· 45
    二、关注个体，团队协作 ·········· 45
    三、注重过程，动态评价 ·········· 46
    四、依据绩效，持续改进 ·········· 47
第三节 红黄蓝三区的解读 ·········· 47
    一、红区 ·········· 47
    二、黄区 ·········· 48
    三、蓝区 ·········· 50
    四、红黄蓝三种区域的关系 ·········· 51

第四章 红黄蓝管理流程的总体设计   53
第一节 绩效管理流程 ·········· 53
    一、绩效规划 ·········· 53
    二、绩效实施 ·········· 54
    三、绩效考核 ·········· 55
    四、绩效反馈 ·········· 55
第二节 红黄蓝管理流程的实际运作 ·········· 56
    一、科学分解绩效目标，精心制订绩效计划 ·········· 56
    二、加强过程管理，全力推进绩效执行 ·········· 56
    三、建立健全评价体系，合理实施绩效监控 ·········· 56
    四、强化绩效诊断，力促绩效计划的改善与发展 ·········· 57
第三节 关于绩效管理流程设计的一些重要提示 ·········· 57
    一、坚持正确的宣传和舆论导向 ·········· 57
    二、实施有效的前期调研和沟通活动 ·········· 57
    三、建立公正和科学的绩效考核体系 ·········· 58
    四、正确看待教师的价值 ·········· 58
    五、追求合作的教师文化 ·········· 58
    六、构建评价主体的多元化 ·········· 58

第五章　红黄蓝管理中绩效规划的制定　　59

第一节　学校全体成员在红黄蓝管理中的责任 …………………………………… 59
一、学校校长的责任 …………………………………………………………………… 59
二、学校职能部门及其管理者的责任 ………………………………………………… 61
三、教职员工的责任 …………………………………………………………………… 62

第二节　红黄蓝绩效战略规划的制定 …………………………………………… 62
一、学校的使命 ………………………………………………………………………… 62
二、学校愿景 …………………………………………………………………………… 63

第三节　职能部门发展规划的制定 ……………………………………………… 65
一、教学处发展规划的制定 …………………………………………………………… 65
二、教科室发展规划的制定 …………………………………………………………… 65
三、教育处发展规划的制定 …………………………………………………………… 66
四、教育信息技术中心发展规划的制定 ……………………………………………… 68
五、总务处发展规划的制定 …………………………………………………………… 69

第四节　教职员工职业生涯发展规划的制定 …………………………………… 69
一、明确不同层次教职工的发展目标 ………………………………………………… 69
二、实现教职员工职业生涯规划的基本策略 ………………………………………… 70
三、教师职业生涯规划案例 …………………………………………………………… 71

第六章　红黄蓝绩效管理模式中的绩效指标　　74

第一节　教师胜任力和教学绩效指标 …………………………………………… 74
一、胜任力的含义 ……………………………………………………………………… 74
二、教师胜任力的特征 ………………………………………………………………… 75
三、教师胜任力的理论基础 …………………………………………………………… 75
四、教师胜任力与教师绩效的关系 …………………………………………………… 77
五、教师胜任力的结构维度 …………………………………………………………… 77
六、影响教师胜任力的因素 …………………………………………………………… 79
七、根据教师胜任力模型设计教学绩效指标 ………………………………………… 80

第二节　高中生学力和学习绩效指标 …………………………………………… 87
一、学力的相关理论基础 ……………………………………………………………… 87
二、如何提升高中生的学力 …………………………………………………………… 90
三、学生学力和学习绩效指标探讨 …………………………………………………… 93

第三节　班主任胜任力和班级绩效管理指标 …………………………………… 97
一、中学班主任工作的重要性 ………………………………………………………… 97
二、中学班主任的胜任力特征及班主任绩效考核 …………………………………… 98
三、班级管理绩效指标 ………………………………………………………………… 103

第四节　行政后勤人员素养和后勤服务绩效指标 ……………………………… 111
一、学校行政后勤工作及其人员的基本素养 ………………………………………… 111
二、行政后勤工作红黄蓝绩效指标的制定 …………………………………………… 114

第七章　红黄蓝管理的绩效考评　123

第一节　红黄蓝管理中绩效考评的含义 123
  一、关于"绩效考评内容"的问题 123
  二、关于"考评目的"的问题 123
  三、关于"考评方法"的问题 124
  四、关于"考评主客体"的问题 124
  五、关于"考评时机和周期"的问题 124

第二节　红黄蓝管理中绩效考评对学校发展的意义 124
  一、为学校三年发展规划的有序开展而考评 124
  二、为提高教育教学质量而考评 125
  三、为及时反馈与有效激励而考评 125
  四、为业务提升和岗后培训而考评 125

第三节　红黄蓝管理中绩效考评的基本原则 126
  一、以人为本、客观公正的原则 126
  二、公平公开、反馈改进的原则 127
  三、以德为先、注重实绩的原则 127
  四、激励先进、促进发展的原则 128
  五、定量为主、定性为辅的原则 129

第四节　红黄蓝管理中绩效考评的主体与客体 130
  一、绩效考评的主体 131
  二、绩效考评的客体 134

第五节　红黄蓝管理中绩效考评的方法 136
  一、洪家中学捆绑式评价方案 136
  二、以校长评价为核心的学校评价 138
  三、同事评价 139
  四、教师自我评价 140
  五、微格教学评价 141
  六、目标合同评价 143

第六节　红黄蓝管理中绩效考评的时机与频度 143
  一、绩效考评时机的把握 144
  二、绩效考评频度与周期的安排 144

第八章　红黄蓝管理的绩效信息收集和绩效反馈　146

第一节　红黄蓝管理中的绩效信息收集 146
  一、为什么要收集绩效信息 146
  二、收集绩效信息的方法 147
  三、收集绩效信息中应注意的问题 148

第二节　红黄蓝管理中的绩效反馈 148
  一、绩效反馈的定义和重要性 149

二、绩效反馈的方式……………………………………………………… 149
　　三、绩效反馈结果的运用………………………………………………… 163

第九章　红黄蓝管理与现代学校制度的建设　169

第一节　什么是现代学校制度……………………………………………… 169
　　一、现代学校制度的定义………………………………………………… 169
　　二、现代学校制度建设的价值追求……………………………………… 170
第二节　红黄蓝管理是校本化的现代学校制度………………………… 171
第三节　红黄蓝管理促进现代学校制度建设…………………………… 172
　　一、通过实施红黄蓝管理，实现"以人为本"的现代学校制度特点…… 172
　　二、通过实施红黄蓝管理，实现现代学校制度的"发展性"特点……… 172
　　三、通过实施红黄蓝管理，实现现代学校制度的"民主性"特点……… 173
第四节　红黄蓝管理促进学校跨越式发展……………………………… 173
　　一、通过红黄蓝管理，提高对师生的科学管理水平…………………… 173
　　二、通过红黄蓝管理，促进和谐校园建设……………………………… 174
　　三、通过红黄蓝管理，提高教育质量…………………………………… 175

附录　洪家中学三年发展规划　176

第一部分　校情分析……………………………………………………… 176
　　一、基本情况……………………………………………………………… 176
　　二、历史沿革……………………………………………………………… 176
　　三、优势分析……………………………………………………………… 177
　　四、问题诊断……………………………………………………………… 178
第二部分　办学思想……………………………………………………… 179
　　一、办学理念……………………………………………………………… 179
　　二、发展定位……………………………………………………………… 179
　　三、培养目标……………………………………………………………… 179
第三部分　规划举措……………………………………………………… 180
　　一、强化教育特色，彰显办学亮点……………………………………… 180
　　二、开展教育科研，引领学校发展……………………………………… 181
　　三、加强德育创新，提高德育实效……………………………………… 182
　　四、聚焦课堂教学，提高教学质量……………………………………… 186
　　五、推进课程改革，完善课程体系……………………………………… 189
　　六、优化师资队伍，促进专业发展……………………………………… 191
第四部分　保障服务……………………………………………………… 193
　　一、管理落实保障………………………………………………………… 193
　　二、后勤优化服务………………………………………………………… 194

参考文献　196

后　记　199

第一章 学校的绩效管理

绩效管理作为现代企业一种行之有效的管理方式,在学校管理领域为越来越多的有识之士所探讨和应用。随着义务教育阶段绩效工资政策的广泛推行,绩效管理的影响力势必逐渐上升。但是作为一种从西方引进的管理概念,学校管理工作者对它的认识有个逐步加深的过程。首先,搞清楚绩效管理的真正含义,是学校管理工作者面临的第一个问题。这个问题不解决,绩效管理推进过程中的种种误解和误用就会不可避免的出现。其次,绩效管理在学校管理领域中的运用,目前尚处于初步探索的阶段,学校绩效管理本身是一个持续动态发展的过程,管理过程中的诸多方法和模式,需要在实践情境中被加以综合的考量和运用,其方法和模式有待于进一步的分析与反思。最后,任何一所学校要尝试与运用绩效管理,必须考虑学校的具体情况,使其渗透到学校教育教学工作的各个方面,才能真正发挥它的价值。

洪家中学创办于1956年,已有55年历史,是一所具有现代化气息的省级普通高中。学校坐落在台州市中心城区——椒江区南大门。现有44个教学班,在校学生近2000名,教职工190人,专任教师165人,中高级职称教师115人。学校师资力量雄厚,教师综合素质好,业务能力强,各学科均有一批高素质的教学骨干和教学能手。学校现占地面积121亩,建筑面积54665m^2,绿化面积达41045m^2。

洪家中学立足绩效管理以人为本的精义,在绩效管理领域进行了一系列富有意义的尝试。通过对三层四维绩效管理模式的实践和发展,洪家中学逐渐探索出了一套具有校本意义和创新价值的红黄蓝绩效管理模式,实现了绩效管理从企业到学校、从理论到实践的贯通和转化,极大地提高了学生成就、教师素质和办学水平,证明了绩效管理在学校管理中具有的重要价值,创造了一次成功的校本管理研究的案例。

第一节 绩效管理的定义

一、绩效的定义

绩效(Performance),作为组织管理及其相关研究的概念被重视和广泛使用,肇始于20世纪初高度市场化和组织机构日趋现代化的西方发达国家。"绩效"的基本含义是指工作的业绩与成效,最初在工业管理及其周边的商业领域中被采用,与20世纪初当时社会对劳动的精细化和科学化管理的需求是一致的。随着社会的变化与发展,以及接近一个世纪的实践和完善,"绩效"逐渐成为社会规范劳动过程、衡量劳动成果和改进工作方式的核心概念。它的使用范围也从企业扩展到政府、公共事业单位等服务性、非营利的组织机构中。而人们对这一概念的认识,也在思考和实践的过程中日趋丰富和辩证,逐渐形成了三种理解绩效的视角:从目前状态看,绩效可以被理解为组织成员所要完成的工作任务,是群体、部门和团队所要实现的"目标";从运行状态看,绩效是员工自己能够控制的与组织目标相关的"行为",是群体、部门和团队的活动状态和组织持续发展的过程;从事后状态看,绩效还可以看做是员工的工作"成绩",是群体、部门和团队的产出和工作结果。

从工作关系和考评对象的层次来看,绩效可以被分为人员绩效和组织绩效两类。人员绩效又称个体性绩效,是指员工在某一时期内的工作结果、工作行为和工作态度的总和。对人员绩效而言,绩效既表现为人员的工作结果,也表现为人员的工作过程。组织绩效是指组织在某一时期内,组织目标任务完成的数量、质量、效率及盈利状况,它强调的是绩效的集体性。在某些领域的管理实践中,在正式组织和作为组织成员的个体之间还存在一些中间的组织层次,如企事业单位中的部门和项目工作小组等。在现代管理理念中,对这些中间层次的绩效管理日趋重要,提高中间层次的项目小组或部门的绩效,成为提高组织生产效率、增强组织活力的重要举措。

组织绩效的具体内容和侧重点,随着组织性质的变化而有所不同。一般而言,企业组织的绩效通常重点包括产量、盈利、成本等财务性内容;而学校属于非营利性和事业性组织,其组织绩效更直接地指向人的成长及其成就。但我们同时也要看到,完整的绩效理论是将绩效作为"效率"、"效益"和"效果"的统一整体来理解和阐释的。这意味着企业绩效在经济收入之外,还存在着对个人的价值和社会的责任,而学校的绩效也包括对成本的控制和资源的分配等内容。不过,因为学校等组织使命和存在价值的特殊性,其绩效的很多方面确实存在着成分复杂、量化困难、标准动态变化等一系列在企业管理中相对较少遇到的问题。这就要求学校组织在绩效管理方面进行更多方面的更为深入的研究。洪家中学红黄蓝管理的一系列探索,正是基于对学校组织绩效的复杂性本质,以及对科学的绩效管理方法的迫切需要的清醒认识而逐步开展的。而这种对学校组织管理改革的认识,也随着管理改革实践的展开而不断加深,最终帮助洪家中学走出了一条绩效管理的新路。

二、绩效管理的定义

所谓绩效管理,是指各级管理者和员工为了达到组织目标而共同参与的,围绕绩效规划和设计、绩效指标确定、绩效沟通和实施、绩效考评、绩效反馈和改进等而进行的,持续不断的循环管理过程。其目的是提高个人、部门和组织工作的效率(Efficiency)、效益(Benefit)和效果(Effectiveness),即"把事情做好"、"为利益相关者带来好处"和"保证做大家认为正确的事"。[①]

"凡事预则立,不预则废",事先谋划是一项活动得以有效开展的前提条件。绩效规划和设计是绩效管理的基础环节。不能制定科学合理的绩效规划,就谈不上绩效管理。而这一过程的前提是对组织的使命、核心价值观和发展愿景具有清晰的洞察和界定。绩效管理是对绩效实现过程各要素的管理,是基于组织战略基础上的一种管理活动。如果这些前提没有得到很好的定位和梳理,后面的工作就会陷入烦琐和混乱之中,规划本身的正当性和合理性也很难得到恰当的论证。在规划执行过程遇到困难之时,也很难重新明确方向和分析优势和不足,难以灵活地解决实践中的问题。绩效规划还是组织中重要的决策活动,因

---

① 李宝元.绩效管理:原理·方法·实践[M].北京:机械工业出版社,2009:5.

此需要充分调动多方利益主体的积极参与，保证设计方案的最终形成体现了各方人士的共识，也只有这样，方案才能产生正面的激励作用，被主动地贯彻和执行；相关的监控、评估和问责才能名正言顺地展开。

绩效规划确定之后，紧接而来的工作就是确定绩效指标。绩效指标是对一个组织工作进行检查和评估的重要依据。所谓绩效指标，即明确产出结果，界定组织、团队或个人工作的产出成果或状态，确定衡量关键绩效的标准体系。它是制定者对组织的整体目标加以科学分类和层层细化的结果。绩效指标是整个绩效管理过程中最为显著和稳定的要素，也是之后大多数工作开展的依据，无论是绩效的实施、评估还是反馈、改进，都将指标作为工作最重要的参考。一方面，绩效指标本身应保证一定的弹性和开放性，保证实施者和评价者可以根据具体情境，灵活地对其加以解释和使用。另一方面，指标也需要具有足够的清晰性和稳定性，以保证绩效评估的信效度、集体工作的方向感和利益分配的公开、公正和公平。

除了在规划环节，沟通和协商的原则在实施过程中同样重要。绩效指标的落实，绝不是一个自上而下的行政指令，因为这样刚性的指令性指标往往会招致组织员工的各种各样的抵触。即便指标本身在制定者看来已经充分合理，他们也需要考虑实施和执行者对于指标是否有了足够程度的理解。所以，针对绩效指标还要进行持续不断的绩效沟通。绩效沟通是绩效管理的重要环节，这项工作讲求民主性和人文性，是民主作风和人文关怀的体现。绩效管理专家罗伯特·巴克沃将真正的绩效管理解释为"两个人之间持续的沟通过程"，[①] 如果沟通工作不到位，绩效管理将不能落到实处。

对实施过程具有重要影响的另一个因素是个体、团队和组织对于绩效战略规划和指标要求的执行力。对于一个具有自身独特文化和创新意识的组织而言，绩效管理需要走出简单的上传下达的僵化体制，充分发挥个体和团队的独特性和创造性，同时又能保证组织前进方向的统一和向心力的凝聚。因此，组织需要对成员的专业成长和团队建设负责，将相关的培训体系和绩效评估体系恰当地联系起来。

绩效考核评价是绩效管理的核心环节，它影响一个组织绩效目标的实现，与员工的受益和升迁等紧密联系在一起。如果这个环节的工作出现问题，绩效管理就失败了，甚至会出现很多负面的影响。很多时候，人们会将绩效评估和绩效管理完全等同起来，认为绩效管理即通过绩效评估进行的管理。更有甚者，将绩效评估作为绩效管理的终极目的，使这一工作退化成为管理者对于组织成员的筛选和评判。这种做法极大地挫伤了员工的情感和工作积极性。目前中小学的绩效考核普遍存在着这种误入歧途的做法，其结果是"仅仅填了一大堆表格，绩效管理流于形式，缺乏实质效果，被人事部门管理人员和教师视为'浪费时间'"。[②] 可见，管理者迫切需要改变对绩效考核性质、功能和作用的认识，从终结性的评价观转变为形成性、发展性的评价观，并努力将评价环节与整个管理体系联系起来，采用多种考核方式，将评价作为促进组织凝合与成员发展的契机。

绩效的收集与反馈既是绩效目标落实的最终环节，也是新的绩效规划和设计的起始环节。绩效的收集，即将之前考核评价的结果和信息加以记录、保存和分析。而这些信息往

[①] 薛文兴. 绩效管理在学校管理中的应用与思考 [J]. 新课程（教育学术版），2009（3）：158—159.
[②] 宋延军，王德清. 基于战略绩效管理的教师评价研究 [J]. 中国教育学刊，2010（12）：53—55.

往会需要与组织、团队和员工以前的相关数据,以及其他员工,甚至其他组织的数据进行纵向的和横向的比较。这一过程直接体现了绩效关系的作用和目的,是绩效管理取得成效的关键,因此也被称为绩效结果的应用阶段。沟通和交流在这一环节中也同样重要。当绩效结果公布于众之时,各方利益主体的问题、矛盾和情绪可能同时爆发出来,管理者若能以长远的和宽广的眼光处理,则会造就组织的激励氛围和变革契机,如果管理者将相关结果简单地视为赏善罚恶的工具,则组织将会日益走向停滞和封闭。

从本质上说,当代的绩效管理的核心优势在于它所蕴含的目标管理思想。自从德鲁克于1954年首倡"目标管理法"（Management by Objectives）以来,这种方法已经"成为绩效管理最具有普适性和基础性的一般操作平台"。[①] 它是一种防止绩效不佳和共同提高绩效的管理制度。如果说,"科学管理之父"泰勒将绩效指标引入管理领域,大大提高了工业产量,是因为他注意到绩效在技术层面上的形态,并通过量化的方式将其表现出来,那么德鲁克的成功,则在于他将早期绩效管理思想简单理解"目标—产品"机制的线性、技术性的思维模式,丰富和转化为既重目标也重过程、既重技术也重经济意义和社会意义的"效率—效果—效益"一体化的整合性思维模式,他扭转了绩效管理向着异化的工具性存在方式发展的错误方向。

这种整体性绩效管理的精髓是"以人为本",是通过组织战略的建立、目标分解、业绩评价,将绩效指标应用于组织日常管理活动之中,激励组织成员业绩的持续改进,并最终实现组织战略目标。也就是说,绩效管理是指管理者为了达到组织的目标,通过持续开放的沟通过程,形成组织目标所预期的利益和产出,并推动团队和个人做出有利于目标达成的行为。

在我国,学校的绩效管理和绩效考核正处于引进和起步阶段,人们对绩效定义和内涵的认识还存在许多的猜疑、误解和偏见。特别是前文所述的以终结性考核来代表绩效管理的思想,已经造成了学校的畸形发展,甚至严重影响了学生的受教育过程和教师的幸福指数。同时,绩效管理本身作为建立新的现代学校制度的必然要求,是迫切需要被推进的新的管理方式。对绩效管理思想的误解和误用,与学校中传统的依靠经验、秘诀、关系等来运作学校的惯常思维结合在一起,导致了众多师生,甚至领导对于绩效管理的反感甚至抵制。因此,只有回到本源,从过程和发展的角度理解绩效管理对于组织实现使命和战略目标的意义,并立足学校具体情况,在本土立场上展开充分的沟通和创新,绩效管理才能发挥其应有的作用。

三、绩效管理的作用

在现代社会结构和市场竞争环境中,无论一个组织或机构处于什么样的发展阶段,绩效管理对于提升组织或机构的竞争力都具有巨大的推动作用。如果组织或机构缺乏有效的绩效管理,那么它的绩效将得不到持续提升,它最终就不能适应市场竞争的需要,也就难以持续实现组织的使命,从而丧失其存在的价值,最终招致淘汰的命运。充分认识绩效管理的作用,有助于我们合理地选择和使用这一管理方式,解决本组织中业已存在的各种问题。

---

① 李宝元.绩效管理:原理·方法·实践[M].北京:机械工业出版社,2009:28.

（一）绩效管理促进组织和个人绩效的提升

绩效管理通过设定科学合理的个人目标、部门目标和组织目标，为员工个体和组织发展指明了努力的方向。绩效管理的优势体现在通过不断改善个人的绩效水平，进而提升学校组织的整体绩效。而这一过程之所以能够得以实现，是因为绩效管理系统能够较好地整合不同个体、不同部门的工作职能和相关利益，帮助每个组织中的分子认清自身的功能以及相关的付出和回报之间的关系，实现组织的高速运转，发挥组织的智慧。这个过程是通过两个方面的管理工作得以实现的。

一方面，管理者通过绩效沟通，及时发现员工在工作中存在的各种问题，给员工提供必要的工作指导。通过员工在工作态度和工作方法上的改进，提高员工的工作效率，保证他们预先制定的绩效目标的实现。

另一方面，绩效管理根据员工的工作实效，对员工进行遴选与区分，创造一种良好评价和遴选机制，促进优秀人才能够脱颖而出，同时淘汰不合格的人员。通过绩效管理能使内部人才得到成长，同时能吸引外部优秀人才，使人力资源能满足组织发展的需要，促进组织绩效和个人绩效的提升。

（二）绩效管理保证组织战略目标的实现

绩效管理同样需要一个组织预先确定一个明确的战略目标。在理想情况下，无论组织是否采用绩效管理，其战略目标都是必不可少的。它代表了一个组织存在的价值和发展的方向，也是组织的专业性和特殊功能在动态层面上的具体表现。但由于工业社会中科层制的僵化和部门功能的同质化，众多社会组织丧失了对自身使命和价值的"自觉"，其生命力和活跃性遭到"现代性"的剥夺，只能被动地行使外部服务的一些职能，在社会转型的过程中，这些组织往往难以逃脱被淘汰的命运。

绩效管理能够帮助组织形成"自我意识"。通过制定清晰的战略目标，组织成员开始有意识地认识自己的理想和他人的理想，寻找共性，并主动地、创造性地建立新型的相互关系，确定了组织的前进方向。通过对战略目标和组织及其成员的能力、素质的比较，制定合理的绩效指标并加以细分，目标分为远期发展目标和近期发展目标。根据外部环境的变化以及组织内部的条件，确立年度行动计划，主要由年度绩效目标和改革举措组成。根据战略目标的具体要求，把它分解为各个部门的工作任务，进而转变为各个部门的绩效指标。战略目标是组织发展的灵魂，它相对稳定地存在于学校制度文化之中，帮助一个由众多独立个体组成的组织在一致的方向上前行。

（三）促进组织内部的信息流通和文化建设

绩效管理非常重视员工的"参与"。从绩效目标的制定，绩效计划的形成，实行计划中的信息反馈和指导、绩效考核、对考核结果的运用以及提出新的绩效目标等都需要员工的参与，需要管理者与员工的双方相互沟通。

绩效管理有赖于组织员工对组织目标的共同认可，并在认可的基础上对绩效指标进行协调和沟通，它可以使组织内部的信息沟通更加流畅。而一个组织要使内部的信息流通更为流畅，需要在组织内部进行文化建设。因此，一个组织的绩效管理最终要顺利的推广，对这个组织具有比较高的文化建设要求。绩效管理要求组织内部加强自身的文化建设。

四、绩效管理的方法

绩效管理的方法类型繁多。随着一个世纪的管理经验的积淀，管理者们在绩效管理的不同的环节和层次都总结出了众多的方法，难以枚举。即便如此，如果我们抓住绩效管理的关键环节——考评，并以此为切入点审视不同的管理方式将会发现，以不同性质、不同侧重、不同内容的考评为基础的绩效管理，有着不同的优势和缺陷，应当对其有选择地加以使用。

（一）360度绩效考评法

360度绩效考评法也称全视角考评。这种考评方式在企业中就是由考评者的上级、同事、下级、客户（学校组织中可以是学生、家长），以及被考评者本人担任考评者，从多个角度对被考评者进行全方位的考核，然后通过反馈程序，使考评者和被考评者了解情况，减少争议和冲突，增加彼此的期望，达到改变行为，提高绩效的目的。这种考评方式的优势是有助于不同考评主体充分释放个人的视角和观点，增进人与人之间的交流，并促进视阈的融合。但其不足之处在于，组织成员花在交流过程中的时间和精力都是一般绩效考核方式的数倍，因此在大型的组织中很难实现对每个成员的充分评价。此外，绩效的分析和处理也往往因为信息量过大以及评价主体拥有不同的价值标准而很难得出有共识性的结论。

（二）尺度评价表法

尺度评价表法就是运用表格，将绩效分成若干级别，标明各级别的基本含义，进行对号入座式的考评。这是一种常见、较为简单易行的考评技术。采用这种评价方法往往是出于终结性评价的目的，根据尺度评价的结果来确定被评价者的绩效名次，从而以此为依据来决定资源和利益的分配，如给出相应的奖励或惩处，因此其使用往往是采用硬性分布的方法，评价者也相对较少。相对而言，这种评价方式的优势是运用起来较省时、省力，其不足是比较笼统，无法帮助组织成员比较个人绩效的增减。在组织内部实施时，也往往更多地导致成员之间的竞争和对抗而非合作和协商。

（三）板块评分法

板块评分法又称板块评价法，就是把教师考评的内容分成若干板块（要素或称指标），每块规定若干分值，再细分为小板块（要素）、分别赋值。这是一种学校组织考评中较常用的方法。这种方法的前提是设计者能根据组织工作的内部结构进行科学有效的板块划分，并能找到可观察、可操作、相对可独立监测的板块类别。可见，这种评分方式的优点是操作方便，易于量化统计，不足之处在于对组织绩效的板块划分往往具有很强的主观性和偶然性，且划分出的指标类别往往得不到准确的测量和检验，进而无法反应组织成长所需解决的真实问题。

（四）配对比较法

配对比较法又称两两比较法。跟排序法的做法相似，首先也要把相同岗位的教师名单列出，所不同的是，顾名思义，配对比较法是首先随机抽出两名被试配对进行优劣比较，确定前后序列，然后使用表格或卡片记录下"胜负"。这样依次让每名被考评者和其他人进行比较。最后记录下每个人的胜负数，并根据统计结果进行排名。这种方法的优点是比排序法更加全面、细致，可以避免对个别教师的"冷遇"，不足之处是只适用于少数相同岗位教师考评，人数多了就难以进行比较。

（五）硬性分布法

硬性分布法又称强制比例法。硬性分布法借鉴统计学原理，假定教师群体的优劣分布一般都呈正偏态分布，中间的是多数，特别优秀的是少数，特别差的更少。硬性分布法的优点是：适用于考评人数较多的教师群体；方便上级对部门的调控；避免考评尺度掌握过严或过宽现象。硬性分布法的不足是：硬性分布法对某些教师群体不一定合适。如教师整体表现较优良或整体表现较差，一概强制按比例分为几等，就不尽合理。年级段（或教研组）之间教师缺乏横向对比，相同业绩的教师在不同的组织中可能获得不同的考评成绩。

（六）等级选择法

等级选择法又称等级对照法，即将教师的表现或业绩分级，细化标准，赋予分值，考评时，先定级，后算分，最后总计。等级选择法的优点是：简明方便，便于对各种考评要素分别进行考评，可以综合统计出成绩。等级选择法的缺点是：确定等级难免有主观成分。另外，所统计出来的结果不能反映出优劣的所在。

（七）排序法

排序法又称序列比较法。考评时，首先列出相同岗位的考评对象名单，然后依据考评标准，对所列教师加以比较，按照绩效优劣从高到低的顺序进行排列。排序法的优点是：简便易行，可以避免趋中倾向导致的误差。排序法的缺点是：工作绩效较接近的教师，其前后顺序就难以确定。

（八）行为描述法

行为描述法也称写实法。根据考评要求，用文字的形式对考评对象的一些相关事件进行较为详细的描述，并在此基础上做出恰当的评价。如对考评对象先进性的评价，对先进教师的推荐等都较适合用写实法。这种方法重在事实说明，较有说明力，但不适用于考评对象之间的比较。

（九）关键事件法

关键事件法又称重要事件法。就是将教师完成工作任务时所表现出来的，特别有效的行为或特别无效的行为记录在案，作为考评依据。关键事件法的优点是：以客观事实为依据，真实可信。关键事件法的缺点是：对于"重要事件"较难定义，由于视角不同，对"重要事件"的理解以及成效的认同会受到主观认知的影响。

（十）评语法

评语法就是用较简洁的语言文字来表示评价结果的方法。如对教师思想表现的考评，对教学态度的考评，对教学水平的考评，对教师教学风格与特色的考评，对教师或者学生缺点的评价，多用评语法。上级对下级的考评也大多用评语来表达。评语法的优点是：运用方便，结论一目了然，能说明和解决一些用定量不能说明和解释的问题。评语法的缺点是：只有定性说明，容易产生不同的理解，准确性不足，因而降低信度和说服力。[1]

在现实的绩效管理过程中，由于每种方法都各有其优劣，因此很少有认真负责的组织会简单地采取某一单独的绩效考评方式来作为唯一的工具。实际上，每种工具所代表的只是一种可以被借用的技术或手段。真正的绩效考评要根据具体管理的对象、情境、目的和

---

[1] 武欣. 绩效管理实务手册[M]. 北京：机械工业出版社, 2001：18—23.

相关利益主体的具体素质和要求来具体地设计管理系统。最终所采用的管理方式一定是多种工具相互结合的成果。同时，我们仍然不能忘记绩效管理流程中的其他环节，充分地论证使命和目标，设计指标，加强沟通，注重执行，并努力将考评的结果用于组织和个人的进一步反思与改进，让绩效考评为组织和个人的发展服务。

第二节 学校的绩效管理

一、学校绩效管理的定义

学校的绩效管理是把企业的绩效管理的理念和方法运用到学校管理工作的一个过程，是指学校和其他教育机构根据国家制定的教师职务任职条件和职责，运用定性和定量相结合的方法，对教师工作进行定期的与不定期的考查与评价，与教师就绩效考核结果进行有效沟通，促使和帮助其改进工作进而达成教育教学目标的行为。

学校绩效管理是一个持续交流的过程，是通过教师、部门与学校领导之间签订绩效协议来保证完成的，按照协议规定，教师、部门与领导之间进行持续的、双向的沟通，并在实施过程中解决学校存在的问题，实现学校的办学目标。

二、对教育绩效的要求与规定

学校绩效管理的关键是对教育绩效的理解。绩效管理最重要的一环是绩效评估。就个体层面而言，绩效评估是对员工的考核和评价。它通过系统的方法、原理来评定和测量员工在职务上的工作行为和工作成果。系统评估是管理者与员工之间的一项管理沟通活动。绩效评估的结果可以直接影响薪酬调整、奖金发放及职务升降等诸多员工的切身利益。绩效评估是要依据绩效指标来开展的，有什么样的绩效要求，就有什么样的绩效评估。在学校绩效管理的过程中，针对教育绩效的要求，需要回答以下问题：

（1）教职员工完成的实质性的工作职责是什么；

（2）教职员工的工作对学校目标实现所产生的具体影响是什么；

（3）如何用明确的绩效指标说明"工作完成得好"的意义；

（4）学校领导和教职员工之间如何共同努力来维持、完善和提高工作绩效；

（5）如何兼顾部门的工作绩效和个体的工作绩效；

（6）考虑哪些因素会对工作绩效产生负面影响，并克服这些因素所产生的负面影响。

对上述这些问题的不同回答，代表了截然不同的教育绩效观。例如，在对第三个问题的回答上，我们能够看到学校作为非营利组织所追求的"卓越"并不同于一般的企业。企业主要追求的是利益和利润的最大化，虽然企业也兼顾一些对个人尊严和社会责任的诉求，但企业存在的价值主要体现在其直接创造的物质财富及其积累方面。这方面的收益越多，工作完成得越好。学校的产品是人本身。因此，学校的领导、教师和其他工作人员虽然也希望能够获得一份不错的工资收入，但无论是他们个人的理想追求还是社会对他们的期望，都不指向对这种收入的不断增加上。更多的时候，他们仅仅需要满足某个限度的工资标准，而主要体现学校核心价值和战略使命的还是其在多大程度上促进了人的发展。

三、学校绩效管理的多元主体

过去，学校绩效管理的主体往往是单一的，一般由学校领导或校外专家等担任，而忽视了其他管理主体的主体性和能动性，尤其是忽视了教师和学生在绩效管理中作用的发挥。

在关于学校绩效管理主体问题的思考上，我们要转变以往的观念，对这一问题从哲学高度加以审视。所谓主体，是指认识活动和实践活动的发出者和承担者，是通过与认识和实践的客体相对应、相关联而获得其规定性的，具体地讲，就是从事认识活动和实践活动的人。所谓客体，则是指认识活动和实践活动的指向对象。只要是人，就必然具有潜在的主体性。人的活动的主体性，体现在人能够按照自己的需要和满足需要的力量，在遵循外部世界对象物的前提下，通过设定活动的目的并在对象性活动中实现目的。著名哲学家夏甄陶认为，人的主体性集中表现为有目的的、自觉自为的活动，具体地讲，有自主性、能动性和创造性三个特点。他认为，自主性、能动性和创造性是人的活动的主体性的标志，没有自主性、能动性和创造性，就谈不上人的活动的主体性，也就不可能有人的自由的、自觉自为的活动。他还提醒，"人的活动的自主性、能动性和创造性是有历史性的。在人类历史的进程中，由于受到主客观条件的历史性限制和各种自发性因素的限制，人的活动的自主性、能动性和创造性也总是不充分的，受到限制的。但在总的趋势上又是向着越来越充分的、越来越不受限制的方向发展。"[①] 这说明，尽管人具有潜在的主体性，但是其主体性的发挥，并不是必定的自然而然的过程，而是需要外部环境的支持。

具体到某一所教育机构，教职员工和学生是否具有主体性，以及其主体性能否在学校教育教学过程中得以发挥，与学校领导的民主意识与学校整体的民主环境有着密切的关系。如果上述两个条件都具备的话，教职员工和学生都有可能成为学校管理中的主体。

从"民主参与"与"教育服务"的角度来说，确立多元化的绩效管理主体是十分必要的。学校办学者要确立教育服务的意识，学校工作的一切均应当促进教师和学生的发展，要把教师发展和学生发展放在学校工作重中之重的位置上考虑。学校管理工作要发扬民主作风，多给教师和学生参与学校管理活动的机会。如果学校办学者能够这样考虑的话，那么其绩效管理的主体就必然是多元化的。顺着这个思路，学校绩效管理的主体就涉及教育绩效的所有产出者和受益者，即教育绩效的利益相关者。这个利益相关者就涉及许多人，如校长、教师、学生，以及学生家长、学校部门领导和学校社区领导等。对于教师绩效评价，有内部主体（如教师自身）及外部主体（如学生、学生家长、同事或同行专家、主管领导等）；对于学校组织绩效评价，也可区分为内部主体（如学生、教师、学校部门和领导），及外部主体（如学生家长、专家组、社区、主管机构、用人单位和第三方评估机构等）。

多主体共同参与绩效管理是今后绩效管理的发展趋势。建立以教师自评为主，学生评教、同行互评、领导评议、家长参评与专家绩效考核相结合的多元主体绩效管理制度，有利于整体评价教师绩效，也有利于教师绩效考核结果更加公正和客观。绩效管理的优势在于，能统合多元主体的需求，在同一平台上加以表现，实现组织运作的"合力"

---

① 夏甄陶.人是什么[M].北京：商务印书馆，2000：273-277.

和"分工"。

从教育发展的趋势来看,多元主体参与的学校绩效管理也是建设学校共同体的必然需求。首先是社会对于学生成就的评价方式日趋多样化,这意味着学校的绩效考评需要及时地反映社会主体的价值观念和评价标准,而最有效的做法就是打开传统评价的围墙,让校外的声音传递到学校内部来。此外,学校共同体的建立,还意味着学校内部形成频繁沟通、相互批判和达成共识的文化氛围,如果继续坚持单一主体的评价方式,则学校很难称得上一个培养既有独立思想和人格又有组织归属感和责任感的"家园"。

四、学校绩效管理的功能和价值

企业实施绩效管理往往是为了追求经济效益,追求资本效益的最大化。学校绩效管理当然也是为了追求教育效益的最大化,但是这其中既有教育教学的质量要求,又有对人的品性发展的培养,而不是单一的功利和经济价值的追求。学校绩效管理的目标是为了调动师生教与学的积极性,促进教师个人专业发展和实现组织目标。

教育学者钟柏昌和李艺认为,对于学校绩效管理功能的定位,存在两种不同的取向。一种是将其定位为管理者甄别教师能力或学校水平的依据,以奖优惩劣;另一种是将其定位为改进教师工作或学校整体办学水平的手段或工具。他们持的是甄别和发展并行的观点。[①] 我们在此同意两位学者的主张,确实,学校绩效管理既具有甄别教师能力的功能,也具有促进师生发展的功能。

(一) 提高教师的工作动机水平

动机水平的提高首先来自于物质激励的产生。因为绩效管理经常与绩效工资挂钩,按照期望理论的观点,工资与绩效相联系,能激活员工的工作动机。高绩效与高工资的联系,向教师传递了这样一个信息:他们有可能进一步发掘自己的潜力,达到新的专业水准,而他们的每一次成长,都会通过物质的奖励获得标记。这为教师通过专业工作获得社会地位和生活水平提供了很强的确定性。

教师的职业倦怠是当前学校管理面临的重大难题。很多时候,教师的消极和抵抗并非主要来自其对教学本身的厌恶,而是因为他们无法获得外界对自身劳动成果和成就的评价和反馈。通过学校绩效管理,可以让教职员工对照自己的工作与绩效指标的差距,看到自己的工作业绩。通过绩效沟通,还可以获得与上级管理者讨论工作的机会,明白自己的缺点和不足,明确自己今后的努力方向,并提升对学校的认同感。

(二) 实现学校的组织结构的全面更新和重塑

绩效管理并不是一个单独存在于学校中的管理系统。它需要和学校的课程教学、教师培训、学生管理和后勤服务等系统结合起来才能真正发挥效用。如果没有课堂培养目标和教学方式的变化,则学生很难成为绩效评价的参与者;如果没有改变教师的培训方式,则教师仍然只是一个被固定在教室中的教书匠,其教学过程也很难真正满足绩效考核的要求;绩效管理过程中形成的沟通路径和相互信任的关系,也有利于学校共同体的建设;良好的绩效指标的制定,还能充分反映学校文化中合作和创新的氛围,从而引导各方面的力量建设更有活力的现代学校制度。

---

① 钟柏昌,李艺. 教育绩效管理论纲 [J]. 教育学报,2009 (2):76.

(三) 促进效率与公平的平衡

管理并不以其本身为目的，而是为了教育，通过提高管理绩效，促进教育质量的提高，否则便会陷入"管理主义"的误区。教育是培养人的活动，其本质是对人的关怀，如果离开了人的主题，教育自身也就被异化了。显然，让绩效管理备受煎熬的是效率与公平的冲突与矛盾。绩效管理肯定对教育效率的提高给予极大的关注，但是它不仅仅关注教育效率，绩效管理的精髓是它的人文性。绩效管理在追求效率的同时，也在此过程中满足了教育对人发展的需要。也正是在这个过程中，绩效管理实现着教育的自身价值。在制定绩效评价指标，实施学校绩效评价时，学校可以把教育公平及相关的内容作为指标体系及评价的重要内容，使其体现在学校的教育教学过程之中，这样在追求效率的同时就兼顾了教育公平，可以实现效率与公平的平衡。

(四) 为教师培训和教师专业成长提供依据

绩效管理的一个重要功能是甄别，通过绩效管理可以判断教职员工是否符合某岗位对其素质和能力的要求，或者发现他们的素质和能力正在发生的变化，管理者可以据此给予教职员工适当的调整。管理者依据绩效考核得到的信息，可以制订出有针对性的教师培训计划，促进教师的专业成长。例如，教师的绩效可以被分解为知识、动机、环境、机会等众多要素，这些要素的清晰呈现，能为教师规划个人发展轨迹提供有的放矢的指导，也能为教师不断反思自己的成长道路提供按图索骥的作用。

(五) 提高组织效率，实现教师和学生、学校和社会的双赢

实施绩效管理可以使部门和员工的工作行为有章可循，引导部门和员工的工作目标始终与组织的发展目标相一致，极大地提高部门及员工的工作绩效。[1]

实施绩效管理对于教师发展具有重要的意义。针对教师的教育、教学以及其他的学生管理工作提出绩效指标的要求，督促教师完成各种各样的绩效指标，最终可以为教师专业发展提供机会，提供各种各样的保障性条件，最终促进教师的专业发展。

实施绩效管理对学生而言，也具有重要的意义。实施绩效管理，是希望通过管理改进，提高学校教育教学的质量，学校管理绩效的提升，最终都会体现在学生的品德、学习、生活、身体等各项素质上，学生是实实在在的受益者。

五、目前学校绩效管理中普遍存在的问题

对照学校绩效管理的功能和价值，目前学校绩效管理还存在一些比较普遍的问题，主要有以下几点。

(一) 注重单一的量化考核，而非系统的绩效管理

有的学校在绩效考核方面陷入了片面追求所谓"客观"的误区，以为只有可以量化的指标才能真正客观地反映教师的业绩。事实上，教师工作的相当部分是很难量化甚至不能够量化的，勉强量化的结果要么是考核时舍弃掉不能量化的部分，要么是选择的指标并不能反映绩效的真实情况，这样的结果甚至会引导教师产生错误的行为。

很多学校的绩效管理往往只有单一的量化考核，把教师的绩效水平与各种各样的考试成绩挂钩，而没有衡量教师的其他工作。正如教育学者赵中建指出，很多学校误解了绩效

---

[1] 王淑红，龙立荣. 绩效管理综述 [J]. 中外管理导报，2002 (9): 40—44.

管理:"一是认为绩效管理就是绩效评价,把绩效评价当做绩效管理的全部;二是把绩效管理(或者绩效评价)仅仅视为把教职员工分成等级,然后根据等级发放奖金;三是对教职员工的绩效评价仅仅局限于对教师所任班级学生考试分数的认定和分级,所以最后就变成了学生的考试分数就是员工的绩效。"[1] 教师工作由多种任务构成,如果用单一的量化的考试标准来衡量其工作绩效,那么评价结果就有很大的局限性。更重要的是,如果对教师的绩效考核实行单一的标准,会使教师只重视这一标准,而忽视工作中其他方面的任务。这种强制性导向作用最终会造成千人一面的局面,不利于教师发挥自己的个性与特长,也不利于发挥学生的个性和特长。

(二)重视表现性评价,忽视教师专业性的缄默特质

目前学校绩效评价中颇有争议的一个问题是,学校绩效评价的指标无法反映教师真实的专业成就和专业水平。教师的专业基础是其在课堂上"做"出来的实践性知识。而这些知识因为与具体的情境、行动和个性等因素结合在一起,无论是旁观者还是教师自身都很难用准确的、标准的方式将其表达出来并加以衡量。这样的结果突出地表现为很多有经验的教师无法获得足够的认可,特别是这些教师更加擅长对学生进行潜移默化的影响,而这些影响,如道德发展水平,又不是短时间能在绩效考核中表现出来的。于是教师的付出和成就就被低估了,这对教师工作的积极性产生了很大的影响。

(三)绩效管理中缺乏对教师专业发展的关心和指导

大多数学校在绩效管理中,无论是绩效指标的确定、目标的设定、绩效计划的制订,还是有关绩效的沟通,都只是围绕学校的教学成绩尤其是各种各样的考试成绩和竞赛成绩,而缺乏对教师个人的职业生涯目标及专业发展的关注,更不用说学校领导利用绩效沟通的机会,利用各种各样的绩效结果,开展有效的教师培训,对教师专业发展提供指导和帮助了。

(四)绩效考核中重视个人绩效而忽视团队绩效

教师的工作是教书育人,而个人的能力毕竟是有限的,因此教书育人是很难凭单个教师之力就能完成的,需要广大教师的通力合作,只有这样才能使学生在各方面全面发展,成为真正的人才。

而现在不少学校在教师绩效考核中都或多或少地存在着忽视团队绩效只对教师的个人绩效进行考核的问题。这样的一种考核方式,长此以往不利于使学校成为一个学习型组织,不利于学生的全面发展和学校的发展,而且还会引起教师之间的钩心斗角,不利于为教师创造一个轻松、和谐的工作环境。作为知识型员工的教师,良好的工作环境和合作氛围对提高他们的工作满意度起着很大的作用。

(五)绩效管理的激励作用发挥不够

教师绩效管理当然有管理的意义,但从学校是学习型组织,教师绩效具有模糊性的特点来考虑,更应该强调其激励意义。实践证明,运用评价手段客观地、公正地区分教师中不同的工作绩效和水平,并在薪酬中充分考虑绩效的因素,在岗位选拔上实行能者居之,勇于让一些工作能力突出的青年教师挑大梁,这样的一种做法本身就具有激励意义。但当前教师绩效管理中出现的按资排辈等不规范现象,挫伤了教师尤其是青年教师的工作积极

---

[1] 赵中建.学校经营[M].上海:华东师范大学出版社,2006:195-196.

性，容易出现管理者与教师、教师与教师之间矛盾重重的局面，不利于给教师创造一个平等和谐的工作环境，从而使教师绩效评价的激励作用得不到充分发挥。

六、四种典型的学校绩效管理模式

20世纪80年代以来，肇始于欧美等教育发达国家的学校绩效管理，逐渐成为世界范围内各国教育管理改革的一个热点，在学校教育管理实践中得到极大的重视，英国、美国、澳大利亚、新西兰、荷兰等国家都先后实施学校绩效责任制度，推广学校绩效管理。

在教育发达国家中，英国对学校绩效管理的准备是最充分的，其推进力度也是最大的。国家有关机构颁布了学校绩效管理的有关文件和指令，并制定了一些配套的指南和策略，如《教育规章2006：学校教师绩效管理》、《校长和教师绩效管理指南》等，这些文献对学校绩效管理的有关内容进行了说明，对学校绩效管理中的主体角色及其责任、绩效管理流程等也有比较具体的指导。美国、新西兰等国家在前期的教育科研以及国家颁布文件支持学校绩效管理上也做得比较到位。

2009年1月，中华人民共和国教育部颁布了《关于做好义务教育学校教师绩效考核工作的指导意见》，明确提出了实施教师绩效考核应遵循的基本原则，指出教师绩效考核的基本内容应包括教师履行《中华人民共和国义务教育法》、《中华人民共和国教师法》（以下简称《教师法》）、《中华人民共和国教育法》（以下简称《教育法》）等规定的教师职责，以及完成学校规定的岗位职责和工作任务的实绩，包括师德和教育教学、从事班主任工作等方面的实绩。尤其是义务教育阶段学校教师绩效工资改革实施以来，各地方政府普遍出台了教师绩效工资实施意见和绩效考核方案，基础性绩效工资基本兑现，奖励性绩效工资分配逐渐在落实。《关于做好义务教育学校教师绩效考核工作的指导意见》的出台，极大地推进了学校的绩效管理。

无论是国内外学校绩效管理的理论研究，还是其实践探索，其中一个重要的主题就是学校的绩效评价指标体系。一些研究者尝试将管理学的绩效评价理论，如"德能勤绩"式评价、标杆管理、平衡计分卡、胜任力模型作为学校绩效指标体系设计的指导思想，探索学校绩效管理改革的新模式。

国内外学校绩效管理主要有以下四种模式。

（一）"德能勤绩"式

这是许多学校使用的绩效考评方式，根据对学校教育的理解，把教师的工作任务分为"德"、"能"、"勤"、"绩"四个部分，依据这四个部分对教师的工作绩效进行考核。

其中，"德"、"能"属于员工的个性特征，它是对员工的认知能力、人格倾向、品德素养等进行测试与考评。"勤"属于员工的行为表现范畴，通过对员工在工作中的具体行为表现，例如如何完成工作，以什么方式和态度完成工作，怎样与他人合作完成工作等来预测和评价员工的实际进行状态。"绩"属于业绩结果，关注员工取得了什么样的劳动产出、工作成果或业绩结果。

"德能勤绩"式绩效管理有其自身的积极作用。这种方式对加强基础工作管理水平，增强教职员工的责任意识，督促教职员工完成岗位工作有积极的促进作用。但是，"德能勤绩"式绩效管理是简单粗放型的绩效管理，表现为对德、能、勤的绩效指标的确定，具有相当大的难度，因此对组织绩效和个人绩效的提升作用显得相当有限，表面上看来易于操作,其实在绩效考核过程随意性很大,不利于发挥绩效管理对公平和效率的追求。但作为绩效管理的雏形样态,对这种模式的总结,有助于学校立足校本问题,在实践经验的基础上开发具有可行性的更加清晰和精细的绩效指标。

(二) 标杆管理

标杆管理是一个识别并引进最佳实践以提高绩效的过程。标杆管理出现于20世纪70年代末期的美国,又称基准管理或参照管理,在这里,"最佳实践"是指能够用量化结果表明一个企业(或单位)的产品或服务绩效居于行业领先位置的管理经验。简单地说,它就是指确保某个产品或某项服务居于行业领先位置的先进管理经验。标杆管理的核心观念是:在一个复杂而多变的组织状态中,找到当前自身"落后"的问题所在,并明确当前最需要努力的领域和方向。标杆管理是一种追求卓越的绩效管理方法。

标杆管理运用于学校绩效管理的基本思路是:以区域内最强或最有名望的同行学校为参考对象,对照两所学校在学生学习、教师教学改革与创新、班主任管理、后勤服务保障负面的差距,通过资料收集、比较分析、跟踪学习、革新设计并付诸实施等一整套规范化程序,将本校实际情况与标杆学校进行量化比较和评判,在此基础上选取改进本组织绩效的最佳策略,争取赶上或超越竞争对手。标杆管理的核心是向区域内最好的学校学习,通过学习,重新思考改革措施,创造自己的最佳实践。

标杆管理运用于绩效管理之中,一个很重要的思路是收集相关数据,确立绩效指标。管理者收集的数据越详细、越可靠,比较就越精确、越有效。要收集两方面的数据:一是组织内部的数据;二是合作伙伴学校或标杆学校的相关数据。将本校绩效与标杆学校进行比较,从而找出造成差距的原因,进而确立组织的绩效指标。围绕着确立的绩效指标,对学校各项工作提出改进的措施,最后再拿改进后的绩效结果与标杆学校进行比较,促进学校教育质量的全方位提高。标杆管理运用于绩效管理的过程,实际上就是一个比较、追赶、提高,再比较、再追赶、再提高的过程。

(三) 平衡计分卡

1990年,美国诺兰·诺顿学院设立了一个关于绩效测评模式改革的研究项目,由哈佛商学院教授罗伯特·卡普兰担任顾问,大卫·诺顿担任项目组长,通过将近一年的研究,提出了平衡计分卡的理论与方法。平衡计分卡的基本设计思路是:"基于综合平衡的战略思想,从创新学习、运作效率、顾客服务和经济效益四个基本维度,分别将基于共同愿景的组织战略目标明晰化、具体化,并构建一种'四维评分标度盘',进而以此为架构设置相应的绩效衡量指标体系,以对组织绩效状态进行综合反映、统筹测评和动态监控。"[①] 平衡计分卡的核心思想是战略平衡。从组织战略运营角度看,创新学习、内部运作机制、外部顾客服务和经济效益是有机统一和内在关联的。

平衡计分卡最大的特点在于其突破了传统的用财务作为唯一衡量指标的做法,从顾客、内部经营过程和学习与成长等四个维度来全面衡量。对学校绩效管理而言,这是有启发的,假如学校只注重考试成绩,而不注重对家长的教育服务、教师的创新学习与成长以及内部运作机制的改善,那么学校的平衡发展就会遭遇各种各样的问题。平衡计分卡对学校绩效管理产生启发和影响的关键,是根据创新学习、内部运作机制、外部顾客服务和经

---

① 李宝元. 绩效管理:原理·方法·实践 [M]. 北京:机械工业出版社,2009:61.

济效益这四个方面,确立学校的四维绩效指标。其中,创新学习针对教师和学生,内部运作机制针对绩效管理机制,外部顾客服务是指各种各样的教育服务,经济效益是指以考试成绩为主要内容的教育教学业绩。

(四) 基于胜任力模型的绩效管理

胜任力是指能区分绩效优劣的一系列潜在并且较为持久的行为特征,其内容涵盖动机、特质、自我概念、态度或价值观、知识或技能等方面。胜任力模型是指为完成某项工作,达成某项绩效目标所具备的一系列不同胜任特征要素的组合,包括不同的动机表现、个性与品质要求、自我形象与社会角色特征以及知识与技能水平。

胜任力是最重要的绩效决定因素,胜任力的实质就是那些能够创造卓越绩效的关键能力。它通过对与绩效高度相关的关键知识和技能进行重点识别,有助于增强绩效评价的针对性和有效性。此外,胜任力模型的运用可以为组织提供获取高绩效的行为特征,帮助员工识别自身的优缺点,科学制定职业生涯发展规划,以促进个人和组织绩效的提高。

近十年来,有许多学者对学科教师的胜任力进行研究,通过这项研究概括和梳理学科教师的胜任力的特质,研究符合学科教师胜任力要求的基本素质点。也有人对班主任的胜任力进行研究,研究合格班主任的知识技能、行为特征和价值观,这些研究为学校绩效管理提供了一种新的思路。还有人对学生的学力进行研究,研究优秀学生和合格学生的各种关键的学习品质,如学习方法、思维水平、合作态度、情意特点等,这些关键的学习品质对于确立学生的学习绩效指标有很大的启发。

这四种模式反映了人们对于"什么是绩效管理"的不同理解,其背后更是投射出人们使用绩效管理的不同目的。"德能勤绩"模式反映了传统组织中对于宽松管理的要求,其之所以算做是绩效管理的一种,因为它渗透了绩效管理"以人为本"的思想脉络。"平衡计分卡"模式则更多强调人的完整性和工作的整体性,因此它预设了人在时间、精力等方面的有限性,体现了对人的尊重。"标杆管理"将绩效管理放在严格的竞争环境中加以理解,是市场经济充分竞争环境下的必然产物。"胜任力模型"则将绩效管理视作筛选和培训的参考工具。这种思路更多地反映了一种指向"未来"的绩效观。

第三节 洪家中学红黄蓝绩效管理模式的探索

一、红黄蓝绩效管理模式的基本框架

洪家中学在推进管理改革的过程中,对上述所提的各种绩效管理模式均有所涉及,但是在实践过程中,学校管理者也一直在思考:如何创建一种有学校特色的,符合学校校情的管理模式,而这种模式既能够继承以往管理改革的经验,又能够在实践过程中有所创新。在理论思考和实践探索的双向建构过程中,学校管理者产生了红黄蓝管理的思路。这是一种全新的学校绩效管理模式,是一种具有自身特色的学校绩效管理模式,其基本架构可以和传统的三层四维绩效管理模式很好地结合起来,成为一种既有普遍理论基础,又表达了独特思维方式和创新模式的绩效管理结构。

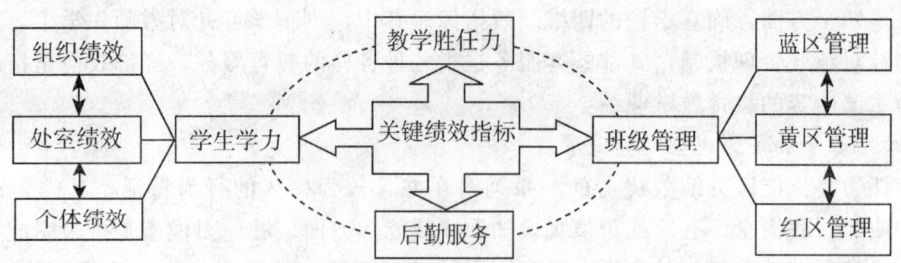

图 1-1 洪家中学三层四维绩效管理图

三层四维的红黄蓝绩效管理模式图（参见图 1-1），其总体框架是：基于学校战略规划的要求，确立学校的使命和发展愿景，以此为指引确立学校的战略目标，把战略目标分化到对个体、处室和学校组织的绩效要求上，同时，根据绩效管理的要求，对学生学习、教师教学、班主任管理和后勤服务四个关键领域进行绩效考评，并把教职员工和学生在这四个关键领域的绩效考核分成三个层级，即红区、黄区和蓝区，通过三个区域的层级绩效管理，对学校全方位工作进行监测和动态管理，营造一种奋发向上的学校文化。

二、红黄蓝绩效管理模式的创新之处

相比较传统学校绩效管理，红黄蓝管理做出了四个方面的创新。

（一）把层级管理与绩效管理融合在一起，促进个人和组织的双赢

学校确立了三个层次的绩效指标，分别指向个人绩效指标、处室绩效指标和组织绩效指标。个人绩效指标主要指教职员工个体，处室绩效指标指教导处、学生处、教研室和科研室等，组织绩效指标则针对学校，把学校整体作为一个组织。

学校开展层级管理，并把层级管理与绩效管理融合在一起，目的是既提升个人的绩效水平，又提升团体或组织的绩效水平，提高学校的管理效率，促进个人与组织的双赢。

和传统的绩效管理相比，层级管理具有三个方面的优势。第一，传统绩效管理只是分解和细化标准条目。层级管理能够帮助个体看到自身工作与整体工作之间的关系。第二，层级管理，有利于实现标准之间的纵向贯通。其关键是将传统科层制中的权力等级体制，转化为个人和集体逐渐过渡的合作体制。第三，层级管理能够充分反映学校组织结构的变化，从而帮助学校适应现代组织扁平式管理、项目制管理的需求。

（二）确立了四个关键领域，并分别设立绩效指标

四个关键领域分别为学生学习、教师教学、班主任管理和后勤服务。其中学力是指作为学习主体的学生借助校内外的学习活动所习得的能力的总称。教学胜任力是指学科教师开展优质教学的关键能力。班级管理主要针对班主任，考察班主任的关键素养。后勤服务主要考察职工的服务素养。针对这四个关键领域，分别设立绩效指标，围绕绩效指标，对学生学习、教师教学、班主任管理、后勤服务进行绩效考核。值得注意的是，这四个关键领域并非完全相互独立的指标。如学生的学力会受到教学胜任力和班主任管理的重要影响，而后勤服务又会全面地影响其他三个领域的绩效表现。因此，学校在以人为本的原则上，不忘学校组织的使命和核心价值，努力整合绩效的结果，以保证考评结果的准确与公平。

(三)设立了红黄蓝三个绩效管理区域,对学校全方位工作进行监测和动态管理,营造奋发向上的教育氛围

学校根据发展的需要和管理改革创新的要求,设立了红黄蓝三个绩效管理区域,对学校全方位工作进行动态监测和绩效管理。三个管理区域是指红区、黄区和蓝区。在这里尤其要强调,设立红区是基于学校发展的需要和管理改革创新的要求,并不是把红区划为不合格区。举例来说,并不是说红区的学生不合格,没有达到基础教育阶段的素质和要求。因为普通高中的学生来校学习已经过严格的遴选,只有符合入学的基本条件才能够跨进校门。在校学习的普通高中的学生都是符合条件的合格学生。那么为什么还要设置红区呢?因为我们是用发展的眼光看问题,学校发展到一定高度,对教师和学生的要求肯定也会相应地提高。设置红区并把它作为警戒区,是便于对教师和学生进行底线管理,通过底线管理强化他们的警戒意识,最终提高学校的教育绩效水平。黄区是发展区,区域内的学生都是具有发展潜力的学生,这部分学生的人数最多。而蓝区则是学校的卓越区,具有卓越学习能力和创新精神的学生以及具有各种领袖素质的学生都在这个区域。

红黄蓝绩效管理模式是一种动态的绩效管理,学生到底处于哪一个区域,这不是永远不变的,它们是相互之间可以过渡变化的,这是一种可上可下的过渡和变化。并且,随着教育改革的推进,学校教育的发展,红区的底线,黄区的基本要求,蓝区的卓越素质,均有一个动态变化的可能。举例来说,现在的黄区基本要求,可能在5年以后变成红区的底线要求。设立红黄蓝三个绩效管理区域,是为了对教师教学、学生学习、班主任管理和后勤服务进行全方位的检测,进行动态的管理,在学校中营造奋发向上的学校文化。

(四)以建设学习型组织为目标,强调全校师生的创新学习能力和改革意识

学校作为一个组织,在社会中要能够得到生存和发展,必须具有学习能力和创新能力,学校要锐意改革,在改革中发展,在改革中超越自己。学校要成为学习型组织,教职员工和学生对组织的战略目标要有高度的认可,人人乐于学习,并具有高水平的学习能力,乃是学校改革和发展的前提。红黄蓝绩效管理模式的提出,充分尊重了教师和学生的学习能力和发展潜力,将教师和学生视为具有集体智能的学习和发展共同体的共同成员。在改革中,师生不再只是单向的教授知识和学习知识的关系,而是相互合作,共同承担学校共同体生存和发展的责任。从红区,到黄区,到蓝区,是一个立足基础、发掘潜力、走向卓越的发展轨迹。这一道路的铺就使得教师和学生获得了自我反思和相互促进的脚手架。红黄蓝绩效管理模式不仅仅是学习共同体成员学习的工具,更成为他们相互支持、凝聚变革力量的平台。

第二章 从科层管理到红黄蓝管理

自1956年创办至今,洪家中学走过了一条曲折的发展之路,几经坎坷,也几经繁荣。从学校管理来说,也经历了从传统科层管理到具有现代绩效管理特征的红黄蓝管理的转变。

第一节 传统科层管理阶段:1956—1993

一、学校管理以科层管理为主与外部环境有关

在中国教育管理改革的发展过程中,其中有相当长的一段时间,学校自主管理权相当有限,政府有关部门对学校统得过死,使学校缺乏应有的活力,学校主要还是以科层管理为主。

从1956年开始到1993年,洪家中学的发展主要经历了以下几个阶段。

(一)肇基始业时期(1956—1966)

学校创建时为黄岩县洪家附设初中班,后命名为黄岩县第四初级中学,当时仅有初中2个班,专任教师4人,124名学生;学校附设在洪家中心校内,教室也只有两间平房,基础差,底子薄。

(二)"文革"动荡时期(1967—1976)

在初中基础上开始招收高中生,并逐渐发展为一所完中,校舍得到了扩建,多了一幢一层的楼房和一幢木结构的两层楼房。在风雨如晦的时代里,学校坚守办学信念,自强不息,但受"文革"影响,发展动荡不已。

(三)拨乱反正时期(1977—1993)

依托一批经验丰富、认真敬业的教师,高考成绩数次超过周围的重点中学,学校迎来了第一个腾飞的十年。人才辈出,培养了世界著名的天体物理学家王挺贵这样的优秀人才。校舍规模在不断扩大,又翻建了一幢两层楼和西三楼,并加建了一幢东三楼。

如果要寻找一个词来概括1994年之前的洪家中学管理模式,那么最恰当的就是"传统科层管理"。这一阶段,学校管理受外部环境影响非常之大,尤其是政治环境对学校管理的制约非常明显,无论是办学理念还是管理改革,"自上而下"的痕迹很浓,上级教育行政部门的权力高度集中,学校很少有自己的办学自主权。学校管理带有明显的科层取向,以科层体制的价值观念和是非标准作为学校管理的指导思想和基本原则。

这一阶段的洪家中学学校管理,具有垂直性科层管理的特点,主要听从上级机构的管理,上级部门以"服从命令,遵守纪律"为最高控制原则,强调严格的层级节制,学校管理缺乏自主性。强化规章制度管理是这一阶段管理的另一个重要特点。它的明显作用在

于,将学校组织内每一职位的业务范围、工作程序、行为标准以及学校系统内各科室的职责、科室与科室之间的关系,以规章的形式明确下来,使学校内的各项工作有法可依、有章可循。学校缺乏自主改革和创新项目。无论是课程内容还是人才培养,基本上是因循过去,循规蹈矩,很难有自己的特色和创新。

二、科层管理模式及其在学校中应用的合理性和局限性

科层制是德国著名社会学家韦伯在其《社会组织与经济组织理论》一书中构建的一种基于法理的、以实现高效率和合理化为目标的、理想化的组织管理模式。在各种类型的现代组织中,我们都可以发现科层制的特征。纯科层制的行政组织是对人实现强制控制的最合理的已知的手段。

(一)科层管理模式的主要特点

1. 专门化

组织成员在工作上应有专门分工,按照个体受过的训练、技能和经验来指派他们各自的任务,并详细规定各个职位的权力和责任范围。

2. 等级化

组织按照等级原则,从顶层到基层有一条权力线,依次为高层、中层和基层,每个层次有着不同的职务、责任和权力。高层是负责人,其职能是决策;中层是行政官员,主要职能是贯彻决策;下层是一般工作人员,主要职能是执行决策。

3. 高度制度化

以规章制度来控制成员在组织中的组织行为,使每个成员都必须按照规章制度从事职务活动,并以成文的规章制度为依据,以此保证一致性、可预料性和稳定性。

4. 非人际关系

组织内部法律、法规的实施和应用对所有组织的成员都是平等的、一视同仁的,这样就可以很好地避免因为组织成员个人的个性与偏好带来不利于组织发展的负面影响。

5. 非人格化

在科层制组织中,组织的管理人员不能把自己看做是组织的所有者,个人的情绪不得影响组织的理性决策;公事与私事之间具有明确的界限;组织成员都按照严格的法令和规章对待工作和业务交往,确保组织目标的实施。

(二)科层管理模式在学校中运用的合理性

科层管理模式在政治、经济组织中非常普遍,在学校组织管理中也很有影响,作为一种有代表性的学校管理方式,既有它的合理性,又有它的局限性。

1. 科层管理理论在学校应用的合理性

科层制由于其本身特有的技术性、理性等特点,对于行政管理组织效率的提高具有重要的意义,它在学校管理的应用中也具有合理性。

(1)分工和专门化是保证学校工作顺利开展并获得较高的专业知识水准的重要条件

分工是科层管理的一个显著特征,它是人类社会政治经济发展到一定程度的结果。在现代社会中,大部分现代组织内部的工作都很繁杂,如果单靠个人已无法胜任和独立完成,必须通过多人甚至多个部门之间的协调与配合才能完成。分工不仅使组织内的各项工作井然有序,保证了任务的完成,而且由分工所导致的专门化能够促使员工不断提高自己

专门的知识和能力。另外，分工也让组织可根据各类工作所需的专门技术招聘其相应资格的成员。所以，分工与专门化是提高组织工作效率的重要途径。学校系统内的分工从大的方面来看，可以分为小学、中学、大学；从小的方面来看，每个学校内部又可分为各种性质的职能管理部门、各种科目的教研室以及不同层次水平的班级。由此形成教学处、德育处、团委、语文教研室、英语教研室、各个年级段等部门，这些部门分工明确、各司其职。

（2）等级制在一定程度上强化了学校管理的合法性

在科层管理中，整个学校管理是典型的"金字塔式"的分层等级结构，分成校长、副校长、主任、教研组长、教师、学生等层级，其中学生这一层级又可分为班长、组长、科代表等，每一层级的职位由具备相应学历或通过能力考核获得相应资格的人承担；每一级职位赋予其承担者对下属进行合法控制的权力。整个组织系统以"服从命令，遵守纪律"为最高控制原则，学校管理人员与教职员工之间的控制与被控制的关系完全建立在职位关系之上，由此构成了学校内部严格的层级节制系统。这种以职权、职位作为组织内部的控制与被控制关系的原则，取代了传统组织中以裙带关系作为控制关系的原则，使得学校管理比以往任何时候都更具有合法性。无论是社会赋予教师的使命，还是学校交给教师的任务，都能较好地得以完成。

（3）规章制度的制定使得学校管理更为制度化、秩序化

强化规章制度管理的作用是科层管理的一个重要特征。它的作用在于将学校组织内每一职位的业务范围、工作程序、行为标准以及学校系统内各科室的职责、科室与科室之间的关系，以规章制度的形式明确下来，使学校内的各项工作有法可依、有章可循。俗话说"无规矩，不成方圆"，学校组织作为社会的一个子系统，有其自身的使命和责任感，要想有效、有序地实现学校的目标，就必须通过规则制度来约束人们的非理性行为，规范人们在组织中的活动，从而建立一贯、协调、稳定的学校工作秩序，提高人员的工作效率，使学校朝着良性的方向发展。另外，由于规则是针对职位而不是针对任何个人制定的，所以它实际上隐含着一种平等、公平的观念。一旦教职员工由于某种原因受到惩罚或某些需要未能得到满足而心生愤怒，法规条例往往可以成为事情解决的有效方式。

（三）科层制管理在学校管理中的局限性

从上面关于科层制在学校管理应用的分析，我们可以看出，学校科层管理有利于管理的专业化、关系的理性化、工作的协同化和行为的制度化。但同时科层制应用在学校管理中也会带来一定的负效应，如导致教师和行政管理人员频繁的矛盾冲突、学校上下级之间缺乏感情交流等。出现这些情况的原因，在于学校组织除了具有科层制特征外，还具有非科层制特征。

1. 学校工作所面对的对象是"人"而非"物"

这就要求教师在从事教学时必须要从学生的整体特点和个人特性出发，实行因材施教，因时施教。而科层管理所要求的是工作的固定化、标准化和划一化，如果在学校管理中完全把这种理论加以应用而不注意具体问题具体分析，便会压抑教师的创造性，使教师工作激情丧失，教学工作变得枯燥乏味，最终会导致学生的个性和创造力消失殆尽。

2. 学校的"二元化"结构使其不同于一般的企业组织

所谓"二元化"结构，是指在学校，行政职位并不是唯一的权力来源，学术影响也是产生权力性威望的一个因素。拥有一支稳定的、高素质的教师队伍，培养出优秀的学生，发表有价值的科研成果，这些才是学校生存和发展的根基，而学术上出类拔萃的教师更是学校的灵魂所在。此外，作为传递文化的专业组织，学校教师对专业最有发言权。并且，这种学术权力所产生的影响会随着学校级别的提高和专业分化的增强而加强。

3. 学校是一个铸造学生品性和培养学生高尚情操的地方

学校是育人的场所。学校所具有的这种育人特点，决定了学校教育工作不可能是完全理性的、毫无情感的。在这一点上，科层管理所强调的组织关系的理性化与学校组织的育人特点存在许多不一致的地方。

从现代学校管理的内涵来看，现代学校管理既应该信奉科学，又应当崇尚人道，以科学为基础和手段，以人文为价值目的；既要提高效率，实现经济效益，又要培养社会所需要的能服务于社会的人。但是，科层制管理过分强调其经济效益，强调管理的科学性和权力的至高无上，从而忽视了学校教育中人文精神的养育。现代学校教育以培养人为使命，既注重科学精神的养育，又注重人文精神的养育。从这一点看，科层管理存在着不可避免的缺陷。

1. 片面强调垂直的层级化管理，影响学校管理的效率

科层式的管理体制强调等级层次、职能分工和对既定程序的恪守等，而这些都有可能影响组织的运行速度和学校的发展。这是因为科层式的管理强调上下级之间的沟通是通过垂直渠道来进行的，当各平行部门之间存在问题时，如果上级没有获得充分的有关信息，那么这些部门就无法做出决定，结果必然延宕事情的解决速度。尤其是当学校规模较大、内部机构设置不太合理，各部门的职责或部门之间的关系不清晰时，层级越多，信息沟通速度就越慢，其阻碍作用也就越明显。此外，学校管理人员与教职员工之间的信息沟通也存在不平衡的问题。当一名教师有一个能够促进教学或管理的设想时，他要按照规定的程序把设想写成书面报告，再经过层层上传，才能最终到达决策者的手中，这势必令教师们产生的新思想、新措施在层层管理中，在繁文缛节中夭折，从而影响教职员工参与学校建设的积极性，最终影响学校的发展。

2. 具有官僚化的特征，强调精英取向，缺乏民主意识

科层管理模式建立在以下假设基础之上，即组织中的每一位上级都比他的下级具有较多的专业知识和能力。科层管理具有明显的官僚化特征，把行政机构的领导当做管理精英，强调精英取向，缺乏民主意识。这种管理模式未必适合现代学校管理的需要。在学校教育领域，许多教师都比行政管理人员拥有更多的能力、经验和专业知识，作为专业人员，教师希望以自己所具备的职业学术来规范和管理自己，而学校管理的这种层级节制则要求教师的一切行为都必须接受来自权威体系的控制。教职员工的一切选择必须屈从于学校目标的要求，屈从于学校组织内的层级节制。这样就打击了他们的工作士气，破坏了学校心理气氛，降低了他们工作的积极性和主动性，从而间接降低学校工作效率。在学校管理中，这种对于上级领导的服从还可能导致学校组织管理的"官本位"倾向，学校的教职员工很难参与学校的管理工作。

3. 学校管理具有僵硬的制度化特点，缺乏人性

当下，在绝大部分学校中，讨论得最频繁、最详尽的话题就是如何制定学生日常行为规范以及如何监控学生行为。学校管理条例常常都有这样的规定：严禁在教室喧哗吵闹，不准在自习时间看课外书，上课不准搞小动作，在寝室不得追逐打闹等。这些条例看起来是对学生日常行为的规范，其实质是对学生的行为实施全程监控。在这里，人成了被监视的对象，整个生活循规蹈矩，一切行动都要听从命令。学生成了一个被奴役的人，一个丧失了主体的人。班级也不再是学生温馨的家园，而成为一个管制学生的场所。长此以往，过于严格的制度管理导致的强制性学校气氛压抑了学生的个性发展。极端化的制度管理完全有可能把学生培养成规章制度的奴隶。另外，从教师的角度来说，长期处于法规条例的强制之下，学校教职员工可能会逐渐习惯于"依法行事"，把遵守规则当做自己工作的最终目的，从根本上失去创造性解决问题的愿望和能力。至于学校工作的最终目的——向每个学生提供学习的机会，以使他们获得最充分的发展——却似乎与他们无关。最终导致学校工作中的僵化和形式主义，学校管理也因此而缺乏人性。

4. 强调分工和专门化，忽视各个部门之间的合作

分工与专门化是保证学校工作高效运转的重要条件。但与此同时，分工也带来了一些不良后果。首先，分工要求对学校系统内的一切工作加以划分，各项工作一经划分就会固定下来，成为死板的东西。随着学校的运转，还会出现一些没有被明确指定由谁或由哪些部门负责管辖处理的事务，部门之间就会产生责任推诿的问题，导致教职员工或科室之间的利益矛盾。同时，这种过度的分工与专门化还会造成不同部门之间信息沟通方面的障碍，最终影响学校内部的协调一致与发展。其次，过于专门化的工作有可能使教职员工产生厌烦情绪与一定的惰性。心理学上的研究和教育中的实践均表明，长期从事一种过于专门化的工作，其枯燥性容易使人丧失对工作的兴趣和新奇感，或安于现状，不思进取，或消极厌烦，对职业产生倦怠。这些情绪一旦形成，还会在教职员工之间相互感染，从而形成弥漫于整个组织的消极的心理气氛，影响整个学校的文化氛围。①

对学校管理而言，面对稳定的、可预测的、相对单一的环境，科层管理是较好的组织管理形式。但随着社会政治经济的发展、组织环境的变化，学校所面对的是复杂的环境，它不可能在单一的、不变的环境中生存，它需要对外部复杂的、变动的环境进行适应，而科层式的学校管理不能在外部环境急剧变化的情况下对学校的发展做出快速反应。

从洪家中学的发展历程来看，科层管理对这一时期的学校发展产生了自己的影响。面临相对单一的外部环境，科层管理对于发挥学校管理的功能，提高学校管理的效率起到了一定意义上的促进作用。但是，随着中国教育体制的变革与发展，科层管理越来越显现出它的局限性，制约了学校的进一步改革与发展。正因为如此，学校要进一步探索改革与发展的思路，以适应外部环境的需要与教育改革的形势。

---

① 刘静. 对科层式学校管理体制的反思 [J]. 教学与管理，2000 (6)：6—7.

第二节 以 ISO9000 质量管理体系引进为核心项目的管理改革阶段：1994—2008

这一阶段的管理改革主要有三项内容，分别为1994—1999年进行的内部管理体制改革，2000年学校引进的ISO9000全面质量管理体系，2004年开始进行的扁平式管理，这一系列管理改革对于学校教育教学质量的全面提升、美誉度及学校办学水平的提高起到了良好的促进作用。

一、内部管理体制改革：1994—1999

1994年的洪家中学，在传统科层制的管理下，学校内部比较混乱，矛盾比较突出，学校的发展处于被动局面。面对现状，学校开始推行校长负责制，开展以教师聘任制和结构工资制为主要内容的内部管理体制改革。

（一）校长负责制在学校管理中的实施

1993年2月13日中共中央、国务院印发了《中国教育改革和发展纲要》进一步指出："中等及中等以下各类学校实行校长负责制。"洪家中学以此为契机，开始在学校推行校长负责制：学校工作由校长统一领导和全面负责，党支部（或总支）在学校居于核心地位和监督保证，教代会民主参与管理。

作为学校内部的领导体制，校长负责制在职权划分上有明确规定：校长是学校的法人代表，对政府主管部门承担学校管理的部分责任，对学校教育、教学、人事、财物等实行统一领导，全面负责，以学校行政核心和最高领导人的地位，行使决策指挥权；学校党组织对学校行政的重大决策有参与权，以其政治核心地位，行使监督保证权；教代会作为全体教职工的群众性代表，在学校党组织的领导下，以其主人翁地位参与学校管理，行使民主管理和民主监督权。

从实践看，校长负责制在学校的推行表现出了极大的优越性。一是实行校长负责制理顺了学校里的党政关系，改变过去以党代政，"领导者不负责，负责者不领导"职责分离的不合理现象。这既保证了党的路线、方针、政策在学校的贯彻落实，又使校长的职责权得到统一，可以大胆工作，同时也使其他行政领导的作用得到充分发挥，提高行政效益。二是加强了学校思想政治工作。过去支部工作出现忙乱现象，既管党务又抓行政，就会削弱思想政治工作。实行校长负责制后，既加强和改善党的领导，又加强了学校思想政治工作，党支部可以集中精力抓好学校思想、组织、政治工作，深化了学校的思想政治工作和学生的德育工作。三是加强了各级行政、各个条块的管理作用，实行校长负责制后，使校长及其领导班子成员的责任明确到人。由于垂直领导，减少了相互摩擦和内耗。克服了过去工作互相推诿、互相扯皮的现象。校长负责制不再是"决策时人人负责，承担责任时却人人不负责。"学校相对有了办学自主权、决策权、指挥权、人事权、财政权等，改变了以往领导体制带来的职责权分离的弊端，大大提高了学校的办学效益和办学质量，推动了学校教育事业的飞速发展。[①]

[①] 吴宏保．论现代学校制度视野下校长负责制的有效实施［J］．中小学管理，2002（1—2）：24．

（二）教师聘任制在学校管理中的实施

百年大计，教育为本；教育大计，教师为本。所以，在现代学校管理中，其核心要素——教师的管理尤为重要。当时的洪家中学教师岗位负责制尚未完善，激励和竞争机制不足，仍然存在"干多干少、干好干坏一个样"的现象。这种评价方式对教师的工作行为产生误导，不利于教师专业化的发展，更有碍于学校的改革。基于上述情况，学校于1994年开始实施师聘任制。

1. 学校严把教师入口关，对新进人员实行"凡进必考"制度，做到考试与考核相结合

按照公开、平等、竞争、择优的原则，逐步建立起"能进能出，能上能下"的新用人机制和"结构合理，动态平衡"的学校格局。学校所有任职教师必须具备相应的教师资格，做到持证上岗，把不具备教师资格的人员及时调整出教师队伍。所有在编教职员工必须在学校内部参与岗位竞争，在岗位聘任上，实行双向选择制度。每一学年结束前，学校给每一位教师发放《教职工岗位职务双向选择设置表》，让每一位教师对下一学年学校各个岗位职务的设置情况心中有数。再由各位教师根据自己的实际情况，选择自己的工作意向，如担任一线教学还是承担实验室、图书馆等后勤工作，是否要兼任班主任等，并填写《洪家中学教职工岗位任职双向选择自荐表》。学校根据学年考核和教师的个人意愿，进行合理的配置，并通过电话、面谈等方式，和教师进行直接沟通，使每一位教师都能各尽其才。对于体力、精力和智力都不能适应教育教学的教师，可以让其转岗或离岗，以促进学校内部教师的循环流动。

2. 建立并完善教师考核、督查机制

学校通过教代会，制定科学有效的评估考核办法和考核指标体系，把考核结果作为聘任、奖惩的重要依据。积极为教师搭建平台，选派优秀教师外出学习，培养骨干教师。同时，学校通过定期联系和反馈制度，听取家长、学生和其他教师的意见和建议，形成正确的评价，为教师评价提供有效依据。

3. 发放教师聘任书

每一学年结束前的最后一次教师会，洪家中学的每一位教职工都会走上主席台，从校长手中接过下一学年的聘任书。尽管拿到的只是简单的一张纸，但是小小的仪式却充满了庄重的氛围。充满期待的目光，寄托信任的握手，教师感受到的是一份沉甸甸的责任和义务，聘任书时刻提醒自己需要承担和付出的职责。

教师聘任制的推行，让每一位教职员工对自己的岗位规划有了更为清晰的方向，对自己的岗位职责有了更为明确的认知，而这些又进一步激发了他们的工作激情，从而在全校形成一种敬业、奉献的良好氛围。

（三）结构工资制在学校管理中的实施

自从实行了教师聘任制，奖金的发放打破了过去"一刀切"的惯例，但是由于领导层求稳怕乱、教职员工固守平均等原因，分配差距难以拉开，教师的积极性无法得到充分调动。结构工资制如果不进行改革，不仅会挫伤广大教师的积极性，而且势必会影响整个学校的持续发展。为此，洪家中学在1994学年根据《教育法》、《教师法》和《中华人民共和国劳动法》，结合学校实际情况，推出校内结构工资制改革方案。

学校通过教代会，通过了《洪家中学结构工资方案》。学校把工资分成档案工资和校

内结构工资。前者主要包括国家政策性补贴及上拨奖金（除国拨工资外），后者分为课时（岗位）工资、效益工资和比例工资三部分。课时（岗位）工资占校内结构工资总投入数40%。根据各岗位的工作职责和工作量确定数额，按月发放。效益工资占校内结构工资总投入数30%。根据岗位工作的实绩，体现奖勤奖优的原则，年终或期终或适时发放。国拨比例工资占校内结构工资总投入额的30%（其中寒暑假全额发还本人）。另外，在方案中，对课时（岗位）工资实施办法、课时（岗位）工资的计算方法、课时（岗位）工资发放办法、各类效益工资发放标准和事病假的工资发放方法都进行了详细的规定。真正体现了工资发放向一线教师倾斜，工资与绩效挂钩的原则。

实践证明，多位一体的结构工资制的推行和实施使分配制度更趋科学化，适应了不断发展的新形势，进一步调动和激励广大教职工的工作积极性、主动性和创造性，为学校进一步加大力度，深化改革，力求办学效益和办学质量再上一个新的台阶奠定了坚实的基础。

1994—1999年，这五年对于洪家中学来说是承前启后的五年。经过五年的努力，学校解决了乱、松、散的情况，实现了教师队伍的优化组合，调动了广大教职员工的积极性，为学校的进一步改革和创新提供了有力的保障。

二、ISO9000质量管理体系的引进：2000—2004

（一）ISO9000标准在学校中的运用

教育质量是学校管理者永恒的追求，学校管理是一个永远值得探讨的话题。联合国教科文组织早在1972年就明确指出："许多工业体系中的新管理程序，都可以实际应用于教育。"ISO9000是国际标准化组织颁布的一组质量管理保证标准的总称。其本质就是通过对一个组织的各个管理环节的有效控制使出现问题的可能性降到最低程度，保证产品质量的稳定和提升。ISO9000标准大量地应用于企业的质量管理，但其基本理念和本质特征契合学校本身的管理规律和学校管理体制改革的需要，能有效促进学校教育教学管理质量的提高。

1. 引进后主要的改革思路与举措

2000年7月，洪家中学在管理上引入ISO9000全面质量管理标准，就是为了整合管理系统的最大潜能，从管理中谋求更高的办学效益和教育质量。从获得认证以来，学校从以下几个方面为着力点，相应进行内部体制改革。

（1）确立"教育即服务"的思想

"以学生发展为本"，为学生个体的健康发展提供保证，尽一切可能关注学生的需求是学校的核心功能。学校功能由被动保障转换为主动服务，学校工作的重点、各方面工作的规划与实施均紧紧围绕不断改善、提高教育服务质量的基本点上，教师和学生的主体地位得到了全面强调和高度重视。

（2）注重质量管理的全面性

学校教育的过程将分为德育过程、教学过程、后勤保障、督导与评估等环节。借鉴ISO9000标准对各项工作进行质量设计并进行全面质量监控，做到凡事有准则，凡事有程序，凡事有监督，凡事有负责。以此为前提，将质量管理的重点向全体学生的全面发展以及教育教学这一中心的质量管理倾斜。

(3) 注重质量管理的全员性

把学校中各级各类人员都作为"质量链"中的一环，强调全员参与和团队配合。同时强化全员的教育和培训，人人都持有"服务于别人，让被服务者满意"的先进教学理念，使学校每个部门、每个人都有强烈的质量意识，不断提高教育教学水平。

(4) 注重质量管理的全程性

紧紧抓住教育教学的每一环节、每一阶段工作的质量管理，以阶段性目标的达成保证高质量结果的实现，注意对管理、教育、教学工作的各个层面、各个环节的"接口"进行设计和质量控制，以保证学校各项工作能紧紧围绕着教育质量目标和谐高效地开展。

(5) 注重质量的持续改进与提高

主要通过日常管理、内部质量审核、认证机构的审核系统活动，评审学校的质量方针、质量保证目标达成度，质量体系运行的有效性，发现教育教学中存在的重大问题，并采取有效的预防措施，使学校的管理始终处于受控、有效、持续改进与提升的状态。[1]

2. 引进 ISO9000 全面质量管理体系提升了学校工作水平

ISO9000 标准从根本上转变了教师的观念，使他们认识到教育就是服务，学校是服务机构，做到全员参与、全程监控、全面管理，从而提高教育教学效能。同时，学校坚持不懈地开展教育教学质量管理研究，不断加强对学校新的管理模式的理论探索和实践尝试，把理念研究与实际操作紧密结合起来，以理论指导实践，以实践来丰富理论，推进 ISO9000 质量管理体系在学校管理上向纵深发展，学校呈现出可持续性的强劲发展态势。

(1) "教育即服务"深入人心，学校办学理念发生质的飞跃，教师教育观念发生了可喜的变化

传统的教育观念在教与学、教师与学生的关系上，总是把学生摆在被动的地位，学生在学校、在教师面前只是受教育者。ISO9000 标准帮助我们确立了教育服务观，确定了学校是为学生、家长及社会提供合格教育服务的办学指导思想。学生不再是传统意义的受教育者，而是学校的顾客，是我们服务的对象。学生的德、智、体、美、劳等方面的全面发展，以及学生、家长和社会不断提高的教育需求，成为我们工作的聚焦点，受到了全面的关注。保证和不断改进教育服务，提高教育服务质量，以人为本，服务育人，成为学校办学的一种核心理念。

(2) 全员参与，全面管理，增强教师的集体责任感和使命感，增加学校的凝聚力

学校各级各类人员都是"服务网"、"质量链"中的一环，只有学校各部门、各类人员积极参与，并与团队配合，才能使学校各项工作能紧紧围绕教育质量目标和谐高效地开展。引入 ISO9000 标准以后，依据"全员参与"的重要原则，学校重理"校长负责、民主监督、学生参与、高度自治"的工作思路，建立了新型领导管理机制，变科层式管理为扁平式管理，改变了学校多年来从教师到年级段，到教研组，到教学主任，再到校长的垂直管理方式，这种垂直的科层管理方式结构层次多，反应慢，缺乏交流和指导，学校建立了一种民主、开放、合作的扁平式管理系统。

(3) 过程控制，确保质量目标和质量方针的实现，努力提高学校教育服务信誉度

ISO9000 全面质量管理标准强调"过程管理"，对全体教职员工的师德行为、工作

---

[1] 徐晓东，等. 社会转型与办学体制创新 [M]. 杭州：浙江大学出版社，2003：106—107.

责任心、专业知识和专业能力水平、工作业绩表现等进行全方位、全程的跟踪监控，预防任何一个教学环节出现差错和缺失。它有利于消除潜在的、觉察到的和实际发生的不能满足学生、家长要求进而影响教育质量的各种因素，确保学校教育质量的持续提高。这成为学校的质量目标和质量方针。引入ISO9000标准后，学校每年对全体教师进行业务考试，做高考试卷，预防不能满足学生家长要求，影响教育质量目标实现的潜在不利因素。

（4）持续改进，自我完善，深化了教育改革，提高了教育质量

ISO9000全面质量管理体系是一种十分强调持续改进、讲究时效性的管理模式，它要求学校工作必须预防可能发生的差错，并要求管理者和组织成员及时发现问题，及时调整工作思路，采取有效的纠正措施，改进工作方法，以便最大限度地提高教育教学质量。如2000学年度的高三年级段，在数学学科的目标定位上，开始时要求定得过低，因而平时的测试成绩比较好，但到综合能力测试时就暴露出问题。这一信息反馈到管理层后，学校领导及时督促学科老师分析原因，经过讨论后提出了改进措施，认为要提高综合应试能力，突破高考关，不能仅仅从基础入手，而应提高要求，拉动学生提高成绩。经过一段时间的强化训练，进步非常显著，全段同学高考时发挥出色，取得令人满意的成绩。

（5）教育教学质量和社会信誉的全面提高，使学校办学更充满了竞争力和发展后劲

一个新的体系建立和运行，是否合理科学，是否有生命力，要靠实践检验，要看具体效果，没有实效的体系，肯定缺乏它的生命力。经过几年的尝试，ISO9000全面质量管理体系的生命力得到了充分的体现。教师的工作热情和教学积极性被充分调动起来了，教风、学风、班风和校风有了显著的变化，随后几年的高考成绩均呈稳步上升的态势。学校的办学效果得到了社会的承认，骄人的成绩也提高了学校的社会信誉度。学校树立了良好的公众形象，学校的市场竞争力大大增强，学校的招生形势喜人，与这套体系在学校教育教学中的适应性是分不开的。

（6）为学校发展提供了一条与市场接轨、与国际接轨的新途径

导入ISO9000标准以后，新的质量管理体系使学校教育教学管理形成了更新的效益观、质量观、服务观和评价观。学校教职员工中的每个人都有这样一个共识：学校的产品就是教育服务，全体教师要通过优质服务，全力为学生的个性化发展和全面进步提供质量保证。教师的工作就是促进学生发展，让学生满意，让家长和社会满意，同时实现自我发展。这样，学生发展、教师自身发展与学校发展就得到有机的结合，树立起了三位一体的发展观，合作精神、集体主义意识和共同发展意识不断增强。原先由行政主管部门的评价为主的质量评价方式也被以学生、家长、社会评价为主的新的评价方式所代替。这与企业遵循市场法则，减少行政指令、行政参与的社会趋势是一致的。

加入WTO以后，我国全面参与经济全球化，教育资源不可避免地出现跨国配置、跨国共享。但是，我们应该清醒地认识到，我国目前的教育在国际教育市场中并不具有优势，其中比较突出的问题是，我国教育目前普遍缺乏能够得到国际质量公认的质量标准，缺乏足够的国际社会吸引力。ISO9000质量标准的导入，从某种程度上讲，使我们的教育有了进入国际市场的通行证，为我们的教育"面向现代化，面向世界，面向未来"提供了质量标准上的保证。

(二) ISO9000 标准在学校教育实施中的缺陷

ISO9000 标准体系引入教育行业，特别是引入普通中小学的教育教学管理中来，应该是一次全新的富有挑战性的尝试。经过不断实践和探索，也取得了显著成效，但作为一种质量管理体系，它也有自身的一些缺陷。

1. 《优质管理，还是变态管理》帖子引发的反思

1998 年，洪家中学仅有 253 名高中在校生，25 名高中教师。2000 年之后，全市初中毕业生明显减少，许多兄弟学校招生不足，但是洪家中学的招生却连年爆满。2006 年秋季，洪家中学共招收高一新生 1000 多名。从数量上说，洪家中学已经无愧为一所规模大的学校，但是从生源质量来说却不大理想，新生普遍位于全区的三流、四流、五流水平。要把这些学生通过三年的高中教育打造成对社会有用的人才，无疑存在着一定的难度。洪家中学的学生绝大部分来自农村，也有相当一部分学生的父母长年在外忙碌，无暇关注孩子的成长。由于家庭背景的影响，许多学生形成不良的生活陋习和学习行为习惯，导致学生学习后劲不足，大大限制了学生的可持续发展。

基于这些实际情况，学校提出要从改变一个人的生活习惯入手，如从做操、就寝、就餐等日常行为规范抓起，彻底改变学生的精神面貌。为了能把这些措施落到实处，学校要求每一位班主任老师都积极参与学生管理，实施全责管理，时时处处渗透规范教育。这一措施的实行，遭到了重重阻力，社会上质疑和埋怨的声音开始出现，甚至有人在网上发布《优质管理，还是变态管理》帖子，对这一措施提出异议：学校引进所谓的 ISO9000 质量管理体系，把企业的管理办法生搬硬套到学校管理上来，于是学校也要求像企业一样培养出一个模子的学生和一个模子的教师来，不能有异己和不同的声音，只有复制的学生和复制的教师。这一帖子在网上四处流传，引发的争议很大。

事实证明，坚持了一段时间后，加强规范教育这一改革措施的成效十分明显：学生良好的生活习惯养成了，学生自我教育和独立生活能力也提高了；生活习惯问题解决之后，学生学习时间安排更紧凑合理，学习成绩有了显著的改善；学生在生活与学习方面都体验到成功的喜悦，人格发展也更为健康了；同时，师生关系也改善了，课堂氛围和谐，教学效果明显。但是这一事件的发生却也实实在在暴露出了全面质量管理刚性大、柔性不足、缺乏变通、僵硬的弊端，这些问题确实值得进一步反思。

2. ISO9000 全面质量管理标准存在的缺憾

作为从企业引进的全面质量管理方式，ISO9000 标准不可避免地存在着难以克服的一些矛盾与缺憾。

(1) 如何解决特色办学、个性化教育与划一化、文件化管理的矛盾

引入 ISO9000 标准的一个最大问题是，教育服务活动不像企业生产产品，从原材料到生产过程到成品，可以简单划一。学校教育的对象是一个个活生生的人，学生的情况是千差万别的，学生本身也不是简单的"产品"，对于不同的学生如何施以合适的有针对性的教育与管理，显然不是该体系本身所能涵盖与解决的。该体系强调的是统一性、规范性，而对学生的培养与服务显然更注重个性化与独特性，学校教育只有走特色办学之路才有活力。因此，为了使该体系更富有适宜性和实效性，在实施过程中有必要注意解决特色办学、个性化教育与划一化和文件化管理的矛盾，从中寻找一种新的衔接和协调的方法。

（2）如何面对教育对象的复杂性

影响教育对象的因素远比企业产品多而复杂。学生自身各具个性，充满活力，先前的学业准备和个人经历与体验各不相同，生活环境、生活观念也不一样，他们的能力、理解力、非智力因素等情况也有差异，他们的需求呈现出多样化趋势，不同家庭背景的家长，包括不同区域的社会对教育的要求也不尽相同。因此，对学校教育质量的界定也呈差异化和多样化趋势。如果全盘照搬企业管理模式，而不充分考虑学校教育产品、学校教育服务的自身特点，这显然是不行的。学校管理应当注意：如何根据教育产品与企业产品的区别，找到对教育产品进行准确界定，进而确立适宜的教育。

（3）如何正确理解并解决体系的"标准化"、"统一性"与教师创造性的关系

该质量体系强调"过程控制"和"标准化"管理，注重统一性、规范性，这是该体系质量保持优化的保证，它在企业管理上的效果是十分明显的，但学校教育管理在规范化、制度化、注重"法治"的同时，更注重教师个人创造能力的最大开掘。"标准化"、"统一性"与"创造性"之间是否矛盾？或者说，这两者之间可否找到共通之处，能否在同一体系下产生和谐共振？这也是我们在实施 ISO9000 全面质量管理体系时应当着重考虑的一个问题。

（4）如何达成教育服务性与公益性的一致

有人反对学生是消费者的提法，也反对把学生和老师的关系理解为"顾客"或"服务对象"和服务者之间的关系。他们认为，这种提法过于商业化，很有可能使传统的美德和教育的本质功能丧失于服务与被服务这种价值交换之中。同时，"消费者至上"原则容易使教师为了迎合学生的要求而采取一些言不由衷的被动应付的活动，无法开展真正有利于学生掌握知识、提高技能，促进全面发展的教育教学活动。这种担忧显然不无道理。但是，该体系本身的优势和实践中取得的显著成就却昭示着，它们之间并不是无法调和的。也就是说，教育的服务性与公益性是完全可以统一起来的，关键是如何去寻找一条使两者统一的最佳途径？这也表明，ISO9000 全面质量管理体系引进到学校教育需要经过进一步的调整和改良。

（5）如何解决技术层面上的合理剪裁与变通问题

ISO9000 是一种国际通用标准，首先大量应用于企业，尤其是制造业和其他工业企业，这种标准体系具有比较强的个性特点和独特的技术含义。学校采用该标准化时，难免有生硬牵强、不对路的感觉。再加上到目前为止还没有一种专门适用于教育行业的ISO9000 标准。因此，教育界在引入 ISO9000 标准体系时，必须以深刻理解、领悟ISO9000 内涵为前提，做大量的调查研究、对比分析和转化工作。只有根据学校自身特点和教育的特殊规律来引进 ISO9000 全面质量管理，并进行合理剪裁与变通，将其通用质量体系要求转化为适应学校特点的质量活动体系，才能使这种新管理体系在学校教育教学管理上真正发挥效益。

以上这些问题，既是所有引进 ISO9000 全面质量管理标准的学校必须正视的问题，也是洪家中学在之后的管理改革过程中必须要解决的重要问题。

三、扁平式管理：2004—2008

2004 年，洪家中学在实施 ISO9000 全面质量管理的前提下，权衡了科层制管理模式

的弊端，分析了学校管理的职权范围，进行了管理模式上的改革，开始推行扁平式管理。

改革前，洪家中学采用较多的是传统的科层式管理模式，它最显著的特点是组织权力构成一个"金字塔"型的体系，每个成员既要为自己的决定和行为对上级负责，又要为自己下级的决定和行为而负责。虽然科层式管理强调权责分明，规章制度严明，强调以行政命令为主"自上而下"地开展管理，它能充分体现领导者的意志与权威，但教师往往处于听命执行的被动状态，缺乏创造和创新的精神、动力和思路，这与学校教育和教师工作所要求的创造性特点不相符合。还有，科层制管理注重的是上下级之间的垂直管理，很少有中间部门的平行沟通。例如，教研室之间、年级段之间就很少有充分的沟通。由于科室之间的利益冲突和沟通障碍便会造成学校管理的不协调性。扁平化管理是对传统的"金字塔"型管理模式的一种改革和突破，其实质内涵就是缩减组织层次，减少管理环节，实施任务和目标分解，强化责权对等，采取分权式管理（参见图2-1）。

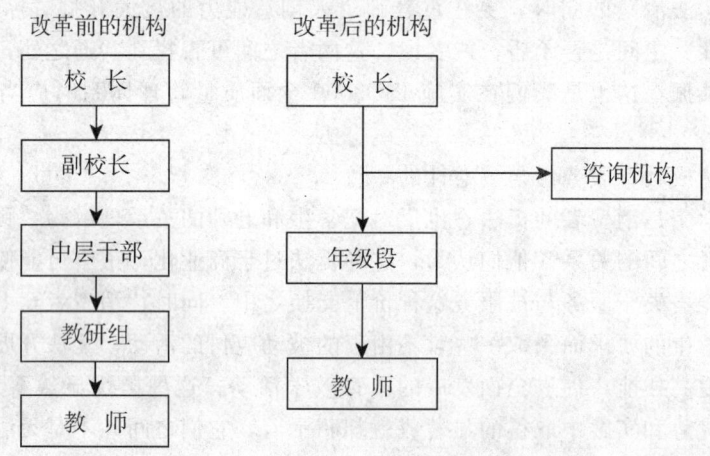

图2-1 扁平式管理改革前后的管理机构

很明显，对学校而言，实施扁平化管理的重心就是调整学校中层的职能。改革后，取消了中层干部这一级别，代之以咨询机构，而对学生的管理直接由年级段来承担。每个年级段设一位年级段段长，由校长或副校长兼任。同时，分别设置两名德育副段长和教学副段长，各由一名中层和普通教师组成。他们五个人各有分工、互相合作，负责年级段的日常教育教学工作。每周一次的班主任会议、每一次集训的安排、每一次考试后的质量分析会……这些会议都由年级段负责人主持召开，他们中的校长和中层一方面参加学校的行政会议，以保证行政会议讨论的内容或决策能较快地在各年级落实，并直接贯彻到广大教师中，同时由于年级段负责人管理重心就是年级工作，他们有更多的机会了解和熟悉所在年级段教师和学生的具体情况，所以会使管理工作更到位，对一线教师的各类情况信息也能及时反馈，畅通了校长和教师、学生沟通的渠道，便于校长决策。扁平化管理减少了中间环节，提高了工作时效。

（一）扁平化管理的优势

洪家中学的扁平化管理模式，是根据洪家中学迅速发展的现状提出来的。这一模式的特征是弱化中层功能，强化一线管理功能，校领导直接指挥一线，把管理权下放到一线管理层。学校只对年级段提出统一要求，具体工作由年级段负责人讨论、分解、落实。这样，既可以充分实施各种决策的商议，又不至于降低效率。这种扁平式管理模式有着它不可忽视的优势，在实践中也取得了较好的成效，学校管理效能大大提高。

1. 权力下移，与普通师生关系密切

据调查：新任教师普遍感觉到缺乏来自学校和其他老师的团队支持，他们的专业成长仍主要靠自我摸索、自然成熟。而急剧变化的社会对教育的要求不断提高，显然容不得新教师慢慢成长。产生这一现象与学校管理存在真空地带有关，因为学校管理存在真空，新进教师成为无人关注的对象。要使学校的"生态环境"有利于教师的成长，有利于学校效能的提高，本着"教师第一"的观念，唤醒教师的主体意识，确立教师的主体地位，学校构建扁平式的管理模式势在必行。它从上面的决策层到下面的操作层，中间相隔层次减少，尽最大可能将决策权向组织结构的下层转移，让基层单位（如教研组）或成员（如普通教师）拥有充分的自主权，并对产生的结果负责。这种管理模式保证上下层能及时、有效地沟通，强调教师的集体合作、对话与分享，减少教师职业的孤独感，增进教师对组织的投入效能，教师彼此成为专业发展的伙伴。这样易于形成互相理解、互相学习、整体互动思考、协调合作的校园文化。从这一点看，扁平化管理有助于避免管理真空地带的产生，它与普通师生之间的关系非常密切。

2. 以人为本，柔性管理

传统的科层制管理模式强调用命令和规章制度对教师进行管理，它崇尚"没有规矩，不成方圆"，强调刚性。制度管理对于提高学校的管理效率是有效的，但是过分强调制度管理而忽视人的情绪、情感、道德的因素，反过来又会制约管理效率的进一步提高。所以，针对科层制的这一弊端，扁平式管理更强调柔性的人本管理。学校决策层在制定学校的规章制度时，会考虑是否有利于教师、学生的发展，是否有利于创造良好的学校氛围。在发出指令时，设身处地考虑是否有利于教学，是否会成为教师的负担，从而避免挫伤教师的工作积极性。[①]

（二）对扁平化管理的理性思考

洪家中学实行扁平式管理模式以后，学校教师的工作激情重新被唤起，把全部精力投入到教书育人中来，且根据学生特点因地制宜，形成了不同的教学风格，开创了各种各样的班级管理模式，教育教学质量大为提高，办学效率与办学效益得到了全面提高。但是，我们不得不承认这样一个事实：在学校实施扁平化管理获得高效能的同时，也留给我们更为广阔的思考空间。

1. 中层管理者作用和权限的弱化

实施扁平化管理会削弱学校中层管理者的权限。众所周知，层次越多，中层管理者就越安全，利益也就越多。作为既得利益者，为保护现有的利益和将来可能的利益，中层管理者会对扁平化管理进行自觉或不自觉的抵制，设置各种障碍，从而导致变革的动力被削弱或抵消，甚至中途夭折。例如，学校原来的"三大处"（教学处、教育处和总务处）主任与年级段段长的矛盾冲突就时有发生，工作中经常出现互相推诿现象。还有，要想使扁平化管理得到真正落实，必须调动一线教师的主动性。但是，在我们的传统文化中，"木秀于林，风必摧之"的思想根深蒂固，"不求有功，但求无过"的观念，使扁平化管理难以得

---

① 李桂强.导致学校扁平化管理低效的原因探索［J］.教书育人（下旬），2005（3）：25.

到有效的实施。

2. 人员素质的限制

无论是管理者还是被管理者，当素质达不到要求时，扁平化管理的效果将大打折扣。因为时间是管理中的稀缺资源，任何一方的素质达不到要求，都将占用双方宝贵的时间，从而压缩了管理幅度，难以达到预期的效果。

事实上，学校实行扁平化管理后，将管理权力下放给教师，教师对于参与学校工作也表现出一定程度的态度冷漠和专业准备不足，这成为学校教育改革进展缓慢的直接原因。因此，管理者和教师的素质水平成为影响扁平化管理效果的重要因素。

3. 可能导致管理真空

从形式上看，管理幅度仅仅表示一名上级直接管理下级的人数，但是由于下级均承担有管理业务，因此管理幅度实际上是直接控制和协调业务活动量的多少。当下级的管理工作复杂多变且量大时，管理幅度就要减少，否则扁平化管理就难以得到有效的运作。另外，扁平化管理在缩短上下级距离、密切上下级关系，提高信息纵向流通速度和工作效率的同时，也带来了上级监督下级、上下协调较差以及同级沟通困难的问题，这样，一旦放松了管理，就很容易形成管理真空，造成管理失控。

4. 信息沟通的限制

如上所述，在传统的层级机构中，信息只掌握在少数人手中，信息意味着权力。因此学校管理者如果只是把信息有选择地逐级地向下级传递，在这种情况下是无法推行扁平化管理的。只有当一所学校的信息技术得到相对普及，可以通过网络等手段，指令几乎可以同时传递到不同层级的人员时，实施扁平化管理才能得到保证。如果不能做到这一点，仍然维持传统的上下级沟通方式，不仅沟通的成本会很高，信息传递的线路会很长，并有可能导致信息的漏传、错传和失真，更有甚者，会被有意识地过滤和中断，以达到个人和小团体的目的，损害整体的利益。

5. 学校文化的限制

不同的学校文化反映出不同的价值观、行为规范、组织形式、管理制度等。不具备创新精神的学校是不大可能主动去实施扁平化管理的。那些整天在口头上把"创新"喊得震天响的学校，对在创新过程中出现的失误不是理解和鼓励，而是批评和压制，从而扼杀了学校成员的创新精神和积极性。这样，当学校管理者想实施扁平化管理这种新模式时就很难得到学校成员的认真响应，低效也就不足为奇了。另外，扁平化管理要求上级授权、放权，以提高效率。但是，在中国的传统文化中，人们对权力有一种天然的迷恋，除非迫不得已，上级是不会轻易把权力交给其他人的。如果学校文化不改变，学校缺乏民主氛围，即使在形式上设立了扁平化组织机构，由于没有充分的授权，下级仍会事事请示、汇报，根本达不到预期的效果，扁平化管理也就徒有其表了。

综上所述，扁平化管理作为新的组织管理模式，必须首先理清实施扁平化管理的阻抗因素，然后有针对性地提出切实可行的对策才可能使扁平化管理发挥出应有的作用。

第三节 以红黄蓝管理为核心的人文取向
绩效管理阶段：2009 年至今

从 2009 年至今，洪家中学在陈志明校长的领导下，大胆改革，勇于创新，对学校管理进行了新的探索与研究，学校管理进入了一个新的阶段，即以红黄蓝管理为核心项目的人文取向绩效管理阶段。

对学校发展而言，这一阶段只是仅仅两年多的时间。相对于洪家中学 55 年的校史而言，两年的时间实在短暂，但是学校在整个发展过程中，有许多教训需要反思，有许多经验需要总结，尤其是对管理改革的指导思想和方式、方法思路，需要有一个整体性的梳理和思考。

一、实施红黄蓝管理的必然性

洪家中学实施红黄蓝管理，实际上是基于理性思考的结果，它的出现是一个水到渠成的过程，有它自己的必然性。

（一）基于对现代学校管理的弊端而提出红黄蓝管理

1. 现行学校管理制度功利性强，只强调分数管理

在现行学校教育管理制度中，考试至上、分数主义严重扭曲了教学的价值取向。于是，本应充满人文气息的教学工作被蒙上了强烈的功利色彩，对于利益的追求代替了对于教育事业的追求。分数成为教师和学生追求的终极目标，他们在分数面前顶礼膜拜，异化成了分数的奴隶。学校管理和教育评价同样盛行分数主义，见分不见人，重分不重人，在这样的背景下，即使有所谓的教学改革，也只是追求高分的"遮羞布"，是功利教育的装饰物。

2. 现行学校管理制度只在规章上大做文章，大搞形式主义

学校的管理离不开必要的管理制度。目前，不少学校在规章制度上大做文章，把规章细则化、标准化，而且配合量化评分和经济制裁，简直把教师和学生当成管教的对象，把领导变成了监工，把依法治校变成了以罚治校。教师和学生在工作和学习中没有一点自主性，学校管理俨然成为程序化管理，严重扭曲了教育的本性，对于规章制度的严格执行，取代了对于人的人文关怀。管理层变成了检查工具，教案检查、作业批改检查、课堂检测检查等各种检查层出不穷，教师疲于应付，在这样的背景下，即使有所谓的教学改革，也是搞形式主义，在表面上做文章。

3. 现行学校管理制度崇尚权威主义，权力至上

学校管理者不能没有权力，没有权力学校就会陷入混乱状态。但是，一味崇尚领导是权威、教科书是权威、教参是权威，必然导致威权主义风行。这种崇尚威权的风气，必然泯灭教师工作的独立性和创造性，不但不利于教师的个人发展，也不利于学校的长远发展。霍姆林斯基曾说："学校领导首先是教育思想的领导，其次才是行政领导。"因此，管理学校需要的不仅仅是权力，更重要的是思想和精神。试想一个校园，没有教育思想，崇尚权力，不崇尚学术，怎么可能有真正的教学研究和教学改革呢？

洪家中学的红黄蓝管理基于上述的学校管理弊端而提出，它注重学校教育的本质追

求,重视对师生的人文关怀,符合素质教育的理念和要求。

(二)基于对洪家中学以往管理方式的理性思考而提出

1. 洪家中学拥有绩效管理的传统,但是改革思路和改革举措的人文性需要进一步提升

过去,学校基于科层制管理的弊端,提出了一些新的改革举措,这些改革举措其实与绩效管理的精神是一致的。如内部管理体制改革,其核心的举措教师聘任制和结构工资制,把教师的教学业绩与聘任制度结合在一起,与他们的工资待遇结合在一起,以实现校内教师资源的优化组合,充分调动了教师的工作积极性。又如ISO9000质量管理体系的引进,其本身就是绩效管理的一种方法,其突出的特点是把绩效管理的指标标准化、量化,以此来统一规范学校的教育、教学、后勤等部门的管理。再如扁平式管理,突出年级段和教研组在学校管理中的作用,既是一种民主管理思路的体现,又与绩效管理中强化部门绩效和组织绩效的提高一致。

但是,如果对洪家中学以往的管理改革举措进行理性的思考,不难发现学校尤其注重对教师个体进行严格的量化考核,这种针对教师个体的量化考核方式,对于短时期促进学校教育教学效率的提高,具有明显的刺激作用,但从长远角度看,也有刚性有余、柔性不足的弊端,同时导致教师关注自己教学业绩的提高,而对部门和学校组织的整体办学水平的提高则缺乏关心。

基于上述考虑,如何在洪家中学的学校管理中,贯彻人文关怀,强调学校管理的人文性,这是学校管理改革的一个重要命题。

2. 洪家中学尝试了许多管理改革举措,但学校管理特色和品牌需要进一步概括与提升

在洪家中学55年的发展过程中,学校尝试了许多管理改革的方式,如内部管理体制改革、扁平式管理、ISO9000质量管理体系的引进等,这些管理改革举措基本上是一个引进和模仿的过程。尽管学校管理者作了一些创新性的改造,它们在不同时期对学校发展而言是一种合适的管理改革方式,也在一定程度上促进了学校各项工作的进步与发展,但是从进一步提高要求的角度看,不同时期的管理改革方式均有自己的一些不足之处。

洪家中学在第二个发展阶段中,洪仙瑜校长作为学校改革的关键人物,为学校发展做出了自己的杰出贡献,他的许多改革思路对学校发展而言起到了良好的引领作用。但是随着学校办学业绩的进一步提高,学校美誉度的进一步提升,学校管理的特色和品牌需要进一步凸显、概括与提升。

优秀学校与一般学校的最大的区别,在于学校文化与学校品牌的区别,而学校文化与学校品牌的区别背后,则是学校办学思想和人力资源素质的区别。优秀的学校不仅拥有先进的教育思想,而且拥有优秀的教职员工,更重要的是拥有能够激发人的潜能、不断培养出优秀教职员工的机制。这就要求学校管理者要认真与教职员工沟通,倾听教职员工的呼声,放眼未来,引导教职员工做自我改变,以适应学校的发展变化。于是一种人文取向的红黄蓝绩效管理模式应运而生,对洪家中学而言,这不单是一种管理工具,更是一种思维方式和一种行为习惯。

把学校管理改革的特色和品牌与现代学校制度结合在一起,进一步梳理学校改革的核心价值观和办学理念,形成一种有特色的管理模式,并且使它渗透和融合于学校的各项工

作，以管理提高效率，以管理促进学校发展，以管理特色提炼和管理品牌建设来总体设计和思考洪家中学的现代学校制度建设，这是学校今后发展的又一个重要的命题。

洪家中学就是基于以上两个方面的考虑，提出红黄蓝绩效管理模式，并系统地构建这一管理模式的框架的。

二、红黄蓝绩效管理模式的理论基础："以人为本"管理理论

洪家中学的红黄蓝绩效管理模式有一个很重要的理论基础，那就是"以人为本"的管理理论。

（一）"以人为本"管理理论的实质

红黄蓝绩效管理模式的理论根基是"以人为本"的管理理念。一般认为，"以人为本"的管理理念源于超越科学管理理论的行为管理理论。"科学管理理论"的主要成就是建立组织层级、权威、协调的架构以及组织原则，其不足之处是把人单纯设定为"经济人"，对组织成员的行为互动关系很少讨论。

20世纪30年代，行为管理学派兴起，其理论从行为科学的观点出发，高度重视人的地位，把以物为中心的管理转变为以人为中心的管理。从此，"以人为本"作为一种管理理念引入管理领域。20世纪六七十年代，随着心理学、社会学及人类学的进步与普及，行为科学的影响更为深远。"以人为本"的管理理念进一步发展，它肯定人性的优点，重视个人的尊严，认为工作热情、发展潜能、责任感皆存在于员工身上，需要管理者因势利导，开发利用，管理者只有满足员工的切身需要，创造条件使其实现愿望，才能激励员工往更高水平发展。20世纪八九十年代，由于受系统管理理论的影响，行为管理理论有了新的发展，其新论点是：人性化管理除了应了解与激励个体和群体的行为外，还需确定组织管理的目标，使员工行为与组织目标相互融合，且更需要考虑组织目标与社会环境的互动关系。

实际上，"以人为本"管理的实质是人的理性管理与人性化管理的有机结合，其内涵是尊重人、依靠人、发展人、服务人。[①]

（二）"以人为本"管理理念的特点

这种管理理念主要有以下特点：(1) 立足于人的发展需求，强调人的需要的满足，以满足人的发展需要为管理的最终目的；(2) 强调尊重、理解和关心人。它非常注重沟通与分享，充分尊重人的主体地位，并通过激励人的内部动机，促使被管理者主动参与管理过程，通过管理中管理者与被管理者之间的平等相待、相互支持达到管理的和谐统一；(3) 注重管理者自身的修养，要求管理者以德服人、以礼待人，通过以身作则影响被管理者；(4) 强调教育而不是惩罚，主张通过教育而不是无节制地通过惩罚来达到管理目标。

三、"以人为本"管理理念与洪家中学红黄蓝绩效管理模式的契合点

"以人为本"的管理理念，作为现代最重要的管理思想，可以渗透到现代学校教育的各个方面。洪家中学在实施红黄蓝绩效管理模式的过程中也以人本主义管理思想为指导，在绩效管理的各个环节和各项内容之中，处处渗透着这一思想。

---

① 段丽，姚利民. 论"以人为本"的教师绩效评价 [J]. 大学教育科学，2003 (4)：64-67.

(一)"以人为本"与现代学校制度的建设

时代在发展,社会在进步。学校教育管理也要与时俱进,才能顺应时代对教育发展的要求。目前,"以人为本"的学校管理,已经成为广大校长的共识。"以人为本",就是以学生和教师的成长、发展为本,这是教育的根本。以人为本,凸显了学校管理为学生、教师和学校发展服务的思想。学校管理者要尊重广大师生,发现他们的优点和长处,激励他们不断地自我发展,从而让学校的内涵得到发展,提高学校的办学水平和教育质量。

"以人为本"与现代学校制度建设也是一脉相承的。现代学校制度建设的核心包括两点:一是看在这种制度下人的积极性和创造性能否得到最大限度的发挥;二是看在这种制度下人是否活得有尊严和有价值。因此,"人本性"是现代学校制度的一个最基本的特征。

从人本性的教育出发,现代学校制度设计和实施要关注四个方面。第一,要保证学生和教师的生命权。在现代学校制度中,应把尊重生命,确保生命安全放在最重要的位置,把学生生命安全和学校安全管理的规定纳入其中。学校也应制定相应的校园安全管理计划。第二,要满足人的多元需要,如情感、兴趣、意志、欲望、价值选择等。第三,要充分反映个体的差异性,个体差异不仅表现在年龄、性别、文化程度和职业上,还表现在态度、习惯、信仰、需要、观念等方面。第四,现代学校制度的设计和实施要看它能否促进人的发展,这里所谓的"人"是指教师和学生,一种制度假如不能促进教师和学生的发展,那么这种制度肯定不是好的制度。

洪家中学的现代学校制度建设中,一个最大的特色和亮点就是红黄蓝管理。红黄蓝管理既是学校管理的重要理念,又是学校管理的特色所在。作为管理理念的红黄蓝管理,激励人们形成一种"没有最好,只有更好"的追求,这种要求能够渗透到学校的各项工作之中。作为特色的红黄蓝管理,要求人们在各项工作中,提高教育、教学、学生学习和后勤管理的水平,朝着蓝区设定的卓越目标追求。红黄蓝管理能够丰富和深化洪家中学的现代学校制度建设。

(二)"以人为本"与教师的绩效管理

学校生存和发展的关键是教师队伍建设。学校教师是一个特殊的群体,以其工作的相对独立性、较强的自主性、较高的学术性以及很强的成就动机等显示出该群体的特殊性。有些学校经常会出现教师工作积极性不高、工作效率低下、教学科研水平提高缓慢、骨干教师流失严重等现象,这与学校教师管理不力有关。要提高学校教师管理的绩效,学校传统的人事管理必须向"以人为本"的绩效考核和绩效管理转变,并通过绩效管理挖掘教师的潜能,发挥教师的专长,加强教师的个性培养,使教师与学校得到共同发展。

所谓"以人为本"的教师绩效管理,就是在绩效管理过程中,要特别关注教师的发展,要尊重教师、发展教师、服务于教师,具体的原则如下。

第一,展现教师个性特长的原则

"以人为本"的教师绩效管理,一定要坚持展现教师个性特长的原则。把如何弘扬教师的个性、发挥教师的特长以及寻找教师岗位和个人能力、兴趣之间的最佳结合点等作为绩效管理的主要目的,强调发掘教师的个性特长,用好教师的特长。

第二,促进教师发展的原则

"以人为本"的管理理念提出,要创设一个能让人全面发展的环境,引导他们自由地发展自己的潜能。"以人为本"的教师绩效管理,就要坚持促进教师发展的原则。一方面,教师发展要走在学生发展的前面。教师通过绩效考核,知道自己的长处和不足,了解领导和同事对自己的看法,以便在以后的工作中扬长避短,不断学习提高自己的能力。另一方面,学校也要根据绩效考核结果来帮助教师,分析教师绩效不高的原因,为教师制订校本培训计划,排除各种不利因素,促使教师在绩效、行为、能力、责任等多方面得到切实的提高。

第三,倡导教师间、教师与评估者平等和谐关系的原则

"以人为本"的管理理念,要求组织中的所有成员放弃由岗位特别是职位所带来的特权,平等互助,协调发展,使组织成员凝聚在一起,谋求各自的最佳发展和共同发展。"以人为本"的教师绩效管理,就要坚持和倡导教师之间、教师与学校领导者之间的平等和谐关系。在绩效管理过程中不能互相猜疑,也不能产生排斥、敌对和嫉妒等心理,以免导致关系紧张。相反,应当强调教师之间、教师与管理者之间的相互信任与相互合作,以提高教师之间、教师与管理者之间相互协调与相互合作的能力。

第四,教师与学校共同成长的原则

"以人为本"的管理理念提出,组织发展的前提基础是人的发展,人与组织要共同成长。据此,"以人为本"的教师绩效管理,就要坚持教师与学校共同成长的原则。在关注教师个人绩效的同时,也要关注教师所在组织的绩效,克服个人英雄主义,弘扬集体主义。要增强教师的全局观念和集体观念,使教师认识到个人的成长与学校的成长紧密联系在一起,个人发展目标和学校发展目标也紧密相连,个人的高绩效与学校的高绩效休戚相关,个人应为学校实现目标作出贡献,在学校发展过程中自身也得到发展。[①]

洪家中学在设定教师教学绩效指标时,就是贯彻"以人为本"思想的要求,以教师胜任力模型为基础,对教师的基本素质和教学业绩提出要求,通过底线管理,激励教师不断提高。既关注教师个体的发展,又关注教师群体水平的提高。通过红黄蓝管理,促进教师个体和教师群体的共同提高。

(三)"以人为本"与学生的发展评价

教育的最高目的就是促进学生的全面发展。新课程改革有一个核心的理念——"一切为了每一位学生的发展",它意味着:第一,关注每一位学生;第二,关注学生的情绪生活和情感体验;第三,关注学生的道德生活和人格养成。学生是发展的人,是具有独立意义的人,因此,学校管理要坚持以人为本,促进学生的发展。

在学校教育中,我们提倡对学生的赏识和激励,教师通过语言、手势等方式肯定学生,通过作业评语沟通感情、融洽师生关系。尊重学生首先应注意尊重学生的人格,我们要求教师以平等的态度对待每一个有情感、有意识、有独立个性的学生。学校定期在学生中开展教师满意度调查,并将其作为教师评优晋级的重要条件。这是尊重学生人格的表现。尊重学生还应尊重学生的个性。我们要求教师对学生不抱有偏见,坚持以发展的眼光,客观、公正地评价每一位学生,为学生个性才能的施展提供广阔的空间。

"立德树人、育人为先"是洪家中学德育工作的首要任务,它体现"以人为本"的教育思想。学校把"立德树人、育人为先"作为德育工作的首要任务,深化全员德育,夯实育人基础,围绕"理论学习、生命教育、社会实践、健康教育"四大专题开展德育工作。

---

① 谢曼华."以人为本"的管理理念与学校行政工作[J].中山大学学报(社会科学版),2000(3):116—119.

以丰富多彩的德育实践活动为载体,构建体验式主题活动系列,如毕业典礼、运动会入场式、十八岁成人仪式、"感恩？责任"教育实践活动、红色之旅、文化之行、西溪之游等,德育整体效应已初步显现。学校定期召开家长会,开展"百名教师访千家"的活动,积极发挥家校合作的教育功能。学校建立家长委员会,开办家长学校,举办家长培训会,让家长参与到学校教育和管理过程之中。按照"生活简单化、学习刻苦化、精神高雅化"的德育工作思路,鼓励学生争做"举止文雅、谈吐儒雅、情趣高雅"的优秀学生。引导学生自发成立篮球社、聚焦摄影社、梵音文学社、动漫社、清风合唱团等社团,并定期开展活动。活动受到了广大学生的喜爱,丰富了校园文化生活,促进了学生的健康发展。

洪家中学在管理中,把学生的发展放在重要的地位,不让任何一个学生掉队。学校在对高中生学力水平进行细致分析的基础上,设定高中生学力的关键指标,进而构建高中生学习的绩效考核指标,引导学生向更高水平发展。

（四）"以人为本"与校园文化建设

洪家中学还把红黄蓝管理与学校文化建设结合在一起。学校文化是学校价值观、教育理念和教职员工行为规范的集中体现。一所学校如果没有精神和文化,就会变成一个毫无生命的楼房和建筑物的集合。相反,当人们走进一所具有鲜明教育特色的学校,一定会从学校的一砖一瓦、一草一木,从师生的言行举止中,明显地感受到其中凝聚着一种精神力量,那是一种富有生命力,令人感动、奔腾激越的学校精神追求。这种力量能以最深刻、最微妙的方式,嵌入师生的心灵深处,并对师生发展产生深远的影响。学校文化能唤醒、激发师生崇高的情感和强烈的进取心,它对他们人生观和价值观的确立、行为方式的选择起着巨大的推动作用。

著名学者马尔库塞认为:"观念和文化的东西是不能改变世界的,但它可以改变人,而人是可以改变世界的。"在学校改革中充满尊重、理解、沟通、信任等人文关怀,营造团结、和谐、奉献、进取的工作氛围,建立起宽松、高洁、清新、有人情味的学校文化,让学校具有浓重的文化气息,积淀深厚的文化底蕴,这是学校管理的最高层次。

洪家中学红黄蓝管理的核心理念就是"以人为本,促进师生的共同发展"。"服务至上"、"追求卓越"、"创新发展"成为红黄蓝管理的关键词,也成为学校文化中的核心价值观。

在洪家中学,教研组评比制、捆绑式评价制、幸福办公室创建制度、食堂和超市"日点评"制等制度的出台和实施,都是为了促进教师和学生的发展。同时,学校积极创设条件,倡导教师主动学习求发展,同伴互助同发展,形成了一个团结奋进、民主开放的团队。洪家中学的教师深刻领会了"校荣我荣"的真正含义,用自己的实际行动,诠释了兢兢业业的师德内涵,学校的内聚力得以形成,实现了团队效益的最大化。

洪家中学在追求教育质量的同时,提出了"一网、二刊、五中心、十节日"的校园文化建设模式:建设校园网,构建教育信息化办学特色;办好校报校刊,推进文化软实力;启动校园文体中心、艺术中心、社团中心、科技中心、信息中心五中心建设,促进学生全面发展;开展"体育节、科技节、感恩节、爱生节、读书节、英语节、艺术节、心理节、环境节、沟通节"主题活动,拓展了学校的教育空间。这种不断推陈出新的文化活动,为学校创设了色彩纷呈的校园环境和良好的学校文化氛围。

在追求精神文明建设的同时,物质文明建设也得到了关注。最近几年,洪家中学不断改善办学条件，提高学校的档次和品位：以微格教室为核心的教学活动中心，为教师搭建了富有特色的专业成长平台，为教研注入了新的活力；彰显荣誉的校史陈列室，不仅是宣传学校、展示成就的重要窗口，更是爱校教育、营造奋发向上育人环境的有效载体；校园绿化美化工程，花卉基地的建设，使校园文化墙、文化走廊不仅具有实效性，还具有观赏性、激励性和教育性；五中心工程的实施，更是为洪家中学学子的个性发展提供了自由广阔的空间。

第三章　红黄蓝管理的内涵分析

当今社会在市场经济发展的浪潮下，经济体制改革带来的变化，不仅推动着现代企业管理体制的改革，也进一步要求教育教学改革的深入。绩效工资的实施，愈加凸显出学校组织管理运转所依托的"绩效"的重大意义。在基础教育改革的大环境下，面对传统科层管理体制的局限性，普通高中的绩效管理模式成了一个值得思考的问题，红黄蓝绩效管理模式的探索应运而生。红黄蓝管理是一种以"打好基础，促进发展，追求卓越"为指导思想的"橄榄型"学校绩效管理模式。它在落实学校办学理念和使命的基础上，对学校绩效指标进行了有效的分类和整合，克服了绩效管理规划和实施过程中的科学困境和政策困境，通过对师生的人力资源管理来促进学校实现办学效率、效益、效果"三效合一"的目标。

第一节　红黄蓝管理的定义

红黄蓝管理是洪家中学在总结已有的绩效管理理论和自身特有的学校管理经验，为解决具有本土特色的教育管理问题而开发和总结的绩效管理模式。这种模式的独特意义体现在：第一，它对红黄蓝三原色的文化意义和心理意义进行了巧妙揭示和利用；第二，它继承了已有的许多商业公司和企业公司运作和管理的成功经验，并合理地利用了其中有价值的部分；第三，它顺应和吸取了社会变革和教育改革对洪家中学建设新的现代学校制度的要求。这是一种具有丰富意义和内涵的管理模式。

一、红黄蓝三色在中西方文化中的意义

颜色是一种视觉能力，是人类视觉中最易感受的语言符号。不同颜色对人的情绪和心理的影响有较大的差异。悦目明朗的色彩能够通过视神经传递到大脑神经细胞，从而有利于促进人的智力发育。若常处于让人心情压抑的色彩环境中，则会影响大脑神经细胞的发育，从而导致智力下降。由于人类在生理机制、视觉意识系统等方面有共同的自然基础，故颜色词在中西方语言文化上也有许多共同之处。同时由于民族、地理位置、生活环境、宗教信仰、思维方式和文化背景的不同，这些颜色词在丰富的感情色彩和文化内涵上又表现出各民族独特的"个性"，打上不同的情感"烙印"。

红色（Red）在中国文化中代表着喜庆，在中国人的心目中是成功、吉利、忠诚和兴旺发达的象征，婚礼贴上大红喜字，穿上大红礼服，期盼幸福美满。它形成了中国的国色，成为中华民族最具有代表意义和象征意义的颜色，乃至成为整个民族的一种强劲、浩然的精神气节。红色在西方文化中常用做象征危险、紧张和告诫，表达被赋予"警示"、"警戒"和紧张的心理状态，提醒人们在意识上加以重视并有行为上的转变与跟进。

黄色（Yellow）在中国传统文化中是"帝王之色"，体现古代人们对地神的崇拜，也是古老中国皇权的象征，显示中国人心目中的尊贵地位。中国文化发源于黄河流域的黄土高原，在黄土高原，人们面对的是大片的黄土地，是沉默稳固、厚实可靠的大地。黄土和中国文化联结得非常紧密。在中西方的文化中，"黄色"同时给人以视觉上温馨的感觉和情感上充满温暖和活力四射的效果，寓意着拥有前进的动力，具有莫大的发展潜力，对自我价值的肯定和展现充满着期待。

蓝色（Blue）在中国文化中象征着人们对生活的期望，对劳动的尊敬和崇拜，激发创造"蓝"天大海般广阔发展空间的欲望，象征着追求卓越全力以赴的热情。传统的西方文化以理性为主体，被称之为"蓝色文化"或"海洋文化"。在西方文化中，"蓝色"象征着高贵、高远深邃和博大。在心理学上，"蓝色"意味着冷静、淡定和超脱。所以，在西方，"蓝色文化"寓意着智性文化。

红黄蓝三色的文化意义，为以它们为基础而建构的绩效管理模式植入了深层的文化结构。首先，它决定了红黄蓝管理与人们的思维方式和行动模式之间很强的契合性，从长远来看，红黄蓝管理是一种能够调动集体认同和行动的稳定的文化结构。其次，它在不同文化中也蕴藏着一些不同的意义和内涵。这种差异为人们保持使用这种管理模式的开放性和创造性提供了精神支持和思想资源。无论如何，红黄蓝管理作为一种管理模式，既能有效地支持和满足现代学校对于建立学校文化制度的需求，又能够较好地担当起促进学校变革的使命。

二、红黄蓝管理的由来

以红黄蓝三色组合作为绩效管理思想的基础，并非一种"无中生有"的创造，而是基于已有的大量类似的管理经验，特别是管理思维方式，进而"触类旁通"而生成的管理智慧。

（一）红黄蓝管理在其他领域的运用

红黄蓝三色作为三种有力的隐喻和象征符号，已经深深地嵌入了人们的集体意识之中，成为文化基因的一部分，影响着个体和组织的思维、决策、交流和行动。一切管理工作，从本质上说，都必须尊重人们的共识和共同的心性，并以此为基础来建立约束和引导组织成员工作的标准、规范和流程。红黄蓝管理，就是以这一个简单而深刻的三色组合为基础的管理思想，这种管理在许多领域都有着广泛的应用。

1. "红黄蓝"在儿童世界中的运用

红黄蓝三种颜色，蕴含了丰富的情感色彩和文化内涵，不仅能给孩子视觉上的触动，吸引他们的眼球，还能让孩子在心理上获得温暖和安全感，还可以培养他们对色彩的敏锐性和兴奋感，增强他们思维上创造力和想象力。所以，"红黄蓝"在为儿童而设计的一系列产品中得以广泛运用，如"红黄蓝亲子园"（中国第一家早期教育品牌）、红黄蓝童装、红黄蓝套餐、《红黄蓝娃娃》等，都是利用了儿童与红黄蓝三色的天然亲近关系而得到成功的运作。

2. 取水许可红黄蓝分区制度

为了推进水资源的动态管理，合理开发利用水资源，使取水许可实现分级分类管理，水利部门提出了取水许可红黄蓝分区制度，以水资源承载能力为依据，按照数学模型计算结果与现有分级指标 $U1$、$U3$ 的值进行对照，结果大于 $U1$ 表明此区域的水资源开发利用较少，用蓝区表示此区域的取水情况，可以在此区域加大水资源开发力度；介于 $U1$、$U3$ 之间的表明水资源开发利用已经有一定的规模，用黄色表示；结果小于 $U1$ 的区域，表示水资源开发利用已经完全超过了水资源本身的超载力,已经不能满足生态环境用水的需求,用红色表示禁止继续开发利用。通过取水许可红黄蓝分区制度,能够更好地维持水资源的可持续开发和利用,水资源动态管理更加规范和更具可操作性。①

3. 金融保险行业创建红黄蓝盈利模式

现代管理之父彼得·德鲁克曾在一次对管理者的演讲中说:"不创新,就死亡。"为保持创新,中国阳光保险公司总裁张维功要求每一个管理者和员工都要努力追求"一点点不同"。阳光公司创造了红黄蓝盈利模式,即基于价值发展的基本原则,建立起一套明确的价值评价与管理体系,并以此作为公司一切重大战略活动、资源配置、风险管理的核心依据,确保所有的经营活动都不偏离创造价值这一企业经营的主线。具体来说,在目标市场管理上,按照零点利润、追逐利润、卓越服务的三原则,根据价值贡献高低,将客户区分为"红色"客户(即高风险的亏损客户)、"黄色"客户(即介于盈亏平衡点和微利之间的客户)和"蓝色"客户(即高价值客户)。针对不同的客户,制定不同的核保、销售、服务策略,提高公司在不同细分市场的比较优势和竞争力,合理控制业务结构。在机构管理方面,将机构按照价值贡献大小,区分成不同的颜色,在资源配置、管理权限、管理方式等方面实行差异化管理,一方面提高资源投入的效率,一方面提高管理的针对性。②

红黄蓝三色在商业和工业、城市管理等领域的成功运用,为这种结构引入学校绩效管理领域提供了较为充分的可行性论证。它体现了各个行业的管理者在面对同样的管理问题时所共同追寻和吸取的智慧资源。从心理学角度来说,红黄蓝管理反映了人类共同的思维模式,即元认知模式。它敏锐地抓住了管理中常常出现的价值观冲突问题的根源,从最本源的层次形成了最为简单而又最具灵活变化可能性的管理框架。

(二)洪家中学的红黄蓝管理

以三原色为基本隐喻的红黄蓝绩效管理模式,蕴含着管理者独特的价值追求,而这一追求与洪家中学本身的核心价值以及其正在面临的挑战和变革趋势在内涵上是契合的。

1. 红黄蓝三种颜色运用价值的体现

红黄蓝不仅在象征意义上具有丰富的感情色彩和文化内涵,而且在美术上也被称之为"三原色",它们色彩鲜明,个性突出,具有较强的视觉冲击力,不仅能够比较清晰地表达人们的感知和想象力,而且能够清晰地表达颜色不同导致的心理活动上的影响,从而带来人们行为上的变化。"红色"表达警示、警戒和紧张的心理状态,带来意识上的重视和行为方向上的转换或跟进,容易给人以危机感和紧迫感。"黄色"表达温暖和充满着活力,意欲寻找展示自己的机会,寻求别人的关注和肯定,尽可能地让自己的影响力向四周扩散,激发更大的潜在能力。"蓝色"表达冷静、淡定和超脱的意识情怀,是代表真理与和谐的颜色,表现出追求目标和理想信念上的坚定、好学,从而带来行为上要求富有创造性的更高追求,激发追求卓越的热情和理性。

同时,红黄蓝三种颜色作为"三原色",可以调配出各种各样的形形色色的图案,可以清晰地表达变化的过程,哪怕是小小的进步,从而让师生体验成功的喜悦和自我的肯定。这正体现了红黄蓝绩效模式的创造者追求"删繁就简"、"返璞归真"的价值诉求。这

---

① 刘立稳,王宾,马冰. 取水许可采用红黄蓝分区的设想 [J]. 山东水利,2010 (4):49—52.
② 高和平,张维功. 五年创业路:阳光保险首创红黄蓝盈利模式 [N]. 华夏时报,2010-7-26.

也正是将学校绩效管理模式命名为"红黄蓝绩效管理模式"的重要原因。

2. 洪家中学创业创新发展的客观要求

从1994年开始,洪家中学实行学校内部管理体制改革,即实施教师聘任制和结构工资制,在实现教师资源优化组合的同时,又充分调动了骨干教师的工作积极性。2001年,学校在全省中小学率先引入ISO9000质量管理体系,坚持目标管理和服务理念,加强过程监控管理,为学生成才提供优质服务,社会满意度显著提升。2004年,学校推行扁平式管理改革,即"校长—年级段段长"两级管理,管理重心下移,大大提高了管理效能。虽然,近10年的管理模式探索取得了一定的成效,但随着新一轮的课程改革,尤其是在学校实施绩效工资的背景下,以理性主义为基础的科层体制管理模式面临挑战。一方面,由于制度管理过于强调权力与服从,教师的精神与自由的思维方式被忽视,管理过于程序化,教师压力大;教师教育教学工作机械化,缺少了主动和创新;市场经济发展的环境下,教师工作功利化意识增强,对学校整体及长远发展的目标缺乏应有的关注等导致教师幸福指数下降,进而产生职业倦怠,教师工作的内驱力不足,外在条件的"诱惑"不大,难以激发教师教学管理的欲望。另一方面,随着课程设置的变化,普通高中的生源素质发生了极大的转变,无论是学科素养还是思维方式都得到了整体水平上的改善和提升,学生个体发展的欲求越发强烈,自我主体意识也越发增强。原来用制度管人的、僵化的学校管理制度的局限性日益突显,在一定程度上制约了学校的新一轮发展。为此,突破学校管理的"瓶颈",全面激发师生的主观能动性,实现学校的科学发展,探索一种积极的、激励的、注重发展的、人文取向的绩效管理模式,这是学校实现跨越式发展必须面对的课题。"红黄蓝绩效管理模式"在管理理念上的更新和管理实践上的探索也就顺应了洪家中学新一轮发展的需要。

三、红黄蓝管理的界定

红黄蓝管理是一种以"打好基础,促进发展,追求卓越"为指导思想的"橄榄型"学校绩效管理模式(参见图3-1),强调通过对师生人力资源的管理,更有效地激发他们的主观能动性来保证学校以最佳途径和方法达成设定的办学使命和目标。它突出过程管理的

图3-1 红黄蓝管理结构"橄榄型"模式图

动态变化，注重师生的个体差异的发展和自我评价意识的提高，是一种发展性的绩效评价体系。作为管理模式，其本质在于整合资源，将管理目标、管理对象和管理方法有机地整合在一起，实现组织效率、效益和效果的融合。

效率，即以有限的学校资源投入，取得最大的管理成效的产生，把教与学尽可能地做到最佳结合；减少学校的运营成本和学生的家庭负担，让更多的孩子享受到更为优质的教育；保证学校的管理思路和行政指令得到通畅的传输和贯彻。

效益，给师生以最好的回报，提高教师幸福指数，增强教师的自我职业认同感和情感的归属感，培养优秀人才，给社会提供更多的人力资源；同时，教师自身的付出都能收到合理的汇报，增加了教师的尊严和自豪感。

效果，提高学校在社会各界的信任度和美誉度，洪家中学将自身的社会责任和使命定位在"不让一个孩子掉队"，有利于增强地区人口素质和知识创新、共同体的凝聚力，实现人民和政府对于洪家中学在社会中价值的期望。

红黄蓝管理在洪家中学的实施体现了多方面的考虑和诉求。它基于学校"打好基础，促进发展，追求卓越"的办学理念，形成师生共同愿景，以教师教学、学生学习、班级管理、后勤服务等四个维度为绩效管理内容，并制定相应的指标，作为学校绩效管理的核心指标；在四维内容上通过组织绩效、群体绩效、个体绩效等三层管理对工作过程和结果全面地、系统地、科学地进行计划、实施、评估和反馈；将目标实施过程和结果的达成度分别列入红区、黄区、蓝区等三个层次来衡量管理的绩效。三层四维的绩效过程管理，摒弃了绝对量化"冷管理"的弊端，否认了非对即错的程序化管理，强调通过绩效反馈的持续沟通，更好地激发师生努力实现学校目标的主动性。

由于学校是非营利性组织机构，不以追求"利润最大化"为目的，没有商业盈利的底线，不能以简单的经济利益上的驱动来完成日常事务管理。所以，学校管理者在管理过程中必须坚持以人为本，注重行为的内驱力，通过内在价值驱动实现绩效管理。为此，设计和制定师生共同认可、心之所向，并能为之团结协作、精益求精去追求的共同"愿景"，给师生以"使命感"至关重要，学校的愿景和使命，能够吸引、凝聚、驱使师生最大限度地发挥自己的潜能，使他们在获得自身"成就感"的同时，完成学校追求卓越的目标。

红黄蓝绩效管理模式作为洪家中学的绩效管理模式，以"打好基础，促进发展，追求卓越"为指导，将学校三年发展规划中的愿景、使命和培养目标，转化为各个部门和各个条块内容的具体目标，并根据具体目标，设计有效的操作方法和实施考核细则标准，而目标、标准和操作方法的梯度性让每一位师生都能够感受自己在工作、学习和生活中的变化，都能够感受自己追求目标的努力过程，体验追求过程取得进步的"成就感"，促进每一位教师的专业成长，给每一位学生以无限的发展空间，让学校师生实现自我价值与社会价值的统一。

第二节 红黄蓝管理的特征

红黄蓝绩效管理模式的提出，根源于洪家中学发展的实践过程，形成于对学校教育教学管理过程中存在问题的思考和追问，有较强的实践操作性和管理的实效性。其灵感来源于企业和商业领域，但是在学校经过了改造和转化，其本土化特征比较明显，对普通高中学校的绩效管理具有重要的借鉴意义。

一、崇尚民主，以人为本

现代学校的管理更加需要凸显"以人为本"的价值取向，真正形成"和谐"校园和人文环境，这要求学校管理更加关注人的主体性价值的发挥，拥有更多的人文关怀。学校管理者不仅要关注师生在教学上的物质需求，即学校硬件设施和设备，以及教师作为自然人生存与发展所需要的物质保证和经济待遇；还需要通过学校文化建设来实现师生的精神追求。唯有如此，才能更有效地调动师生的主动性、积极性和创造性，从而最大限度地促进管理效能的发挥。

红黄蓝管理是一种积极的激励的人文取向的绩效管理模式：一方面，红黄蓝管理的形成是一种自下而上的过程，充分发扬民主，在了解民情、集中民智的基础上得以推进的。在新课程改革的大环境下，学校生源的改善，师资队伍的流动与更新，不同层次学生管理过程中存在问题日益突出，教师职业倦怠感的现象不可回避，如何提升教师幸福指数等，面临着诸多必须正视的问题，学校通过学生座谈、班主任论坛、教师恳谈会、教育教学工作会议、党员民主生活会等渠道，充分发扬民主，寻求问题解决的方案。红黄蓝管理突破传统科层管理体制一味崇尚"理性分析"，机械地按部就班的局限性，转变管理模式，以追求人性化、弹性化的正面激励，最大可能地激发师生的主观能动性。红黄蓝管理是解决学校发展"瓶颈"问题的治本之策。

另一方面，红黄蓝管理坚持平等对话的思维方式，关注沟通的技巧，正视沟通的作用。作为一种管理模式，强调尊重人、依靠人，一切管理为了实现促进人的全面发展的追求目标。在分析、思考和解决管理过程中的问题时，贯穿以学生的成长为主线，提倡平等交流，注重沟通的技巧、艺术以及沟通的持续性，通过平等对话、心与心的交流来解决问题。所以，红黄蓝管理不是一种简单的层次管理，更不是一种等级管理；否则，很容易形成师生不民主、不平等的成长氛围，与教育的真谛背道而驰。所谓民主的参与者，不仅仅有学校人员，还包括了相关的领导、家长和社区人士。他们能够从外观察，衡量学校工作的教育效益和社会效益。多元视角的加入，能够帮助人们看到学校工作的复杂性，也能增进理解，达成共识，更新和丰富学校的使命、愿景和目标。

民主意味着多数人能充分发表个人意见，每个人的意见都受到尊重，同时并不甘于平庸，努力创造更加透明和公正的社会机制。在红黄蓝绩效管理模式中，大多数人处于黄色的发展区，他们同时也是绩效考核的主要群体。他们认可自己作为多数人群体中的意愿，具有很多的潜能和发展性，同时也担负着对卓越区的卓越者加以奖励，对处于基础区的人加以帮助的指责，充分体现了自尊、自强、友爱、互助的人本主义理念。

二、关注个体，团队协作

每个时代的青年都被赋予一个时代的鲜明特征，并由此获得了其独特的个性，需要被学校充分重视和尊重。就学校教育而言，我们现在关注的个体发展，主要指80后青年教师的成长和90后中小学生身心的健康发展。学校在管理过程中必须考虑不同的时代背景，关注师生个体的特点和个性。例如，80后的青年教师，热情洋溢，但恒心和耐力欠缺；个性鲜明，但团队协作意识不足；学科知识更加丰富和牢固，但师德和责任感尚需磨砺等。90后的学生，追求自我空间，自我管理能力较弱；自我价值实现欲望强烈，而无私奉献意识淡薄；敢想敢做，却不好求真务实。针对时代发展的不同背景，红黄蓝绩效管理模式秉持"不让一个学生掉队"、"让每一位教师都得到发展"的办学理念，注重师生个体的差异性，将个体发展与团队的整体发展相结合。

在教师发展上，红黄蓝绩效管理模式一方面关注青年教师的职业生涯规划，要求不同教师设计不同的职业发展蓝图。在黄区，充分挖掘和发挥教师的自身素质和潜能，通过师徒结对、集体备课、精品课展示等方式，引导他们追求自身的卓越区；另一方面，对于一定资质的教师，要克服他们的职业倦怠，充分发挥他们的专业引领作用，通过岗位竞聘、带教、示范课展示等方式，带领团队中青年教师的进一步发展，更好地肯定和提升自我存在的价值。

不同的学生个体不仅在气质、情感、意志品质、行为习惯等非智力因素上存在较大的差异，在技能、语言等智力因素上也存在诸多不同。所以，在学生管理引导上，一方面，突出尊重、鼓励学生独特的个人体验，因材施教，重视学生的主体发展，给不同层次的学生以不同的发展和展示平台；另一方面，培养学生良好的自我认识能力，能用一分为二的辩证观点分析和对待自己的素养，从而增强学生的团队协作意识，扬长避短，增强集体荣誉感，真正体现"给每位学生一个无限的发展空间"这一办学思路的精髓。

总之，红黄蓝管理将个体发展与团队的整体发展相结合，它对团队协作的强调，并不意味着否认个人价值和个人的发展。个人发展只有与团队发展的共同目标一致时，个人的价值才能得到最大化的体现。

三、注重过程，动态评价

新的课程标准要求，对学生学习的评价，既要关注学生学习的结果，更要关注他们学习的过程；要关注学生学习的水平，更要关注他们在教学活动中所表现出来的情感与态度。对于教师教学活动的评价也应如此。所以，对师生教与学活动的发展性评价也就应运而生了。

所谓发展性评价体系，是指要关注师生个体的发展过程，重视师生个体过去与现在的比较，着重于教师专业素养和学生综合素质的增值，使师生真正感受到自己的变化和进步。红黄蓝管理在考核评价上就是一种发展性评价体系，它兼顾终结性评价与形成性评价的结合，关注师生的动态发展。它尊重师生的人格和情感，充分肯定和欣赏师生的个性表现，改变以往非对即错的程式化评价，体现评价的可接受性，突出"以人为本"，以促进教师教学管理行为和学生的学习行为的自我反思、自我完善。它摒弃了单纯的静态评价，克服了学习优资生排名总在前面而容易产生自满、不思进取等不良的心态，也有效避免了基础差的学困生由于不能正确对待自己的变化而丧失信心、自暴自弃的现象，让他们也能感受到来自教师的关心、尊重和信任，激发他们奋发向上、体验成功的意念。

这种发展性评价突出反映了师生的纵向发展，给予他们进步和取得成功的欲望和喜悦，同时也帮助他们不断参考曾经的发展轨迹，对已有的经验进行反思，从而获得进一步成长的动力。所以，它是一种关注动态变化、相对的、有条件的、注重发展而又强调正面激励的评价方式。

四、依据绩效，持续改进

绩效管理不仅要完成绩效的阶段性考核，更重要的在于如何有效地维持绩效的激励。有效的激励不但表现为内在的兴趣和爱好，让师生产生发自内心追求的欲望；更多地表现为"非我所愿"又不得不让师生去追求的"欲望"，即外在的压力和驱动力。

它需要同时考虑绩效指标的确定、绩效考核的客观性和公正性、绩效沟通的真诚度和技巧性等因素。一方面，绩效指标制定的要求必须关注师生的"最近发展区"。"最近发展区"理论是由前苏联的心理学家、教育学家维果茨基所提出。这一理论指出在确定发展与教学的可能关系时，要确立师生发展的两种水平，即已经达到的水平和可能达到的水平，两者之间的过渡区域就是最近发展区。教与学如果能够立足于最近发展区，那么就能够取得最佳的效果。同样，如果把绩效目标设定得低于师生已经达到的水平，那么就不但失去了设定绩效目标的必要性和有效性，而且还抑制了师生学习的积极性和主动性，甚至阻碍了他们潜能的开发。如果绩效目标的设定超出了师生潜在能力发展的限度，同样会产生负面效应，给他们一种"遥不可及"的错觉，"理想"活生生地被演绎成了"空想"，也就失去了学习和进取的信心和动力，过犹不及。所以，必须把绩效目标的制定与各个学科的"最近发展区"、各项教育内容的"最近发展区"联系起来，教师和学生都必须加强这方面的研究。让师生明确目标，将绩效目标具体化、效用化及操作化至关重要。它必须是合理的、科学的，而又有达成的预期；同时必须避免绝对的量化问题，切忌用"冷冰冰"的数字来说明一切的现象的产生。

另一方面，绩效考核的客观和公正与否也会直接影响绩效激励的持续性和改进的积极性。要使绩效考核真正实现公平、公正、合理，需要注意考核信息收集及考核内容的全面性、考核过程及考核反馈的时效性、公开性和公正性、考核标准的科学性和考核方法的可操作性等因素。

第三节 红黄蓝三区的解读

红黄蓝三种颜色给人以视觉上不同的冲击和心理上的不一样的影响，蕴含和代表着不同的象征意义，所以，每种颜色形成的区域代表着它特有的含义，给师生不同的心理影响和行为上的导向作用。

一、红区

红区，又称基础区或警示区，代表着学校绩效评价的底线标准，蕴含着对不合格教育现象的善意提醒和警示。对于学生来说，红区是完成普通高中学业的基准区域，成为合格高中毕业生的前提；对于教师而言，红区是完成普通高中教育教学管理最基本的要求和任务，是需要坚持的底线管理要求。值得一提的是，红区虽然并不否认其教师和学生在入学和入职标准上达到了合格的要求，但倘若他们一直停留在这一区域，则意味着他们随时面临着无法适应新的学习和工作阶段要求的危险，需要受到警示。

《普通高中课程方案（实验）》指出："普通高中教育是在九年义务教育基础上进一步提高国民素质、面向大众的基础教育。"它是与高等教育、中等职业技术教育、特殊教育、义务教育相区别的一种教育,它兼容了按层次分的"中等教育"与按类别分的"普通教育"两重性质,是介于初等教育与高等教育之间的教育,既是初等教育的延续、高等教育的基石,又是学生德性、才能、见识、学问、身心等素质基本成型的教育阶段。高中教育具有基础性、大众性、独特性、准定向性的特点。其任务是为学生的终身发展奠定基础。

普通高中教育还是基础教育的重要组成部分,基础教育是打基础的教育。打好基础是中小学基础教育永恒的主题,也是最重要的任务。长期以来,人们对普通高中任务比较一致的看法是"双重任务"论:升学与就业。这只是普通高中的外生性、延展性,这种时空上的终点并不能上升为"任务"问题的核心。在实际执行中不少学校往往将"升学"视为自己的全部任务。双重任务论重视了教育的社会需求,而忽视了人的发展需求;重视了社会对教育的选择功能,而忽视了教育人的本质功能。新的教育理念认为,普通高中教育不仅要关注人的社会性,同时又必须关注人的自然性和个性;教育的本质功能是育人,是为学生的终身学习和终身发展奠定基础。

针对普通高中性质和任务的特殊性,在学生培养上必须树立科学的基础教育观。打好基础,需要高中阶段在完成小学教育和初中教育的基础上,完成面向创新、面向未来的,着眼于人全面发展的基础教育,必须是全面的基础,符合学生的成长发展规律,以提高学生综合素质为目标的教育,是对被考核者最基本的要求。用红区是一种善意的提醒和警示,也是完成普通高中学业目标教育的"基准线",保证完成学生基础教育的"底线"。

红区管理对于我们教育教学管理者而言,是一种"底线管理"的区域,即对于学校领导、中层干部以及教师等管理团队的需要达到的最基础的管理基点。"底线管理"即管理中的"高压线",建立在以人为本的管理理念的基础之上,"底线"来自于每个管理者自身的道德观和道德感,所以道德底线至关重要。红区的底线管理以被管理者的思想素质、道德素养、工作作风和生活品质等最基本准则为基础,从师德、师能两方面全面规范管理者的管理行为以及一线教师的从教行为。

红区督促学校完成基本的教育责任。这些责任具体体现为学校管理过程中管理者对各个教育主体权利的尊重和保障。"绩效责任之父"赖斯杰将这些权利概括为三个方面:每个儿童都有权利学习基本的智慧技能以便成为具有建设性的社会成员;纳税人有权知道教育经费开支所带来的教育结果;学校的教职工有权利从社区智囊团获取经验和技术支持。[1]这意味着管理者需要意识到,他们同时对学生、社区成员和教师负有最起码的责任。底线管理,在这里不仅仅意味着学生成就和教师职责的底线,还意味着学校领导应当担负的基本责任。而这一观念,与绩效考核中多主体参与、民主协商和多样化考核的思想是保持一致的。

二、黄区

黄区,又称发展区,是开发潜能的区域。在这一区域,每个被考核者都必须立足于学校各项工作的基本要求,在此基础上追求发展与提高。这也是一个肯定师生自身价值,追求师生个性化发展的区域。无论是教师队伍,还是学生群体,处在黄区中的人数是最多的,他们潜能的开发将直接影响着学校教育教学质量的提升。

---

[1] 张向众. 美国学校绩效责任制探析[J]. 教学与管理,2007(12):77—79.

人类社会发展的历史，是人不断追求个性完善和实现全面自由发展的历史。人的全面发展首先要注重人的个性潜能的开发，只有多样化的个性才能发展出多样化的能力。所谓个性，是个人在外部世界存在的方式，具有唯一性、不可重复性、独特性和不可取代性的特点。根据马克思主义的个性理论，充分实现一个人的个性自由发展，是一个人发展的最高价值取向。这里所谓的个性发展，必须是一种可持续发展，是促进人的个性全面而自由的发展。马克思、恩格斯心目中的理想社会状态，就是每一个人的个性都能得到自由的发展，包括物质生活和精神生活全面而协调地发展，世界观、人生观和价值观的全面发展，身体素质和心理素质的全面发展，德、智、体、美、劳五个方面的全面发展等。

长期以来，学校的教育教学管理往往停留在经验性和直觉式的思维水平上。"抓两头，带中间"这一做法，作为有效的经验模式被一代代承袭下来。这种做法本意在于培养优等生——拔尖，管好后进生——收尾；似乎一方面满足了学校培养优秀人才的需要，另一方面兼顾了差生的学习权。但是，这种做法事实上的后果是"抓两头、忽中间"。处于中间的中等程度的学生，面广量大，由于平时表现平平，既无人佩服，也无人嫉妒；既不被表扬，也不被批评；甚至连自己的话语权都没有。中等生长期缺乏教师应有的关心、帮助和教育，缺少自我展示的机会，导致自信心不足，自我意识不够，缺乏主见，心理上不易接受自己，潜能自然无法挖掘。同样的情况也出现在学校领导对于教师的关注和培养过程中。在"优秀教师"和"不合格的教师"之间，存在着大量的普通教师。他们深陷于常规性的教学事务之中，并不引人注目，甚至于缺乏关心，却同样具有发展的潜力和需求，他们面临着或多或少的专业发展的困难和挑战。

要走出这一管理误区，首先需要重塑师生发展观。红黄蓝管理以红区、黄区、蓝区等区域管理，弥补了原有"抓两头、带中间"的管理模式存在的"中间地带"的空白，不但做到"抓两头、带中间"，还要做到"抓中间、促两头"。学校鼓励学科教师和班主任通过赏识教育让不同学生都能体验成功的快乐，正如尹刚老师所言："真诚善意的赏识是一种投入少收益大的情感投资，是一种驱使个体奋发向上、锐意进取的动力，赏识如阳光，学生应在爱的激励中自信快乐的成长"。[①] 所以，需要齐抓共进，关注中等生的学习和生活，关注他们的个性表达，对中等生进行个性化管理，创造条件，激活人的潜在能力。红黄蓝区域管理将"两头"与"中间"的界限模糊化，关注三个区域的各自特性以及区域之间的渐变过程，让不同发展层次的学生在自己的领域中，都能体会进步的快乐和被予以肯定的幸福，感受教师给予的关心和爱护，从根本上消除"被忽略"的心理障碍。

教师是学校办学力量的主体，师资队伍建设是学校发展的生命线。教师作为社会个体的自然人，其身心素质、知识、智力、情感、能力、方法等既基于先天的遗传，也在于后天的培养。由于教师个体的不同，他们具有的素养也会存在差异性，能成为骨干教师被树为典型的毕竟是少数，大多数教师只能成为"普通"教师，在自己的岗位上默默奉献自己。所以，在管理上，要让更多的普通教师感到温暖，接受关爱。

长期以来，人们从理论上一直强调，学校管理要以教师为主体，树立教师主人翁的地位。而在实际管理过程中，教师的主体地位很少得到体现。少数学校管理者的决策转化为

---

① 尹刚，陈静波. 给英语老师的101条建议 [J]，南京：南京师范大学出版社，2004：323.

数字,对大多数教师进行约束和量化考核,以达到"规范"教师教育教学行为的目的。作为大多数的普通教师,很少有机会表达自己的意愿和见解,往往成了教师队伍中的和"沉默的羔羊"。红黄蓝管理强调师资队伍的梯队建设,注重资源的整合与共享,给每一位教师提供展示自己的平台。红黄蓝管理让教师的个体差异成为发展的动力,引导他们能在师资队伍中正确地找到自己的定位和努力目标,给普通教师提供成为"不普通"的机会,充分挖掘黄区教师的潜在能力,让他们在自己的区域中力争做到最好,实现向蓝区卓越发展的转化。红黄蓝管理给每一位教师提供了无限的发展空间。

三、蓝区

蓝区,又称理想区或卓越区,是一个追求理想和不断自我超越的区域。蓝色代表的热情奔放的视觉效果,激励人们保持积极进取的状态,蓝色体现着冷静、淡定和超脱的心理品质。蓝区所覆盖的绩效考评对象,只占总体的一小部分,是一个有着最低点而无最高点的区域,激励大家"没有最好,只有更好",蓝区以培养"专家型教师"和"青年领袖"(学生)为目标,追求自身的卓越发展。

所谓青年领袖,是针对学生培养而言的,是优秀学生的发展方向,是指在一个青年组织群体中处于核心和纽带地位,掌握并支配这一组织群体的各种关系和资源,并成为该组织群体生存与发展的决策者、带头人。[①] 他们需要拥有影响力、组织力、决策力、创新力和意志力等特质,自信、自强、自我意识非常突出,是社会精英的一部分。优秀学生具有青年领袖的潜在品质,但并不是天生就是青年领袖的,从优秀学生培养成为青年领袖有其成长的一定规律,需要对他们的学识修养、实践磨炼、社会责任感等,加以全方位的培养和锻炼。早在春秋时期,孔子就以"六艺"为内容对青年人进行领袖教育。柏拉图在《理想国》一书中也曾建构过对青年领袖培养的蓝图。

90后高中生更多的是独生子女,容易形成自我中心,过度关注个人利益和感受,缺少团队意识、合作精神以及认真负责的处事态度,心理承受能力相对较弱,实践体验较为贫乏。把他们培养成为优秀青年学生是一项不容易的工作。优秀青年学生的成长,需要一个反复学习、反复实践的过程,不但需要实践的磨砺,更多地在于自我修养的提升和知识储备的积累。

在红黄蓝管理中,蓝色区被称为卓越区,因为其中蕴含的卓越的追求目标,就学生培养而言,它寓意着对优秀青年学生冷静、淡定和超脱的心理品质的培养,期望优秀青年学生能够成为青年领袖,成为今后国家建设的栋梁之材。

所谓专家型教师,是指具有自己的教育思想,掌握精湛的教育教学技能的教师,他们是教师队伍中的佼佼者。专家型教师是红黄蓝管理中教师发展的最高目标。在现代教育体制下,由于面临升学的压力和管理的权威主义,一方面,教师成为被压榨的对象,教师工作具有繁重的外在压力;另一方面,教师面对权威,成为顺从主义者,表现为对知识的崇拜、对教材的遵从,缺乏批判和创新精神,从而失去了对社会生活的嗅觉,成为社会的无语者和旁观者。教师本身关注的专业发展,更多的是关注自身教学技能的提高,成绩至上的价值取向,这导致教师和学生沦为了分数的奴隶,出现了"分分是师生的命根"的扭曲

---

① 董庆龄. 青年领袖成长规律及其对高校学生干部的启示 [J]. 教育与职业, 2010 (15): 179.

现象。这些现象的出现对教师的专业发展产生了不同程度的阻碍。

要培养未来的青年领袖，需要专家型教师领衔的教师团队。这就需要教师对自身专业发展产生强烈的诉求，要求教师有自己的教育思想，有精湛的教学技能，还拥有人文关怀意识、理性批判意识、创造创新意识和超越自我的意识等。在教师团队中，只有一小部分能够在策略上机敏，懂得如何有效地整合各种资源；情感上敞开，能够积极坦诚地与他人进行内心交流；能够坚守自己的信仰并为之奋斗的教师，才能成为教师队伍中的"专家型教师"，才能带动教师团队奋发向上，不断激发其他教师的教育教学的活力和魅力，才能引导我们的教育对象追求更加卓越的发展目标，树立成就"青年领袖型"人才而奋斗终生的远大理想。

四、红黄蓝三种区域的关系

在红黄蓝绩效管理模式中，红黄蓝三种区域的划分是一个动态变化的过程，这种管理模式尤其关注区域之间的渐变和界线的变化（参见图3-2）。基础区（红区）的底线为"警示线"，这表示在教育教学管理过程中，无论是学生还是教师，都必须完成最为基本的底线要求。基础区与发展区之间为"发展线"，这是多数群体需要跨入的界线，在打好基础的前提下，挖掘师生的潜在能力，个性得以充分张扬，发挥他们的积极性和创造性。发展区与卓越区之间是"优秀线"，这是学校教育追求卓越目标需要突破的界线，是开发高端人力资源的重要区域，它旨在培养更多的社会栋梁之才，培养教育领域的"专家型教师"。

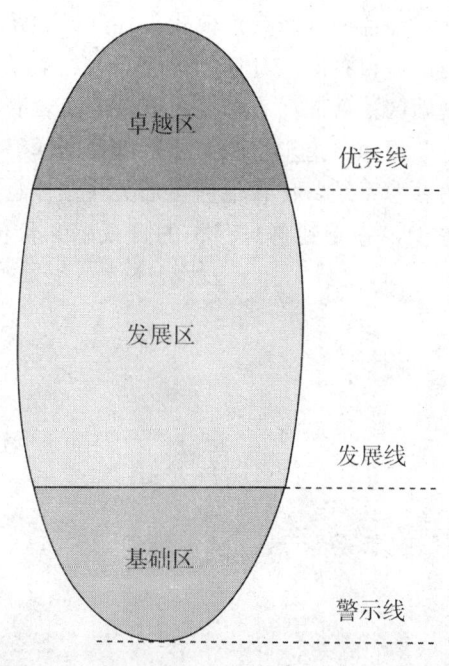

图3-2 红黄蓝管理三区界线图

红黄蓝管理创造性地把学校管理工作区域分为红区、黄区和蓝区，目的在对学校全方位工作进行动态监测和绩效管理。在这里尤其要强调，设立红区是基于学校发展的需要和管理改革创新的要求，并不是说红区是不合格区。举例来说，并不是说红区的学生不合格，没有达到基础教育阶段的素质和要求。因为普通高中的学生来校学习，经过严格的遴选，只有符合入学的基本条件，才能够跨进校门。从这个意义上讲，在校学习的普通高中学生都是符合条件的合格学生。

那么为什么还要设置红区呢？这是因为我们是用发展的眼光看问题，学校发展到一定高度，对教师和学生的要求肯定也会相应地提高。设置红区并把它作为警戒区，是便于对教师和学生进行底线管理，通过底线管理强化他们的警戒意识，最终提高学校的教育教学绩效水平。黄区是发展区，区域内的学生都是具有发展潜力的学生，这部分学生的人数最多。而蓝区则是学校的卓越区，具有卓越学习能力和创新精神的学生，以及具有各种领袖素质的学生都在这个区域。

红黄蓝绩效管理模式是一种动态的绩效管理，教师或学生到底处于哪一个区域，这并非永远固定的，它们之间可以过渡变化。随着教育改革的推进，学校教育要求的提高，红区的底线，黄区的基本要求，蓝区的卓越素质，均有一个动态变化的可能。举例来说，现在的黄区基本要求，可能在5年以后变为红区的底线要求。设立红黄蓝三个绩效管理区域，是为了对教师教学、学生学习、班主任管理和后勤服务进行全方位的检测，进行动态的管理，在学校中营造奋发向上的学校文化。我们鼓励奋发向上的工作作风，激励正向变化；同时通过设立绩效指标警戒、防止负向变化。红黄蓝管理是一个注重动态发展的绩效管理过程，它更加关注教师和学生的正向发展和变化，更能体现学校管理上的人文关怀和正面激励。

红黄蓝管理是一种富有弹性的区域管理模式。在红区、黄区和蓝区中，教师和学生的位置不是固定不变的，他们都存在向上升迁的机会，但如果没有不断的付出，他们也有可能由卓越和发展区掉入基础区。就此而言，红黄蓝管理蕴含着对师生持续的激励机制，它明确地向师生传递这样一个理念：追求卓越需要持续不断的努力和追求。红黄蓝绩效标准为他们提供了一个清晰的参考系统，使得他们更加关注个体自身由低到高的纵向发展和变化，及时地肯定自己的进步，感受到自身存在的自豪感和价值，激发自身积极进取的内驱力。

第四章　红黄蓝管理流程的总体设计

红黄蓝管理是一种典型的动态管理，是一个连续不断、循序渐进的改进和提升过程。作为一个系统的管理工程，它具备完善的流程和体系。2009年，洪家中学以绩效工资改革为契机，以学校三年发展规划为平台，大力推进红黄蓝绩效管理模式，并对红黄蓝管理的流程进行了整体设计，把学校三年发展规划落实到每一个部门和员工身上。这种管理就是一种立足绩效并符合洪家中学管理实践的新探索，是一种提高组织员工绩效和开发团队、个体潜能的一种绩效管理。

第一节　绩效管理流程

绩效管理包括绩效规划、绩效实施、绩效考核和绩效反馈四个环节，每一个环节都有其明确的管理主体、具体的管理活动和考核评价举措。洪家中学在设计红黄蓝绩效管理模式时，依据学校发展战略规划，对每一个管理环节都作了战略性的考虑，不同环节所构成的流程之间处于一种循环的状态。

一、绩效规划

绩效规划是绩效管理的起点，是组织战略规划在绩效管理层面的具体化和细化，其核心任务是将组织远景战略目标通过协商互动、充分沟通层层落实下来。

绩效规划的制定是一个自下而上的目标确定过程，通过这一过程将个人目标、部门或团队目标与组织目标结合起来。因此，规划的制定也应该是一个员工全面参与管理、明确自己的职责和任务的过程，绩效规划是绩效管理的一个至关重要的环节。只有员工知道了组织或部门对自己的期望是什么，他们才有可能通过自己的努力达到期望的结果。

绩效规划的具体内容包括：员工和组织之间工作承诺、工作计划的确定、绩效目标与绩效标准的制定等。在实际操作过程中，必须先将组织的战略规划分解为具体的任务或目标，落实到各个岗位上，然后再对各个岗位进行相应的职位分析、工作分析、人员资格条件分析。之后，主管人员需和员工一起根据本岗位的工作目标和工作职责进行讨论，明确在绩效周期内员工为什么要做这项工作，应该做什么工作，做到什么程度，何时应做完，以及员工的权利大小和决策权限等。

在制定绩效规划中需遵循两个原则：一是绩效指标、工作标准要与组织战略规划目标相关；二是这些标准中的一部分需要是可度量或可测量的。绩效目标和绩效指标的制定是为了帮助组织、部门和个人朝着一个共同的目标而努力，因此，形成绩效规划的过程是一个双向沟通的过程，是绩效管理者和被管理者共同的责任，管理者和员工的共同投入和参与是进行绩效管理的基础。

二、绩效实施

绩效实施,即绩效管理计划中持续的绩效沟通与绩效信息的收集。它是连接计划和评估的中间环节,决定着绩效管理方法的有效与否。

(一)绩效沟通

有些学校的教职员工认为,绩效管理是新瓶装旧酒,即把原有的学校各项任务上升为绩效指标,它流于形式因而缺乏实质性的内容。绩效管理之所以被教职员工说成是"走形式"的一个重要原因,就在于缺少教职员工的参与,缺少考核双方的持续沟通,其具体表现为:首先,绩效指标及标准的设定没有经过考核双方的相互沟通,从而导致教职员工对自己的工作目标不了解或不认同;其次,考核结束后,教职员工往往不能及时得到绩效的反馈信息,致使教职员工很难接受考核结果,不知如何改进,并与上司之间形成隔阂;最后,由于绩效申诉程序的缺少,使教职员工无处反映意见、宣泄不满,极大地影响了绩效管理的有效性与公平性。因此,要想在学校建立有效的绩效管理,绩效沟通必不可少。

持续的绩效沟通就是管理者和员工共同工作,以分享有关信息的过程。这些信息包括工作进展情况、潜在的障碍和问题、可能的解决措施以及管理者如何才能帮助员工等。持续的沟通既可以让我们应对管理和实践工作中出现的变化,又可以为管理者和员工提供信息。

持续有效沟通的内容取决于管理者和员工关注什么。管理者应该思考的是:"作为管理者要完成自己的职责,我必须从员工那里得到什么信息?而我的员工要更好的完成工作的话,需要向他们提供什么信息?"对于目标完成过程中出现的意外情况和特殊问题,管理者应以快捷、恰当的方式予以调整和解决。员工也应向管理者表达自己的需求,介绍自己的进展等,以获得最大的支持。

沟通的形式也可以多样化,可以是正式的,也可以是非正式的。正式的沟通方式包括书面报告,管理者和员工进行一对一的面谈,管理者参与小组会议等。这种沟通常常是预先安排好的,需要做一定的准备。非正式的沟通频繁地发生在管理者和员工的日常交往中,如吃饭闲聊、郊游聚会时的交谈等。通过多渠道、多样化、持续不断地绩效沟通,管理者和员工可以针对工作中出现的新情况进行协商,进而调整工作目标或工作措施,充分体现绩效管理的动态性和开放性。

(二)绩效信息收集

信息的收集和分析是一种有组织的系统的收集有关员工、工作活动和组织绩效的方法。收集信息的目的是为了发现问题和解决问题。所收集的信息是与绩效管理相关的信息。绩效信息收集的过程有利于管理者对绩效计划的跟踪和监控,主要方式有现场观察法、工作记录法和他人反馈法等。通过这些方法,管理者广泛收集、掌握和分析有关绩效信息,进行绩效追踪、监控,并进行持续不断的绩效沟通。

绩效信息的收集对绩效管理中的决策非常重要。没有充足有效的信息,就无法掌握员工工作的进度和所遇到的问题;没有有据可查的信息,就无法对员工工作结果进行评价并提供反馈;没有准确必要的信息,就无法使整个绩效管理的循环不断进行下去并对组织产生良好影响。

因此，绩效信息收集是最大量、最经常也是最重要的绩效管理工作环节。在实际工作中，这一环节常常被忽视。绩效信息收集，需要绩效管理者和员工一起合作，采取措施，保障这一环节从观念到行动的落实。

三、绩效考核

绩效考核是对绩效管理计划执行情况进行考察和评价。工作绩效考核即在绩效规划和绩效实施的基础上，管理者和被管理者按照绩效规划中事先确定的考核标准和工作目标，考察被管理者完成工作的情况。

绩效考核通常是指一套正式的结构化的制度，用来衡量、评价并影响与员工工作有关的特性、行为和结果，考察员工的实际绩效，了解员工可能发展的潜力，以期获得员工与组织的共同发展。因此，绩效考核必须制订出尽可能完善的、合理的考核方案，包括：考核内容、考核方法、考核程序、考核主体、考核结果的应用等。绩效考核的依据，是在绩效实施与管理过程中，所收集到的能够说明员工绩效表现的数据和事实。

通过绩效考核，学校管理者能判别出不同员工的劳动支出、努力程度和贡献份额，从而有针对性地支付薪酬、给予奖励，并及时向员工反馈信息，促使其调整努力方向和行为选择，使组织能最大限度地利用其人力资源来实现其目标。

绩效考核是绩效管理的重要一部分。绩效考核成功与否不仅取决于评估本身，而且很大程度上取决于与评估相关联的整个绩效管理过程。有效的绩效考核有赖于整个绩效管理活动的成功开展，而成功的绩效管理也需要有有效的绩效考核来支撑。

四、绩效反馈

绩效反馈与改进是指绩效考核结束时，在管理者和员工之间进行绩效反馈面谈，使员工充分了解绩效考核的结果，并由管理者指导员工如何改进绩效的过程。它包含对相关当事人的反馈，为制订下一步绩效管理计划提供参考，同时也包含对人力资源管理其他子系统如招聘、培训发展、薪酬、人员调动等提供信息和数据。管理者与员工双方可以针对评估结果，共同讨论研究制订改进方案，及时弥补员工工作能力的不足。同时，考核结果必须加以应用，特别是与薪酬、晋升、奖惩等人力资源决策科学、有效的衔接，才能真正产生实效。[1]

上述四个环节既是绩效管理体系不可或缺的组成部分，它们构成了绩效管理体系的流程。在进行绩效反馈之后，又重新回到起点，进行新的计划。这四个环节形成一个循环改进的过程，通过它们使组织绩效能够不断提高。同时，以上关于管理流程四个环节的划分，只是一种理论抽象和概括，在实际运作中，各个组织绩效管理的具体流程，可以因组织的性质、规模、结构、技术、文化和环境等的不同而有多种多样的表现形态。而且各个环节也不是截然分开的，往往你中有我，我中有你。因此绩效管理的流程设计需从实际出发，针对具体情势或简或繁，不能死板硬套。[2]

---

[1] 王秋阳. 绩效与绩效管理 [J]. 江苏经贸职业技术学院学报，2006（1）：27—28.
[2] 李宝元. 绩效管理：原理·方法·实践 [M]. 北京：机械工业出版社，2009：22.

第二节 红黄蓝管理流程的实际运作

洪家中学在实施红黄蓝管理的过程中,按照绩效管理流程的四个环节开展各种管理活动。

一、科学分解绩效目标,精心制订绩效计划

在绩效计划这一环节中,最重要的活动就是将学校的战略发展具体化到部门和个人的绩效计划中,并设计绩效指标和标准。在 2009 年,洪家中学就制定了学校三年发展规划,明确了学校的使命和愿景,在此基础上,我们邀请教育局等主管职能部门来校开展教学督导、评估等活动,广泛调研,发现、总结学校教学管理中存在的问题。然后在学校主管领导的指导下,组织相关专家进行考察论证,在充分调研论证的基础上,根据学校发展的战略目标设定学校教育教学管理的绩效目标。

设定好学校的绩效目标后,管理者把学校绩效目标分解为教师个人的工作目标,将每一位教师的工作目标与学校的发展目标联系在一起,通过层层实现目标,确保学校发展目标的最终实现。在制订绩效计划时,我们遵循以下五个原则。一是绩效计划有明确的目标导向。教师要结合自己的教学教育、科研或学生管理的一个或若干方面的职责,确立自己的学年度或学期具有突破性的工作目标。二是个体的绩效计划注重工作质量,这种绩效计划是可以测量的,或用描述性的语言加以阐述。三是绩效目标或计划是现实可行的,具有很强的操作性。四是目标与计划是与教育教学工作的现实密切相关的,关注学校改革发展的热点与难点问题。五是任何计划都是有时限的,是在一定时间内能够完成,在时间上是可控的。

二、加强过程管理,全力推进绩效执行

绩效计划的制订是重要的,但是这仅仅只是一种文本约定,要将文本约定转化现实的工作行为结果,在于绩效的执行。绩效执行是从某一考评周期的起始日至终结日的过程,是绩效管理中耗时最多、同时又连接计划与评估的中间阶段,故又称绩效执行阶段或过程管理阶段。这个环节在绩效管理中的重要性是不言而喻的,但在实践中往往会被忽视。有很多的绩效计划就是由于执行不力,缺少监控,导致计划目标付诸东流。在绩效计划实施过程中,管理者要积极地提供指导、给予支持并加以监控。首先,提供绩效辅导。通常教师个体的绩效目标应该是有一定难度的,这意味着个人未经努力是难以达到的,需要管理者向教师提供专业上、知识技能上与经验方面的帮助和指导,为教师业绩的实现提供支持平台。其次,为了衡量教师的工作成果确保绩效计划的达成,有必要进行绩效计划追踪,以便及时发现目标偏差,及时调整计划或调整教师的行为模式。最后,要形成一个管理者与教师双方之间定期的正式沟通机制,针对绩效管理实施过程中的问题进行充分的沟通,预防重计划、轻执行的现象。

三、建立健全评价体系,合理实施绩效监控

评估是绩效管理的核心环节,其功能就在于对教师的工作业绩做出准确客观真实的判

断,同时也可以获取影响教师工作绩效的个体因素。绩效评估是绩效诊断、绩效改善与发展的基础,绩效评估要取得预期效果,必须科学构建起教师绩效评价的六个关键指标,即教师的职业道德、服务奉献、助人合作、教学效能、师生互动和教学价值。其次,科学地收集评价信息。再次,明确绩效评价的关键指标来收集能凸显教师绩效的关键事件。例如,用教学胜任力来反映教师的教学绩效;用科研成果来判断教师在科研方面的绩效;用学力来反映高中生的学习绩效指标;通过分析教师对学困生的帮助,真正体现对学生的关心,彰显学校发展中的"以学生发展为本"的人文精神。

四、强化绩效诊断,力促绩效计划的改善与发展

教师绩效的改善是一个过程,主要有两个环节,首先是绩效诊断,通过对教师绩效评估结果的分析,从中找出绩效不高的领域,查明绩效不佳的原因。根据不同原因,提出有针对性的应对策略,然后制订绩效改进计划。其次,在明确了绩效改进点后,要制订绩效改进的方案或者计划,即针对问题、明确改进的项目、确定改进的基本措施和时间进程及检验方法。最后,要明确绩效改善与绩效发展之间的关系。因为绩效的改善或提高是绩效管理的直接目的,要通过有效的管理帮助教师绩效不断改善并提高绩效,并在此理念指导下促进教师的专业发展,提高教师的综合素质,实现教师绩效管理的真正目标,从而使学校的整体绩效不断得到提升,真正实现教师和学校的共同发展。值得注意的是,教师绩效管理必须长期坚持,因为教师的绩效管理不仅仅是对教师的监督机制,更是一种激励机制。[1]

第三节 关于绩效管理流程设计的一些重要提示

绩效管理的最重要功能,在于通过它进一步加强教师队伍建设,促进教师的专业发展、促进教师更好地为学生的成长倾心着力,要想使之成为一套切实可行的体系,必须注意以下几点。

一、坚持正确的宣传和舆论导向

实施绩效管理是为了引导广大教师把工作重心放在调动积极性、履行岗位职责、实现工作目标上。为了实现这一目标,首先要引导教师对绩效管理有科学、正确的理解,使广大教师有正确的思想认识和自己的努力方向。能否促进教师对学校的归属感是衡量绩效管理是否成功的条件之一,因此,学校要坚持正确的宣传和舆论导向。要向教职员工宣传学校发展规划的重要性,宣传红黄蓝管理对学校发展所具有的价值和意义。

二、实施有效的前期调研和沟通活动

学校是一个教育共同体,其中的每个成员都有符合自己利益和发展需求的职业目标,但个人目标往往与组织使命和学校战略目标之间存在或大或小的差距。这时,做好绩效管理实施的前期调研、"讨论会"等沟通活动就不可或缺了。只有通过反复和深入的交流,学

---

[1] 陈军. 教师绩效管理问题探析[J]. 教学与管理,2009(8):27—28.

校管理者、教师才能通过达成共识，才能协调个体与组织之间的矛盾，缩短两者之间在理解上的差距，让教职员工明确努力方向、弥补工作不足、增强发展动力、提高工作绩效。

三、建立公正和科学的绩效考核体系

为了使绩效考核能够公正、科学，我们一定要注重量化，但也要避免"一刀切"，注意软硬兼施，以求达到最佳的激励效果。在绩效评价中，必须针对不同教师的不同特点提出不同的要求，在一定程度上要正视教师差异的客观存在，将教师放在合适的岗位上充分发挥各自的作用。同时，要积极倡导高尚师德。一个考核方案无论赋予"师德"怎样的分值，它都应当拥有"一票否决权"，因为师德不只是考核的一个部分，更是重要的前置条件。

四、正确看待教师的价值

"为了每一个学生的发展"是新课程理念的灵魂和精髓。对于教师的职业价值的评价离不开学生的最终发展。因此，教师绩效评价必然要将教师专业化发展与学生成长相联系。作为一个成功的教师，必须善于寻找并欣赏每个学生的个体价值，并通过自己的努力让学生在主动学习中体会成功的快乐，培养学习兴趣、进取精神和人生信心，以帮助所有的学生生动、活泼、主动的全面发展，促进每个学生成功。

五、追求合作的教师文化

在新课程改革的大背景下，单打独斗并不能成功实现学校的绩效目标。因此，强调服从分配，强调奉献精神也是绩效管理的重要条件。在日常工作中，要引导教师认同"工作量不能绝对地称量，也不能完全用金钱来衡量"，追求一种团结、正气的教师文化。只有对自觉奉献、团结协作、顾全大局的教师品质给予褒奖和认可，才能对教师进行正确的价值引领。

六、构建评价主体的多元化

在一定意义上可以说，学校共同体的所有成员都是学校教育的主体。学校的绩效管理，要发挥共同体成员的主体价值，协调各方力量，为学校发展出谋划策。在绩效评价时也应当如此。评价主体多元化的构建，可以成功保障绩效管理体系的科学运行；可以实现教师评价的民主化，实现对话协商和相互配合；可以拓宽信息收集的渠道，可多视角观察教师的工作表现，获得更全面、客观、公正的评价结果；可以使教师评价成为一种交互活动，全体参与者能够相互吸取经验教训，实现共同进步；可以通过与被评教师的谈话、谈心等积极反馈评价结果，帮助教师诊断存在的问题，从而促进被评教师的不断改进。

通过两年多的实践，红黄蓝管理作为一个有效的绩效管理体系已基本搭建完成了。在完善绩效管理体系的基础上，我们才可以考虑考评的问题，绩效考评也只有融入绩效管理体系中才能真正保证其公开、公平与公正。

第五章 红黄蓝管理中绩效规划的制定

就当前学校发展情况来看,制定学校的战略发展规划,已经成为学校自身建设和发展刻不容缓的重要任务。绩效管理是对绩效实现过程中各要素的管理,是基于学校长远战略之上的一种管理活动,是通过对学校长远规划的建立、目标分解、业绩评价并将绩效成绩用于改善学校质量的日常管理活动,是激励教职员工持续改进业绩并最终实现学校战略规划和目标的一种管理活动。学校的战略规划与学校绩效管理有着密切的关系。如果把一个学校的绩效管理分为规划、实施、考核、反馈四个环节的话,那么这所学校的战略规划目标在这四个环节的流程图中居于首要地位,它对其他三个环节起着一个渗透性的指导价值。洪家中学在实施红黄蓝管理的过程中,明确了各级学校成员在管理中的责任,并根据学校和岗位的实际情况,制定出学校、各职能部门及教师个人的发展规划。

第一节 学校全体成员在红黄蓝管理中的责任

卓越的绩效管理体系表明,绩效管理不仅仅是学校管理者和职能部门(教育处、教学处、教科室、办公室)的责任,还是学校中每一个教职员工的责任。红黄蓝管理注重全员管理,强调它是学校中每一个成员共同的责任。

在洪家中学,校长和各职能部门的负责人是学校绩效的管理者,他们负责制定学校的绩效目标和指标体系,并和教职员工进行沟通。因此,在红黄蓝绩效规划的制定中,学校校长、各职能部门及其管理者、学校教职员工都有自己的角色与责任。

一、学校校长的责任

红黄蓝管理是一种基于绩效而管理、基于绩效而发展的管理模式,是学校实现战略管理的有效工具。在学校绩效管理过程中,校长具有不可替代的作用,是学校红黄蓝管理的第一责任人。在学校的战略规划中,校长的责任主要体现在以下四个方面。

(一)确立并沟通学校的愿景和战略

校长是一所学校的灵魂,他所要具备的第一能力就是卓越的战略眼光和实现这种战略构想的组织能力和领导能力。作为学校绩效管理第一责任人,校长的首要责任就是做好学校发展的战略定位和战略规划,然后将战略定位和战略规划的精神具体化为可测量的工作标准,落实在绩效管理的指标系统之中,形成学校领导、科室部门和教职员工可操作的具体规定,把学校的发展战略细化为学校内所有成员的发展计划和目标。

学校的战略规划要处理好学校管理中的各种复杂关系,在现代社会中,学校教育管理早已不是单纯的教学或教学方法等具体专业问题,而是涉及整个学校人力、物力和财力的科学配置,涉及国家、集体和个人利益相互平衡,涉及学校、社会、学生和家长相互和谐的、复杂的社会系统工程。只有从战略规划的高度来协调这些关系,才能达到社会效益和办学效益的最大化。而这种战略规划的制定离不开校长的正确决策,校长对此责无旁贷。有了准确的战略定位,学校才能有明确的发展方向,才能正确认识自己的核心竞争力、相对竞争优势、关键成功要素和关键支撑条件,才能在发展的道路上更加顺畅。

(二) 倡导并沟通学校文化及价值观

红黄蓝管理是学校文化、价值认同和塑造的过程。在过去的发展中,洪家中学制定了许多的规章制度,这些规章制度对教职员工的激励大多是经济利益与荣誉利益。不可否认,这种激励在一定程度上激发了教职员工的工作积极性。但是,由于学校办学经费来源的限制,一个学校对教师的激励不可能长期的停留在教师大幅度的物质与金钱上的奖励。同时教师教育教学的动机也不能仅仅建立在经济利益之上,还必须有一种责任意识和使命感,即要在教师中间建立起和谐竞争的教师文化,让教师把个人的发展和学校的发展结合起来,朝向共同的目标努力。

如何传播和强化这种文化理念?校长无疑承担了倡导和沟通的职责。首先,校长向全校职工宣传和谐竞争的文化理念。在红黄蓝绩效管理模式的实践过程中,洪家中学校长利用每周一次的教师会,宣传积极的文化价值观,促使教师将个人的经济利益、荣誉利益和教师的教育责任结合起来,形成自身价值的统一体。其次,校长积极创设条件,引导教师制定教师个人专业发展三年规划,使每一位教师都能取得自己预期的成功。教师在职业发展的不断进步中感受到作为教师的职业幸福感。反之,这种幸福感会进一步激发教师的工作动机,在工作中不断进步,形成一个良性的循环。同时,在学校教师中形成民主、合作、开放的文化氛围。教师们用自己的实际行动来诠释兢兢业业的师德内涵,学校的内聚力得以形成,实现了团队效益的最大化。正所谓"文化是制度之母",良好的学校文化能有效促进激励制度的形成,有效保障了红黄蓝管理的推行,从而促成学校发展规划的实现。

(三) 在执行绩效管理时率先垂范

绩效管理作为一个组织的管理战略,每个人都应该纳入其中,绩效管理者和被管理者都应该有自己的业绩考核要求。在很多学校的绩效管理中,学校的主要管理者并没有进入绩效管理范围,没有对应的考核表,游离于组织的绩效考核体系,从而出现考核断层。而洪家中学在实施红黄蓝管理的过程中,校长不仅仅是管理制度的制定者,他更是管理系统的参与者和实施者。作为学校教职工中的一员,校长和所有的教职员工一样接受学校的绩效管理考核。

洪家中学对教师的坐班进行考核,采用弹性坐班制度。没有课的教师可以迟一点到校或早一点离校,只要在规定时间前在学校门口打考勤卡。同时照顾到特殊情况,一个月允许每一位教师有4次机会不用打卡。这一考核要求同样适合于校长,校长在上班时打卡,如果校长有事没有打卡,月底也要像其他教职员工一样做出说明。尽管这是一件小事,但是这个规定的本身就实实在在体现了打卡管理的严肃性,它使教职员工意识到打卡和绩效考核并不是只针对学校的普通员工,只要应付就行。校长的以身作则消除了教职员工潜意识中对考核的排斥心理,使洪家中学的考勤制度避免了毫无价值的敷衍了事的形式主义。

(四) 协调各部门开展绩效管理

绩效管理的过程和结果都很重要。但相比较而言,过程更加重要。没有连续一贯的过程，结果就会掺杂虚假的因素。当前不少学校的绩效管理，没有明确的绩效指标，缺乏严格的动态性的检查督促，只是到了年终发一张计分表，然后由各人去填写，再把各人打的分数加起来，说成是某人的绩效计分。这种考核方式使绩效考核沦落为一场文字游戏。洪家中学的红黄蓝管理在强调绩效结果的同时，更强调战略目标、考核计划、情况分析、部门和教职员工评价、动态性检查、督促、反馈的过程。它不仅顾及教职员工的绩效，还要考量部门绩效和整个学校的绩效。为了确保部门和员工的绩效落到实处，能够与学校战略目标相一致，并促进学校战略目标实现，绩效管理的动态检查、督促和即时考核都是校长重要的日常工作。

另外，学校绩效考核结果兑现，也离不开校长。在红黄蓝管理下，根据考评的结果，学校将对处于蓝区的相关部门和教职工进行奖励，对处于黄区的相关部门和教职工进行激励、辅导培训，对处于红区的相关部门和教师进行问题诊断，提供改进建议。这些活动都需要校长来整体协调和落实。

由此可见，校长在绩效规划中的责任重大，且无可取代。正如有研究者所说，学校的绩效管理是对校长的管理能力、管理权限、管理气魄的一场严峻的考验。这种责任，除了校长没有任何人能够取代，只有校长挺身而出，才能摘到绩效管理的诱人果实。[1]

二、学校职能部门及其管理者的责任

红黄蓝管理系统的开发，并不是一个人所能完成的，而是需要各个部门的配合。因此，学校各个职能部门，在红黄蓝管理中也有不可推卸的责任。职能部门管理者的绩效是和其部门的绩效联系在一起的。部门的业绩其实也体现了中层管理人员的指导力、领导力、创新能力和团队合作精神。红黄蓝管理的最终目的并不是为了得到一个考核结果，并把它作为奖罚的依据，而是为了通过考核让教职员工知道自己的不足，指导他们如何去改善。因此，学校中的各职能部门及其管理者在绩效管理中都有重要的责任。只有各方通力合作才能提高工作效率，让管理产生更大的效益。因此，他们在红黄蓝管理中的责任也是不可忽视的。

无论教学部门还是管理部门都要秉承"服务第一"的理念。管理要真正做到为教学服务，为保证教学质量服务，为学生提供便捷的学习支持服务，为提供高效贴心的运行机制服务。在服务意识的指引下开展各项管理和评价工作。

作为学校职能部门，教学处、教育处等承担着信息上传下达的职责，是学校管理者和基层教职员工沟通的桥梁。他们要协助校长解决绩效管理中的操作问题，监督和评估绩效管理系统的实施情况，并不断改进系统。[2]

在绩效规划中，学校职能部门及其管理者一方面要协助校长制定学校的战略发展规划，另一方面，他们需要从学校的发展战略中分解出本部门的工作，根据本部门员工的岗位职责和各自潜质，确定各岗位的目标、任务和努力方向。最后，他们要向教职员工解释学校的战略目标，说明学校的要求，并且与教职员工共同制定具体可衡量的绩效目标，把部门的工作目标分解成每个教职员工的目标，并预测教职员工在实现目标过程中可能出现

---

[1] 张迅. 学校绩效管理及其人文审视 [J]. 思想理论. 教育综合，2006 (10)：74—76.
[2] 郑晓明. 绩效管理实务手册 [M]. 北京：机械工业出版社，2007：23—25.

的情况，知其所长、晓其所短，设计出既有挑战性又有可操作性的考核指标，最大限度地发挥部门和教职员工的潜能。

三、教职员工的责任

红黄蓝管理是一种强调"以人为本"的管理，其管理的实质就是人的理性管理与人性化管理的有机结合，其内涵是尊重人、依靠人、发展人、服务人。作为学校成员重要组成部分，教师在实现绩效管理中同样有着举足轻重的地位。

红黄蓝管理提出要创设一个能让人全面发展的环境，作为一种自主式的管理模式，它主张由学校和教师自主规划学校的发展目标，有意识地让教师参与学校发展的谋划，从而使教师产生强烈的归属感和主人翁意识。因此，在这一过程中，教师需要很好地行使自己的权利，主动了解学校的发展目标和自己所属部门的工作目标，充分理解学校和各部门为教师制定的工作目标和标准，预测工作中可能会遇到的困难和问题，并对需要组织提供的保障和支持与学校进行沟通。教师在和管理者进行双向沟通的过程中会进一步意识到学校的重大使命及完成这一使命与自己日常工作的关系，进一步增强责任感，制定与部门和学校组织相对应的工作目标和计划，通过考核了解自己的长处和不足，积极参加各级各类培训，不断发展自己的能力以满足学校期望并适应未来学校发展的要求。

第二节 红黄蓝绩效战略规划的制定

绩效规划是组织目标在具体部门和岗位的具体化。因此，学校在制定绩效规划前，必须明确学校的战略目标，这一战略目标是和学校的办学理念结合在一起的。一所学校的办学理念，其实就是这所学校在促进学生发展和社会发展问题上的使命所在。同时，要引导一所学校发展，就必须描绘学校发展的远大景象，确立学校的发展愿景，使学校追求和实现高远的目标。洪家中学在实施红黄蓝管理时，一直把这项工作与学校使命、学校发展愿景结合在一起，时刻不忘把握这项工作的深度和厚度。知其所长、晓其所短，设计出既有挑战性又有可操作性的考核指标，最大限度地发挥部门和教职员工的潜能。洪家中学三年发展规划的制定就是学校各职能部门及其管理者共同合作的成果。他们的参与使得制定的目标更具有针对性，也更符合学校的发展实际。

一、学校的使命

洪家中学在2009年制定学校的三年发展规划时，把学校的使命界定为以下四个方面。

1. 加强教育服务性，一切为了学生发展

学生发展是学校教育的核心。学校教育以学生主体性发展为起点、依据和根本目标，充分促进学生的主动发展和全面发展。

学校教育教学的一切工作服务于学生，以学生发展为本，满足学生身心发展的需要，为学生的主动发展和全面发展创造条件。

2. 促进教师专业发展，创建学习型组织

教师发展是学生发展的前提。学校通过各类教育和培训活动，通过合格教研组和示范教研组建设，促进教师的专业发展，创建学习型组织。通过教师发展，促进学生的发展和学校的发展。

3. 坚持精细管理，培育合作进取的学校文化

学校文化建设是学校发展的关键。要通过开放、民主的办学方式，构建以合作、进取为核心价值观的现代学校文化。所谓开放，就是杜绝封闭保守，海纳百川，包容差异。所谓民主，就是杜绝独断专行，对话协调。所谓合作，就是人际友善，互补互助，共进共生。所谓进取，就是追求卓越、崇尚一流。

4. 强化教育特色，彰显办学亮点

学校在发展过程中选准突破口，形成教育特色，通过特色项目以点带面，以局部带动整体，推进素质教育，实现整体优化，促进学校的品牌发展。

二、学校愿景

一所学校的战略目标，也就是这所学校的发展愿景，它主要包括两个部分的内容，其一为发展定位，其二为培养目标。

（一）发展定位

在2009年制定的学校三年发展规划中，我们对学校发展定位作了如下的描述："通过三年努力，把学校办成一所在台州市主城区内有较大影响力，有品位、有特色和质量稳定的现代化示范性高中，并创造条件申报省一级普通高中。"

所谓"有品位"，是指学校办学要强调文化建设，追求文化立品。所谓"有特色"，强调学校办学要有特色追求，彰显办学亮点。所谓"质量稳定"，是指为高校输送更多的合格人才，要维持现在的全市前20名水平，并稳步上升。所谓现代化，不仅是指硬件设施的现代化，还指办学思想的现代化。

（二）培养目标

洪家中学的培养目标是：通过全体教师员工的努力，使洪家中学的学生养成自强、厚德、启智、健体的基本素质，具备较高的人文素养和科学素养，成为未来社会的合格公民。

设立这样的一个培养目标，主要是培养学生具有健全的人格，促进学生在德智体美劳各个方面的全面发展。高中生教育，主要是为社会培养合格的劳动力，为大学输送合格的生源。在目前这样一个社会中，对普通高中的要求主要集中在升学上，也就是通过高中教育为大学输送越来越多的合格毕业生。洪家中学的教师一直秉承着"不让一个学生掉队"、"人人成才"的理念，兢兢业业地工作。根据洪家中学的具体情况，高中生培养工作主要落实在以下四个素质点上。

1. 自强

要有奋发向上的作风和追求。其中包括：学无止境、进取氛围的营造；精神境界的追求；执著的远大志向；激励内心的崇高感；学习与生活中的努力和创造。自强有助于培养学生正确的审美观，陶冶学生的情操，促进师生奋发向上。作为一个高尚的人，在气节、操守、品德、治学等方面都应不屈不挠，战胜自我，永远向上，力争在事业与品行两个方面都达到最高境界。

2. 厚德

教师最重要的是为人师表，为人师表的核心是教师能以高尚的品德成为学生的楷模。

厚德，就是崇尚、重视道德，进而提高自己的道德品质。德，从层次来说，有基本道德和高尚道德之分。从范畴来说，有公共道德和职业道德之分。作为广大师生来说，既要具备基本的道德素质，也要朝着高尚的道德努力进取。既要遵守公共道德，也要有高尚的职业道德。对于教师来说：师德的基本内容包括爱岗敬业，乐于奉献，对学生严而不暴，爱而不流，举止大方而文雅。教师德行的高低是其能否成为一名合格教师的首要前提。古人云："教人治人，宜皆以正直为先"，说的就是这个意思。而"经师易求，人师难得"，更是从反面说明品德高尚是一个教师最为重要的素质。对学生来说：要求学生重视品德修炼，德才兼重，内美外修，讲的是做人的品格志气问题。

3. 启智

在这样一个知识不断增进的社会中，学校教育最重要的任务不是教会学生掌握一定数量的知识，而是启发学生的智慧，培养学生灵活的思维能力，教会学生如何学习，让学生具有创新精神和批判能力，让学生高考取得更加好的成绩。

4. 健体

让学生拥有健康的体魄，加强科学锻炼，有较强的身体协调能力和活动能力。

把学校的战略规划与学校的红黄蓝绩效管理模式结合在一起，就能够很好地发挥战略规划所确定的学校办学使命、学校办学愿景和培养目标对学校各项工作的渗透和指导作用，也便于把学校战略规划所确定的总目标和要求，具体分化到学校的部门工作之中，根据学校发展的需要，对红黄蓝三个区域内的师生个体、群体和组织提出具体的绩效指标要求，根据绩效指标要求，对师生进行绩效管理，最终促进学校教育教学质量的提高，促进学校的全面发展。

学校绩效规划就是在一定环境条件下和一定时间范围内，个人、群体或学校以预测为基础，按一定价值观，对自身行为所确立的并争取达到最终结果的标准、规格或状态。为了使规划能有效实施，绩效目标要符合学校实际，有明确的职责，要突出培养目标，并有人本化的评价。近年来，洪家中学已进入内涵发展的关键时期，为了抓住发展契机，促使学校各项工作上一个新台阶，本着"求真务实、挖掘内涵"、"更新观念、追求卓越"、"顶层设计、扬长避短"的三个原则，制定基于学校实际的红黄蓝绩效规划。

洪家中学创办于1956年，地处台州市主城区椒江的南大门，是目前椒江区唯一的一所农村公办高中。2008年，区高中学校布局进行调整，学校成为椒江区高中教育"一体两翼"中的"一翼"。学校落实科学发展观，变以数量扩充的外延发展为以质量提升的内涵发展。学校坚持精细化管理，以高效课堂为抓手，促进教师专业发展，转变学生学习方式，构建学习型组织。学校正向省一级普通高中的目标迈进，"励精图治抓质量，精益求精树品牌"成为全体教职员工的共识。学校地处环线以内椒黄路三区的中心地带，具有良好的区位优势和经济优势。在最近二十多年的办学历程中，学校经历了从综合高中到普通高中、从弱校到强校、从小学校到大学校的转变，积累了丰富的办学经验。学校搬迁到新校舍后，各种设施先进齐全，具有全市一流的现代化办学条件和硬件设施。近年来，稳步上升的教育质量使学校美誉度日益提高。学校拥有一支年富力强、团结合作的干部队伍，在多年办学历程中逐渐形成了自己的管理特色。

学校力图通过实施红黄蓝管理，通过全体教师员工的努力，使洪家中学的学生养成自强、厚德、启智、健体的基本素质，具备较高的人文素养和科学素养，成为未来社会的优秀公民。"自强"是指树立崇高的理想，立志刻苦学习、奋发向上，开启自己的幸福人生，感恩父母，感恩社会，掌握建设祖国的本领，成为一个有所作为的强者。"厚德"就是崇尚道德，提高学生的道德品质。重视学生的品德修炼，强调内外兼修，讲究做人品格。"厚德"的核心是学会做人。做一个真正的人，一个堂堂正正的人，一个有益于家庭、社会、国家的人。"启智"是指培养学生掌握科学的学习方法，具有灵活的思维方式和创新精神，掌握扎实的基础知识和娴熟的基本技能，养成健全的人文素养和科学素养，有勤奋踏实的学习态度和积极向上的进取心。"健体"是指掌握锻炼身体和卫生保健的基础知识，形成良好的体育锻炼和卫生习惯，培养良好的身体协调能力、健康的体魄和坚强的意志。

第三节　职能部门发展规划的制定

洪家中学的职能部门主要有教育信息中心、教科室、教育处、教学处和总务处。学校的战略发展规划在绩效管理的过程中具体化为这五个职能部门的发展规划。五大职能部门在认真领会学校的使命、愿景和培养目标后，根据本部门的具体情况和岗位特点，制定出适合本部门的发展规划。

一、教学处发展规划的制定

教学处主要为教师教学提供服务，促进教师教学质量的提高。在制定部门的发展规划时，教学处为教师们提供机会参加理论学习，形成先进的教育观念，进而在教学方式上由粗放、低效、被动的教学方式转向精致、高效、主动的教学方式。关注每一个学生的学习状况，促进教育教学质量的大面积提高。以科学发展观为指导，努力打造一支能适应教育改革与发展需要，结构合理、师德高尚、业务精湛的"学习型组织"教师队伍，为全面推进素质教育提供有力的支持和保障。

基于这些指导思想，教学处设定了自己的工作目标：经过努力，教学质量进入台州市前15位，实施"三三三"工程，即上第一批（一本院校）人数为三十个，上第二批（二本院校和三本院校）人数为三百个，上第三批（专科院校）人数为三百个。经过三年的努力，到2012年，努力建设一支师德高尚、结构合理、务实创新、团结协作、乐于奉献的"学习型组织"教师队伍。经过三年的努力，师资队伍结构得以优化，一线教师本科学历达标100%，硕士研究生学历或研究生课程结业比例达5%；高级职称以上教师比例逐年上升；星级教师等区级以上名师逐年有所增加。

达成这些目标的具体措施包括：重视教学基本环节，加强教学常规管理；加强洪家中学星级教研组建设；着力打造高效课堂，全面提高教学效率；完善教师评价制度，构建学生综合素质评价；转变教学观念，探索教学方式改革；通过培优纠偏补差工作，完善分层教学；根据教师发展需求，推进分层校本培训；实行校本培训课程化；"引进、转岗"并举，优化教师结构；鼓励教师制定个人专业发展规划；加强与高校科研机构合作。

二、教科室发展规划的制定

教科室坚持教育科研为学校改革发展服务、为提高教师专业化水平服务、为提高学校课程与教学质量服务的原则。强化教学与科研一体化的理念，以课题研究为载体，把教学与科研紧密联系在一起,进一步完善教育科研的运行机制,切实推动学校工作的全面发展。加强校本课程开发,完善学校课程设置,逐步形成具有本校特色的课程体系,为学生的全面而有个性的发展提供保障,实现学生知识、能力、情感、态度、价值观的和谐发展。

在这一指导思想的引导下,教科室制定出自己的工作目标:结合二期课改,以学校龙头课题为突破口,增强教师的科研意识、协作意识、成果意识与创新意识;积极推进学校教科研工作向更高层次发展,形成一支具有现代化教育理念和创新精神的教育科研骨干教师队伍,提升学校的办学水平,推进学校的内涵发展;规范科研制度、科研文化。形成结构合理的学校课程体系。在确保必修课程质量的同时,根据学生的知识结构、认知水平和兴趣爱好,建设具有多样性和针对性的选修课程体系。在满足课程与学生生活相联系,课程与学生兴趣相结合等原则的基础上,努力使校本课程成为必修课程和选修课程体系的有益补充和必要拓展。集中精力进行语文、数学、英语等核心课程的学科建设,通过努力在三年之内使语文、数学、英语成为学校的优势学科。通过课程建设,强化学校的信息技术教育的特色。

具体的发展措施包括以下三大方面。

一是规范科研制度。进一步完善教育科研的规章制度,形成既有学校特色又符合教科研规律的组织机制、激励机制、评价机制。将教科研工作纳入教师、教研组、年级段年度考核之中,加大优秀教师评定、班主任考核、年终考核等方面的科研比重。增设教育科研优秀成果奖,奖励在教科研有突出成就的教师。强化教学与科研一体化的理念,以学校龙头课题引领,以校本研修为抓手,形成学校课题、组室课题和个人课题三级网络,完善教育科研的运行机制,切实推动学校教育科研工作向高层次发展。进一步加强与大学、研究机构和学术团体的沟通与合作,形成长期稳定的合作机制。邀请相关专家开设讲座,增强教师的科研意识,提高教师的科研能力。

二是确立龙头课题。根据学校发展需要,将已经成功立项的省级课题"洪家中学学校文化建设的研究"作为学校的龙头课题,下设五个子课题:学校发展的核心价值观探索;校园教育景点创设的思路及其教育功能的研究;构建良好网络文化,提高学生信息素养的应用研究;加强教研组建设,构建学习型组织的实践研究;高中校园仪式文化的研究。

三是完善必修课程、选修课程、地方课程和校本课程,优化课程结构;开发信息技术课程,强化校本特色;加强课程制度建设,不断健全、完善学校的课程管理规章制度,完善并实施《洪家中学课程实施计划》、《洪家中学研究性学习指南》和《洪家中学选课指导制度》,建立课程管理体系,在实践过程中不断优化课程结构,为课程改革的顺利有序实施提供指导;规范各类课程的开发、设置、实施、评估机制,建立对课程的全面评价机制。

三、教育处发展规划的制定

教育处以《中学德育大纲》、《公民道德建设实施纲要》等文件为依据,以学校办学思想为指导,以洪家中学学子格言"生活简单化、学习刻苦化、精神高雅化"为主线,以中学生日常行为规范养成为重点,以"为学生一生幸福生活奠定基础"为目标,开展学校德育工作。落实"教育性教学"和"全员德育"思想,在学科教学、团队工作、社会实践、社团和文体等活动中渗透德育。以教师的良好言行感染学生,发挥教师在德育工作中的主导作用。

在教学内容上,构建序列化德育工作内容。各年级分阶段实施各项德育内容,使德育内容形成既相互独立又有内在联系的序列。如在高一年级加强学生的基础规范教育,在高二年级进行职业生涯规划教育,在高三年级加强学生的理想信念教育。每一年级教育的内容具体如下。

高一年级的学生,认真学习和践行《中学生守则》、《中学生日常行为规范》和《学生管理手册》,加强日常行为规范的养成教育,树立规则意识,遵守法律法规,养成良好的行为习惯,形成自信自理、团结友善的品质;加强学生的学习适应性教育,重视初高中学习知识的衔接和学习方法的改进,使学生尽快适应高中的学习方式和生活节奏,为进一步的学习奠定基础;体验性德育活动。开展体验式的活动,如社会实践活动、社区志愿者服务等,培养学生的爱校爱国情感和自强自立精神;规范学生的社团活动,通过各种学生社团,开展各项主题性教育内容,发动学生进行自我管理和自我教育,增强学生的自主学习意识,逐渐培养学生从他律走向自律。

对高二年级的学生进行职业生涯规划教育,帮助学生认识自我、把握自我、发展自我,树立正确的人生观和价值观,有自己的职业理想、健康和完善的人格,以及良好的社会适应能力;青春期教育,对学生进行青春期教育,培养学生如何正确处理与异性之间的交往,学会尊重他人,自尊自爱;成人仪式教育,认真开展成人仪式活动,通过在成人仪式上举行的"宣誓活动",增强学生的责任感和使命感,以强化学生的自强教育。

在高三年级加强学生的理想信念教育,结合职业生涯规划教育,邀请成功人士为学生开设励志报告。帮助学生树立远大的、切实可行的奋斗目标,坚定信念,刻苦学习,恪守规范,做一个素质全面、锐意进取的优秀毕业生;强化学生的感恩教育,通过系列教育活动,培养学生的感恩意识和感恩行为,让学生学会感恩家长、感恩学校、感恩社会、感恩自然;加强学生的挫折教育,开展野外拓展训练等活动,增强学生抵抗挫折的能力,提高学生的意志力和恒心,进一步激发他的学习原动力,保持良好的学习激情,充实而又快乐地迎接高考、迎接人生的挑战。

在具体的措施上,拓展德育途径,创新德育方法,提高德育工作实效性。建立学校、家庭、社会三位一体的大德育网络,拓展德育途径。发挥家长作用,使家长参与学校德育工作。发挥社区教育作用,挖掘校外的教育资源,促进学校与社区的德育互动。创新德育方法,从强制变为自制,从他律到自律。实行自主性德育。以班级建设为载体,立足于学生个性健康发展,开展"四自教育":让学生学会自我教育、自我服务、自我管理和自主活动。重视体验性德育。在学校开展的各种文化活动中加强学生的道德体验。把"体育节"、"艺术节"、"文化节"、"校园吉尼斯纪录"、"校田径运动会"、"元旦文艺会演"、"十八岁成人宣誓仪式"和"毕业典礼"作为体验教育的重要载体。强调个体的亲身经历和自我认识过程,重视人与人之间的理解和合作,重视人内在情感的发展过程。推行"红卡"制度,以进一步树立正气,弘扬中华民族的传统美德,创设一个"我为大家,大家为我"的氛围,鼓励学生为班级为学校争光,争做好人好事,使学生在做好事中提升自己的思想道德品质。建设温馨教室和温馨寝室,使学生学会相处,学会相容,学会自理,学会自立,学会感恩,学会回馈,为学生今后走向社会奠定基础。

同时，加强德育队伍建设，完善德育各项工作制度。通过加强学习、加强研究、加强管理、加强作风建设来加强德育领导队伍建设。通过"请进来""走出去"的方式，结对活动，"优秀班主任"、"优秀班集体"的评选表彰机制，调动广大教师从事德育工作的积极性和主动性，建设一支高效、负责的班主任队伍。通过不定期地对学生干部进行培训，让他们参与到大型活动中来，在活动中强化锻炼，在领悟中提升管理能力，加强学生队伍建设。

最后，健全和落实学校德育制度。以科学发展观为指导，加强学校德育管理工作的研究，坚持机制创新，逐步建立一套制度管理与人本管理相结合，并具有较强导向性、科学性的洪家中学德育制度体系，为学校德育工作的稳步发展提供保障。健全全员育人机制，健全《班主任工作考核评分细则》，逐步建立学生道德发展状况和班级工作情况监控评估制度，进一步规范和落实"洪家中学百名教师访千家活动"。

四、教育信息技术中心发展规划的制定

在学校的三年规划中，洪家中学选择信息技术作为学校教育特色创建的突破口，着力打造高质量的信息技术教育，以此彰显办学亮点。信息技术教育以提高学生的信息素养为目的，既要求学生具有比较扎实的信息知识和信息技能，又要求学生具有较高的信息道德水平。因此，教育信息中心明确部门发展规划的工作目标，即通过信息科技课程的学习，使学生具有收集、鉴别、筛选、整理、处理、传输、表达信息的知识和技能；具有利用信息技术发展思维、学会学习、自主探索和合作交流的能力；具有相关的道德判断和价值选择的能力。在师资队伍上，以培训、进修、引进信息技术教师为突破口，着力打造一支具有扎实的信息技术理论基础，能够指导学生参与各项信息技术竞赛，并具备一定科研开发能力的信息技术教师队伍。完善信息科技方面的软硬件设施，包括信息技术教育方面的专用数据库和专用软件，以及一些必要的硬件设备。

明确目标后，教育信息中心制定出发展规划的具体措施。

（一）信息技术教育的课程建设

以信息技术教研组为中心，按照《普通高中课程方案（实验）》中的课程设置，在确保信息技术课程质量的基础上，有计划、有步骤地开发和开设校本课程，如网页制作、动漫制作、程序设计语言等。

（二）信息技术师资队伍建设

为学校配备足够的信息技术课程教师，引进有特长的信息技术骨干教师。在条件允许的情况下，聘请专家到校开设信息技术竞赛讲座，培训学校教师。利用外出学习机会，考察名校在这方面的一些成功做法和成熟经验。

（三）开展信息技术类竞赛活动

在全校范围内，特别是在高一新生当中物色、选拔优秀生和特长生，对他们进行强化训练，鼓励他们积极参加省市区相关的信息技术竞赛项目，通过比赛积累必要的经验，为以后的辅导明确方向。协同物理组、数学组等理科教研组，根据学校实际情况，确立具有学校特色的竞赛项目，如电脑设计和制作比赛、校园信息科技之星等。积极参加省市区相关的信息技术竞赛项目，如中学生信息奥林匹克比赛、中学生电脑制作活动竞赛、中学生计算机应用操作竞赛、青少年科技创新大赛等。

(四)加强信息技术的教学和科研工作

聘请专家到学校开设信息技术竞赛讲座,利用教研组外出学习机会考察名校在这方面的一些成熟、有经验的做法。同时,通过教研提高自身的知识修养和专业技能水平。

(五)建设信息中心和科技创新中心

建设高水平的信息中心和科技创新中心,添置相应的数据软件、设备、场地,为信息科技教育特色创建提供先进的软硬件设施。

五、总务处发展规划的制定

总务处在工作中不断探索后勤管理机制,提升管理水平,力求建设一支服务高效、反应快速、管理先进的后勤服务队伍和督查队伍。探索后勤管理新方式,为教育教学第一线提供服务和保障。它们为今后的发展设定了详细的工作目标:今后三年内,计划投入足够的资金,将洪家中学建设成人文校园和现代化校园;进一步提高后勤服务水平,开源节流,保持良好的财务运营状态,精心布置校园的各种环境,创设良好的人文环境。

达成目标的具体措施有:加强学校安全工作,建立安全责任制,确保学校教育教学工作的安全进行,杜绝后勤服务事故的发生;抓好法律法规、管理服务技能的培训学习,服务优质高效出品位;搞好阶梯教室、长廊、连廊工程的设计和施工,增强校园人文底蕴;落实消防、用电、卫生、教学实验设备四个检查,保证水电气饮食校舍安全;启动校园文体中心、艺术中心、社团中心、科技中心、信息中心五个中心的建设,与现有的教学活动中心形成"六个中心"的有效运作,形成大气、和谐、个性突出、昂扬向上的校园文化特色,为素质教育和学生的全面发展搭建开放的平台;后勤服务管理物业化,将学校食堂、超市、文印室、书店、校园绿化养护、卫生保洁、饮用水供应等继续委托代管,引入社会服务上的竞争机制,提升服务水平,提高办学效益。

第四节 教职员工职业生涯发展规划的制定

提高师资质量是学校发展永恒的主题。要实现学校从大校向强校转变,根本之计是要造就一支素质优良、结构合理、充满活力和具有洪家中学特色的师资队伍。为了使绩效管理能落到实处,洪家中学应根据教师绩效管理的需要,针对教师承担的工作,运用各种科学的定性的与定量的方法,对教师的工作结果和工作表现从细节上加以规范。

一、明确不同层次教职员工的发展目标

洪家中学根据教师的教龄和教学胜任力要求,把教师分成不同的层次:准合格教师、合格教师、成熟教师、骨干教师,并为每一层次的教师设定不同的目标和标准。学校教师的总体成长目标为:一年上路,三年过关,五年成熟,十年形成风格。具体来看,每一层次教师的工作标准如下。

(一)准合格教师

一年以上的教师必须达到的标准。了解学校办学理念,熟悉学校规章制度,明确学校办学特色;进一步巩固专业思想,增强工作责任心和爱岗敬业精神,熟悉有关教育法规和教育教学环境;初步掌握所教学科的教学常规,理解所任学科的业务知识和内容体系;能在老教师的帮助下顺利完成教学任务，把教材的内容准确地传授给学生；增强管理学生能力和实践能力，尽快适应学校教育教学工作的需要。

（二）合格教师

三年以上的教师必须达到的标准。即具有本科以上的实际学力、专业思想稳固，有较好的师德修养，关心、爱护学生；有正确的教育价值观、学生观和质量观；教学基本功扎实，能胜任现代教育、教学工作，教学效果好；能独立开设选修课或指导课外小组活动，并受学生欢迎；具备教育科研的一般能力。

（三）成熟教师

五年教龄以上的教师一般应达到的标准，包括以下几个方面。

（1）热爱教育事业，忠诚于教育事业，树立正确的教育观、质量观和人才观，遵守《中小学教师职业道德规范》，思想言行堪为师表，具有强烈的事业心和高度的责任感，工作认真积极。

（2）有较高的教学理论，基本功扎实，有坚实深厚的业务知识，对所任学科有系统坚实的基础理论和专业知识，掌握必要的现代教育技术手段和基本技能；因材施教，有终生学习的自觉性，接受新知识、新观念，掌握新方法和新技能。

（3）有较强的创新意识，教育科研能力，辅导学生参加竞赛，所撰写论文在区或区以上获奖。

（4）有较丰富的德育工作经验，以人为本，尊重、理解学生，保护学生的合法权益，学生家长满意，德育工作效果佳。

（四）骨干教师

除满足成熟教师的条件外，还应具备下列条件之一。

（1）教学经验丰富，有自己的教学思想和风格，教学效果较显著，能承担区级或区级以上公开课、研究课、实验课、活动课等，并为区内同学科教师所公认。

（2）在教学理论和实践的研究上有独特的见解，教育科研成果较显著，在市级教学、论文评比（含市教研所科研成果评比）中获奖，或在市级以上公开发行的刊物中发表教育教学研究论文，在市内外产生一定影响。培养尖子学生有卓越的成绩。所辅导的学生在市级以上的各类竞赛中成绩位居前列，或者所任教的学生自主学习能力较突出，后续学习能力强。

（3）掌握德育工作的科学理论，有较强的德育工作能力，形成了自己的德育工作模式，教育效果好，有德育论文获市级（含市级各种学会）以上奖或发表于区级以上公开刊物。

职工分列合格职工、优秀职工、有突出贡献的职工等三个层次。结合各部门工作特点，参照教师三个层次的要求，确定发展目标。

二、实现教职员工职业生涯规划的基本策略

根据教师发展的不同需求，开展分层次的校本培训。通过校本培训制度建设，开展扎实的系列学习活动，促进功能优化，提高质量。

对1—3年教龄的青年教师，实行新老教师结对，即老教师在备课、教材处理、上课、教学设计等方面对新教师进行指导与示范，研训重点是提高新教师的教学规范水平和教学能力。

对3—7年经验型教师实行帮教制，由教师自己选择结对，帮教制主要是发挥教研组、

备课组的力量,不断引导他们反思自己的课堂教学策略,写出自己的教学体会,深入剖析各种策略的实施要求。学校积极为他们创设各种学习、锻炼的机会,组织开设公开课、教研课,促使他们尽快成熟。

对 7 年教龄以上的骨干型教师,要求他们形成自己的教学风格。通过课题研究、教学竞赛、论文评比、学术研讨、示范课、竞赛辅导、跟踪培养、拜师结对等途径,给教师压担子,让教师展风采,使骨干教师脱颖而出。鼓励骨干教师结合自己的教育教学实践,不断总结教育教学经验,形成自己的教学特色,发挥特长,著书立说,努力向更高层次发展。

三、教师职业生涯规划案例

洪家中学设计了教师个人发展计划表(参见表 5-1)。

表 5-1 教师个人发展计划表

一、基本情况							
姓　名		性　别		出生年月		技术职称	
最高荣誉							
二、工作简历							
三、自我分析							
优势:							
弱势:							
机会与威胁:							
四、今后五年发展方向、目标							
(一)教学方面							
(二)教研方面							
(三)其他方面							
五、落实目标的具体措施							
六、对学校及教研部门客观环境方面的企望和要求							

以下是洪家中学历史组教师职业生涯发展规划的案例。

一、基本情况

姓名：×××　性别：男　出生年月：1960年7月
技术职称：中学高级　党政职务：组长　政治面貌：党员
学位：学士　文化程度：本科
最高荣誉：省优质课一等奖

二、工作简历

1. 1982—1996年，在外省××中学工作。
2. 1996—2000年，在区外××中学工作。
3. 2001年至今，在区内××中学工作；2004—2005年，派出援疆工作。

三、自我分析

（一）教学工作的主要成绩、经验

成绩：多次辅导高考、成绩良好；多次上市级公开课，示范带动历史教研。
经验：1. 一切历史都是当代史，历史教学必须关照现实热点。
　　　2. 历史学的价值在于研究社会发展的总趋势，总规律，因此要重视，宏观整体教学；历史学的价值在于学生的人格养成，人文精神，因此又要坚守"细节决定成败"，重视微观教学。
　　　3. 认真备课：一堂历史课应体现现实性、知识性、趣味性、思想性。

（二）教研工作的体会

1. 集体攻关，发挥集体力量有助于教研效益的诚信提高。
2. 关注前沿，要了解本学科最新研究动态，成果。
3. 东张西望，尽可能与外校建立联系，了解其成果。
4. 要有特色菜，有自己的特色，有较深入研究的问题。

（三）主要优点

能比较认真、耐心地积累资料，钻研教材；思路比较开阔，对历史规律、发展趋势能进行比较清晰的梳理；讲解比较生动形象，能结合学生实际。

需要提高的方面：

1. 对新课程的理念，课程体系了解还不够深入；最新的史学成果了解少。
2. 用力不够专一，比较浮躁、肤浅，没有就某一课题进行系统深入、长期不移的研究，未能在科研方面取得突破性进展。
3. 与专家、名师交流比较少，提高慢。
4. 读书少。

四、今后五年发展方向、目标

（一）教学方面：状况——处于"稳定停滞"时期

1. 要在课堂教学中精心备课，体现创新性、开放性，面临选择性；追求思想突破，技能规范，特色鲜明。

2. 提升层次，形成特色；对新课程理论有较系统的研究、把握；教材研究，侧重整体史观、全球化研究，争取有较大进展，教学效率有显著提高。

（二）教研方面

1. 对以往长期探索的宏观整体概念教学法进行总结提升，争取以新课程实施为契机，形成个人特色的便于实践操作的教学框架。

2. 对新史观，新的史学研究成果相对集中的，有系统性的进行研讨、了解，使教学实践具有理论指导、思维含量。

（三）其他：立足校本教研，探讨切合本校实际的历史学习、历史教学模式。

五、落实目标的具体措施

1. 提高备课质量，在第一轮培训、研讨基础上进一步系统研讨教材，对积累的文字、电子材料进行梳理、深化、取舍。

2. 选择重点研究的课题、方向，如整体史观、整体史研究，了解学生相关的理论、史学成果，提高历史专业理论修养。

3. 深入了解学生对历史学习的兴趣，力争对历史学科高考动向有较清晰、准确的了解、把握，有实施教学套路和理论思路。

4. 力争外出交流学习，换脑子。

六、对学校及教研部门客观环境方面的企望和要求

希望尽可能创造与历史专业有关专家交流的机会，得到专家的指导，及时了解史学研究的新成果、新动向。

第六章 红黄蓝绩效管理模式中的绩效指标

红黄蓝管理属于目标管理,它是以目标为导向,以教育教学成果为标准而使学校中的教师和学生取得最佳的教学成绩和学业成就的现代管理方法。在红黄蓝管理的实施过程中,最关键和最难的一项工作就是绩效指标的确定。绩效指标是基于学校战略目标导向,围绕着学校核心工作而形成的绩效考核的具体指标。因此,既要考虑绩效指标的科学合理性,对各类指标的逻辑关系有清晰的思考,又要考虑具体可操作性,更要考虑适切性,要根据学校的具体情况,设立符合学校工作要求的指标系统。

确立了组织的战略发展目标之后,就要根据战略发展目标的要求,设立组织内部的绩效指标。根据学校工作的要求,基于对学校工作任务的理解,我们把绩效管理的工作内容划分为教学、班主任管理、学生学习和后勤服务四个方面,并制定了具体的绩效指标。

第一节 教师胜任力和教学绩效指标

在考虑学校的教学绩效指标时,我们主要依据教师胜任力及其相关标准,确立教师在学科教学上的绩效指标。

一、胜任力的含义

胜任力是舶来品,是从西方引进的一个学术概念,即 Competence。1973 年,哈佛大学著名心理学家戴维·麦克兰德发表了题为《测量胜任力而非智力》的论文,对以往通过智力和能力倾向测试来选聘和甄选人员进行了批评,他认为智力和能力倾向测试是为解决学术上的智力测验工作而提出的,它对工作绩效或以后生活的成功预测效度较低,并且具有比较大的偏差。麦克兰德提出了"胜任力"的概念。所谓胜任力,是指在特定组织环境和特定文化氛围中绩效优秀者所具备的可以客观衡量的知识、技能、态度、价值观、人格特质及动机等个体特征,它是能够将某一工作中有卓越成就者与普通者区分开来的个人的深层次特征。

胜任力与"能力"有着密切的关系,但是又有不同。通常所说的"能力",更多的是指知识和技能,而胜任力则包括三个大的方面的内容:知识、能力和职业素养。按照通常理解,"积极进取"不应该属于"能力"的范畴,但它却是胜任力的重要因素。

胜任力一般来说具有五个重要特征。

(一)可以测量,具有量化的特征

胜任力与工作绩效有密切的关系,可以预测员工个体的工作绩效;可以用一些被广泛接受的标准来测量,从而可以预测员工未来的工作绩效,并能通过激励与开发加以改善和提高。

（二）具有动态性

胜任力不是固定不变的，它与具体的任务情景相联系，在不同的情境中可以发生变化，具有动态性。

（三）具有可区分性

胜任力能够将绩效优异者与绩效平平者区分开来。

（四）胜利力与岗位职责紧密相关，具有操作性

胜任力与岗位职责具有密切关系，岗位职责解决"做什么"的问题，胜任力则解决的是"怎么做"的问题。岗位职责的不同决定了应具备的胜任力的差异，它可能是能力结构上的差异，也可能是同一能力所要求的程度上的差异。

（五）胜任力具有阶段性

在组织发展的特定时期，某项胜任力是至关重要的，而当组织目标或是组织策略发生变化时，胜任力的内容也会发生改变。

可以把胜任力分为外显性胜任力和内隐性胜任力。外显性胜任力是指可以看得见并能在短期内容易测量的知识、技巧等指标。内隐性胜任力是指看不见且需要长时间考察才能发现的专业态度、价值观、持续发展能力等指标。外显性胜任力只是对个体基本素质的要求，对于特定的职业必不可少，但不足以将绩效优秀者和绩效一般者区分开来；内隐性胜任力难以用一般方法测得，但对绩效却起着关键性的决定作用，能够将绩效优秀者和绩效一般者区分开来。

二、教师胜任力的特征

教师胜任力是指教师个体所具备的，与成功实施教学有关的一种专业知识、专业技能和专业价值观。根据戴维·麦克兰德的研究，可以将教师胜任力分为基准性胜任力和鉴别性胜任力两大结构，分别对应于上面所提的外显性胜任力和内隐性胜任力。

教师胜任力具有以下特征。

（1）教师胜任力测评的依据是教师素质构成，即将教师专业知识、专业技能、专业态度或价值观与教师应该具备的素质构成进行比较，从而判断是否达标。

（2）胜任力测评并非仅仅针对日常例行工作，而是教师聘任和晋升程序的一个组成部分。

（3）教师职业要求的人格特质。教师胜利力也包括教师在工作过程中具有的品质方面的自我修养，其中最重要的是在进行教育教学过程中所体现的人格特质因素，如情感、价值观、对生命意义的深刻理解、人生追求等将融合在其中。

（4）教师胜任力具有动态性。由于教师所处的社会环境、技术环境、学校环境处在不断的变化和发展之中，教学环境和教学要求也在不断发展和变化，教师胜任力要能够适应环境的变化而变化，根据环境的变化作动态调整，体现环境对教育岗位的新要求。

三、教师胜任力的理论基础

教师胜任力具有自己的理论基础，具体说来有科学管理理论、能力差异理论、激励机制理论和以人为本理论。

(一) 科学管理理论

科学管理理论是一个综合概念。它不仅仅是一种思想和观念,也是一种具体的操作规程,是对具体操作的指导。科学管理理论冲破了传统的经验管理方法,将科学引进管理领域并且采用了一套具体的科学管理方法来代替单凭个人经验进行作业和管理的旧方法,这是管理理论上的创新,也为管理实践开辟了新局面。教育领域有必要引进科学管理理论,它的引进具有以下优势:首先,以教师工作的每个元素的科学划分方法代替传统的经验性的管理工作法;其次,设计教师选拔、培训的科学方法,以代替先前实行的随意性的自己选择工作的做法,以及"想怎样就怎样"的教师培训方法;再次,根据科学管理的原则,与教师经常沟通,以保证其所做的全部工作与科学管理原则相一致;最后,在科学管理理论指导下,管理者与教师有平等的工作氛围和责任范围。

(二) 能力差异理论

由于人的先天素质不同,后天环境和所受教育程度的不同,以及所从事的实践活动不同,人与人之间在能力上存在着差异。大致说来,能力在全人口中的表现为正态分布;两头小,中间大。能力禀赋超强和能力低下的人在全人口中的比例都是比较小的,人群之中最多的还是能力水平一般的人。人的能力差异,具体表现在人们在知觉、表象、记忆、想象、言语和思维等方面显现的差异。例如,有人长于想象,有人长于记忆,有人长于思维等。能力有各种各样的成分,是各种因素构成的综合体,它们可以按照不同的方式结合起来,构成了人的能力结构的差异。

人的能力差异,在心理学中有两层含义:其一,是指个人之间的差异;其二,是指群体之间,如不同年龄、不同性别、不同社会文化、不同职业之间的差异。能力的个别差异主要表现在能力结构的差异、发展水平的差异和表现早晚的差异三个方面。

教师能力水平存在差异,这是显而易见的道理。能力差别理论告诉我们,要关注教师的个体能力差异,对不同发展阶段的教师要有不同的能力要求;既要充分肯定他们的进步,又要指出他们需改进之处,还要提出不同的发展要求,以促使每个教师最大化的专业发展。

(三) 激励机制理论

从一定程度上可以说,激励理论是对于"需要"和如何满足需要的研究,它回答了如何以员工发展需要为基础,或怎样根据员工发展需要激发和调动他们的工作积极性的问题。激励理论典型的代表有马斯洛的需要层次理论、赫茨伯格的双因素理论和麦克利兰的成就需要理论。

其中最有影响和最具代表性的是马斯洛的需要层次论,它指出人类的需要是有等级层次的,从最低级的需要逐级向最高级的需要发展。需要按照其重要性依次排列为:生理需要、安全需要、归属与爱的需要、尊重需要和自我实现需要。当某一级的需要获得满足以后,这种需要便中止了它的激励作用。根据马斯洛的需要层次理论,学校激励工作的起点是满足教师的需要,但教师需要因人而异、因时而异,并且只有满足了教师的最迫切需要之后才能激发他们的向上追求。因此,学校管理者必须进行深入的调查研究,不断了解教师需要层次和需要结构的变化趋势,有针对性地采取激励措施才能收到实效。

学校教育与功利性的经济活动不一样,它有自己的理想和追求。因此,学校的激励措施要根据所实现目标本身的价值大小,确定适当的激励量,其中物质激励是基础,精神激励是根本。因此，教师的劳动只要得到恰如其分的认可，得到尊重，只要评价能够促进和满足教师自我实现的需要，他们就会以加倍的努力去实现更高的目标。

要根据教师的不同类型和不同特点制定激励制度，在实施激励机制时，一定要考虑教师的个体差异，实施差别激励机制。

（四）以人为本理论

学校教育是培养人的活动，以人为本的教育理念是永恒的教育命题，也是时代精神的要求，是学校管理者必备的一种领导方式或理念。以人为本的管理是指在管理过程中以人为出发点和中心，围绕着激发和调动人的主动性、积极性、创造性开展学校的各项工作，以实现人与学校共同发展。它的意义在于把人放在第一位，顺应人的禀赋，提升人的潜能，完整而全面地关照人的发展。以人为本的管理有以下三个基本原则：第一，重视人的发展需求，尤其是要促进教师和学生的共同发展；第二，以鼓励教职员工为主；第三，重视民主管理，把教师和学生作为民主管理的主体，为教师和学生提供民主参与的机会。

四、教师胜任力与教师绩效的关系

教师胜任力的要素与学校工作的绩效指标存在着许多交叉和共通之处，两者之间有着密切的关系，主要体现在以下三个方面。

（一）教师胜任力是重要的绩效决定因素

不同的胜任力要素对绩效的影响存在着差异，在教师胜任力结构中，知识和技能上的差异影响着任务绩效的实现，而态度和价值观等人格变量则与关系绩效高度相关；问题解决特征决定着任务绩效的完成程度与质量好坏，而关系特征则是人际关联利益的有效预测指标。教师胜任力是重要的教育绩效决定因素。

（二）教师胜任力能够增强绩效评价实效

教师胜任力通过对与绩效高度相关的关键知识和技能进行重点识别，有助于增强绩效管理和绩效评价的针对性和有效性。教师胜任力在教学领域的贯彻和应用，可以规范教师的教学行为，帮助教师识别自身的优点和缺点，科学制定教师职业生涯发展规划，以促进个人和组织绩效的提高。

（三）教师胜任力能够科学预测教师绩效

由于所有教师胜任力的构成要素都与工作绩效密切相关，因此，通过对教师职业道德、人格特质、履行岗位职责、专业知识和技能、教育教学能力、教科研成果等方面的分析和测评，可以预期教师将会有怎样的教学行为，进而能够预见教师会有何种程度的绩效表现。多数工作的绩效可以通过直接比较教师工作的胜任力要求与教师工作的胜任力表现来进行评价。[①]

五、教师胜任力的结构维度

从结构上分析，可以将教师胜任力分为基准性胜任力和鉴别性胜任力，或称为外显性胜任力和内隐性胜任力。

---

① 龙江. 基于胜任力模型的员工绩效评价[J]. 武汉金融, 2010 (8): 51-52.

基准性胜任力包括专业知识和专业技能，是对胜任者基础素质的要求，是外显部分。鉴别性胜任力包括专业态度或价值观，是区分业绩优秀者和业绩平平者的关键因素，是内隐部分。教师胜任力隶属于教师的个体特征，是教师从事成功教学的必要条件和教师素养追求的主要目标。①

基准性胜任力具体是指教师专业素养结构、教育教学能力等专业知识和专业技能。教师专业素养是从事教学工作的前提条件，直接或间接影响着教学的好坏，它包括专业知识和专业技能两个方面，其专业知识包括教育理论知识、学科知识和学科发展前沿知识。专业技能包括操作现代教育手段能力、教学启发能力、学生辅导能力、语言表达能力、学生沟通能力、学习能力、科研创新能力等。教师教育教学能力主要是指钻研和组织教材的能力、了解和研究学生的能力、组织教育教学活动的能力、良好的语言表达能力、进行教育科学研究的能力等。②

鉴别性胜任力包括专业态度和价值观，是指教师职业道德情感、治学态度、尊重他人、持续发展能力等。

（一）职业道德情感

职业道德情感包括：热爱教育事业，有强烈的事业心和社会责任感，具有奉献精神；关爱并尊重每一个学生，为学生的终身发展负责；奉公守法，遵守教师职业道德，履行教师职责，遵守教育法规和学校规章制度；积极参加学校组织的各项活动；团结协作，服从组织安排；公正、公平、诚恳，具有健康的心态和良好的心理承受能力。

（二）治学态度

治学态度包括：刻苦钻研、严谨笃学，积极探索教育教学规律，更新教育观念；教师富有创新精神才能培养出创新人才；改进教育教学方法、手段，注重培育学生的主动精神，鼓励学生的创造性思维，引导学生在发掘兴趣和潜能的基础上全面发展，掌握必要的现代教育技术手段，提高教育教学水平；遵循教育教学规律，积极参与教学科研，努力提高自身科研水平，在工作中勇于探索创新；要养成求真务实和严谨自律的治学态度，恪守学术道德，发扬优良学风。

（三）尊重他人要求

要把学校教育工作看成一项合作性的艺术活动，开展工作时要有合作意识。

（四）持续发展能力

要求教师把教育工作看成一种终身学习的过程，要不断学习，要养成持续性的学习能力和创新能力。

基准性胜任力是对胜任者基础素质的要求，解决的是"行不行"问题，为教师共同所拥有，合格教师必须具备，是对教师工作的基本要求，属于"门槛性"的胜任特征，适用于教师资格的确认与教师入职甄选。基准性胜任力包括教师的专业知识和专业技能水平，可以通过定量技术对教师的专业知识和专业技能进行测评，得出量化的结论，其科学性强。对于优秀教师，不仅要具备足够的基准性胜任力，还要体现出更高水平的胜任力。鉴别性胜任力对教师工作绩效具有较强的预测和鉴别区分能力，解决的是"好不好"与"能

---

① 曾晓东. 中小学教师管理的制度分析 [M]. 北京：北京师范大学出版社，2005：158－160.
② 冯君莹. 高校教师胜任力评价指标体系研究 [J]. 合作经济与科技，2009（3）：60－61.

不能"的问题。据此能够有效区分绩效优秀、一般、较差的教师，因此适用于评优、淘劣。鉴别性胜任力包括专业态度和价值观，难以对其进行量化评价，通常通过主观判断对其作定性评价。但是，鉴别性胜任力是区别业绩优秀者和业绩平平者的关键因素。因此，鉴别性胜任力评价是教师胜任力评价的关键。

根据教师胜任力要求对教师教学进行考核，学校制定红黄蓝教师绩效考评细则表，其基本想法是：若基本上达到基准性胜任力标准即为黄区，未达到基准性胜任力标准即为红区，达到鉴别性胜任力标准即为蓝区。

六、影响教师胜任力的因素

影响教师胜任力的因素很多，但是关于这方面的研究则不多。我们从以下几方面分析影响教师胜任力的因素。

（一）教师人格特质

教师人格特质是影响教师职业生涯发展的个体因素之一，培养良好的教师人格特质是提高教师胜任力的有效途径。在一定情境下，可根据教师人格特质预测其教学行为表现。教师的工作人格特质能够显著地预测教师的教学胜任力，而且在工作人格特质上得分越高，则其教师胜任力也越高。教师的工作人格特质可以看做是在特定教学情境下教师个体特征的组合与运用，在相似的教学情境下这种特质可能会反复出现，进而影响教师胜任力。心理学研究已经表明，人格与成就的关系大于智力与成就的关系。因此，注重和培养教师的工作人格特质，可能是提高教师胜任力、促进教师专业发展的一条新途径。[1]

（二）教师教龄

很多研究都表明，教师的胜任力会随着教龄的增加而有所提高，这可能是因为教学在很大程度上是一种经验的积累，教龄越大，经验越多，对教学基本技能的把握和教学研究的见解也更独到，应变和教学监控的能力会更强。

（三）动机态度

教师对教学事业的动机和态度也影响教师的胜任力。教师动机和态度在一定程度上表现为对学生和对教育事业的热爱，强烈的动机和正确的态度是维持一个人长期从事进行一项职业活动的必要条件。

（四）校园环境氛围

教师所表现出来的胜任力程度，很大一部分取决于工作环境对教师工作的支持程度。学校环境对教师胜任力会产生很大的影响。组织环境决定着稳定期教师对教学和工作的态度，还可能决定他们对专业发展需求的态度，组织环境的主要影响因素来自学校的政策、规章制度和行政人员等。具体表现为校园的环境氛围影响着教师胜任力，校园环境氛围可以分为物质环境和人文环境。学校只有不断改善自己的文化氛围，提升自己的知名度，获得社会的认可，才有可能为教师提供一个更高的交流平台。教师也只有不断地参与实践，活跃于专业领域和相关领域的前沿，提出独特的教育观点，才能不断提高自己的专业胜任能力。

---

[1] 罗小兰，林崇德．基于工作情境下的教师胜任力影响因素［J］．中国教育学刊，2010（2）：80—83．

(五) 专业知识技能

教师自身的专业知识技能既取决于教师在入职前所受的教育，也与教师在工作过程中经验的不断积累和学习有关。一般来讲，我国的中小学教师大部分来自师范院校，在学校中习得的有关心理学、教学法、学习规律的知识，对以后的教学影响很大。

(六) 学校领导方式

学校领导方式是影响教师胜任力的重要因素，学校领导行为是指学校领导在教育教学活动中，行使领导职能而具有积极内在动机和领导意义的激励、组织、决策、沟通的行为外在表现。[①] 教师职业生涯阶段理论认为，学校领导方式对教师职业生涯发展具有很大的影响，它对稳定期教师具有至关重要的影响。对于成长期教师来说，他们会有效利用组织环境提供的支持和帮助，学会适应，学会改变那些与他们职业生涯目标相抵触的影响。[②] 由于文化背景、职业性质、岗位职责和个性不同，学校领导者用来行使权力和发挥领导力的方式也不同，这会使群体产生不同的气氛，从而影响群体成员的行为和整个群体的工作效率。[③] 学校领导方式分为学习型和非学习型两种，相对于非学习型领导方式来说，学习型领导方式更有利于教师发挥人格特质中的积极性因素，进而间接地提高教师胜任力水平。所以，在现行的学校管理工作中，学校领导要了解自己的领导方式。我们提倡学习型领导方式，学校领导要不断学习，吸收新的知识，要充分考虑教师的主体性需求和组织氛围，其管理行为应随着教师的特点和环境变化而变化。

七、根据教师胜任力模型设计教学绩效指标

为了正确、公正地评价学校、教研组、年级段和教师的教学绩效，促进课程标准和课堂教学改革的实施，全面实施素质教育，全力推进教学创新，大幅度提高教学质量，我们经过充分的沟通与讨论，依据教师胜任力模型，设计了教学绩效指标，从个体绩效（教师绩效）、群体绩效（教研组和年级段绩效）、组织绩效（学校绩效）三个层次，对教师教学业绩进行绩效考评。在设计教学绩效指标时，充分地考虑了红黄蓝三个区域的不同特点和要求。

(一) 教师个体绩效

一般说来，教师绩效的考评往往是以工作职位的特定目标和任务为标准，对教师个体进行绩效考评。个体绩效主要由任务绩效和关系绩效两方面构成。任务绩效涉及教师工作任务的完成状况，如教学效果、学生的成绩、对学生的教育与指导、教师的科研等。关系绩效主要是指教师的自觉的角色行为，如工作的主动性、工作中的合作、对工作的反思等。个体绩效的两个构成部分具有不可替代性，当然在学校的不同发展阶段对两个维度指标的关注会有不同侧重。

根据对教学工作的理解以及教师的胜任力模型，我们对教师的教学绩效指标从"德"、"能"、"勤"、"绩"四个层面进行量化，"德"、"能"属于教师的个性特征，"勤"属于教师

[①] 冯明，纪晓丽，付茂华，等. 制造行业管理胜任力与绩效关系的实证研究 [J]. 应用心理学，2007 (4): 61—67.

[②] 张民选. 教师职业生涯周期 [M]. 北京：中国轻工业出版社，2005: 122—123.

[③] 俞文钊. 领导心理学导论 [M]. 北京：人民教育出版社，1996: 255—256.

行为表现范畴,"绩"是业绩效果。"德"、"勤"两个指标反映的是关系绩效,"能"、"绩"两个指标反映的是任务绩效。

"德"、"能"、"勤"、"绩"是目前学校考核教师个人教学绩效的一个很重要的方法。在群体或组织中,教师个人的性格特点、教学技能的高低和努力程度是有差别的,因此制定教师个人层面的绩效考评指标是十分必要的。它可以检测和衡量教师个人的知识水平、教学技能熟练程度和教学努力程度等。

表 6-1　洪家中学学科教学红黄蓝绩效考核细则表

评定项目		具　体　内　容
德	职业道德	1. 爱国守法,全面贯彻国家教育方针,履行有关法律、法规规定的职责;严格遵守学校规章制度,不迟到、不早退。每年无事假、病假2分;一年中事假累计7天之内,病假累计在15天之内1.5分。一年中事假累计超过7—20天,病假累计超过15—50天1分。一年中事假累计超过20天,病假累计超过50天0分。 2. 尊重学生,关爱学生,平等公正对待学生,不体罚或变相体罚学生,不歧视学习困难的学生。(3分) 3. 爱岗敬业,教书育人,认真完成教育教学任务,不敷衍塞责;每位教师满工作量(教学处核定)加50分;工作量不足按相应比例给分。请假1天扣1分,代课4节加1分。
能	专业技能	1. 具有一定的班级(或行政)管理的能力,善于调动学生(或教师)的积极性,协调校内外各种关系,胜任班主任(或行政)工作。任教研组长、年级段段长3分/年,任备课组长2分/年(中层、教研组长、年级段段长、备课组长相兼的不重复计分),班任主任2分/年。(生活指导按班主任折半计算) 2. 认真学习现代教育理论,参加师德培训、校本培训和网络培训。(4分) 3. 完成学校布置的案例、论文、反思、课题(项目)等教育教学研究任务。(每项2分) 4. 完成学校确定的校内外传、帮、带教育教学任务。(3分) 5. 教龄1分/年。
	教学能力	1. 认真执行新课标和教学各项常规。如计划、总结、教案、听评课活动、集体备课记录、教研活动记录、作业、上交的各项资料等,以教学处检查反馈的各种原始记录为准。期初计划(1分)、期末总结(1分)、集体备课记录(4分)、听评课(3分)、作业批改(2分)、教研活动记录(2分)、辅导学生(3分)、试卷编制(2分)、期中期末质量分析(2分)。(共20分) 2. 重视学法指导,减轻学生课业负担,作业量不超规定,并及时讲评。(2分) 3. 承担各级各类公开课或讲座。市级公开课2分/次,区级公开课1分/次(讲座折半计分)。 4. 积极参加各级各类比赛活动。如教学大比武、课堂教学能力比赛、优质课比赛、教坛新秀比赛等。国家级一等奖15分/次,二等奖12分/次,三等奖10分/次;省级一等奖8分/次,二等奖6分/次,三等奖4分/次;市级一等奖4分/次,二等奖3分/次,三等奖2分/次;区级一等奖2分/次,二等奖1分/次,三等奖0.5分/次;校级一等奖1分/次,二、三等奖0.5分/次。 5. 学生满意度调查反映良好。(2分)
	业务考试	每学年业务考试平均成绩名列本组前1/3者3分/年,其他教师1分/年(无故不参加的不予给分)。

续 表

评定项目		具 体 内 容
勤	岗位职责	1. 勇担重担，承担行政管理、教学和教科研等工作。正校级 10 分/年；副校级 6 分/年（以椒江区教育局文件为准）；学校校任中层副级及以上 4 分/年；任教研组长、年级段段长 3 分/年，任备课组长 2 分/年。（学校中层、教研组长、年级段段长、备课组长相兼的不重复计分） 2. 积极承担班主任工作。担任班任主任 2 分/年，(生活指导按班主任折半计算)，若当年被评为校级优秀班主任的当年加 2 分，区级 3 分，市级 5 分，省级 7 分，国家级 10 分，优秀班集体班主任按同级班主任荣誉折半加分。 3. 认真按时参加学校或学科、年级组织的各种会议及学习活动。升旗仪式等集会、会议、培训等活动无故缺席 2 次扣 1 分，请假 3 次扣 1 分，超工作量和代课都加分。（每 4 节加 1 分）
绩	教科研成果	1. 撰写教育教学论文或经验体会。 论文：全国级获奖 8 分/篇，发表 7 分/篇； 省级一等奖 6 分/篇，二等奖 5 分/篇，三等奖 4 分/篇，省级发表 2 分/篇； 市级一等奖 3 分/篇，二等奖 2 分/篇，三等奖 1 分/篇； 区级一等奖 2 分/篇，二等奖 1 分/篇，三等奖 0.5 分/篇； 市、区级发表 1 分/篇。 （注：每年取最高 2 篇，第 3 篇按 1/2 计分，第 4 篇按 1/4 计分，以此类推。同篇论文多级获奖、发表，取最高奖计分，案例按论文折半计分） 2. 有校级及以上研究课题，坚持开展研究，并有阶段性或终结性成果。 课题：国家级 10 分，省级 8 分，市级 6 分，区级 4 分，校级 2 分。 （注：课题只立项未结题不给分；优秀结题另外按同级课题折半加分；课题组组长和第一参与者按标准给分，参与者折半计分（区级限前 4 名，市级前 5 名，省级 6 名，国家级不限；同一课题按最高级别计分） 3. 发展学生特长及爱好，组织学生参加竞赛，有辅导成果。 学生竞赛：国家级一等奖 15 分，二等奖 12 分，三等奖 10 分； 省级一等奖 8 分，二等奖 6 分，三等奖 4 分； 市级一等奖 4 分，二等奖 3 分，三等奖 2 分； 区级一等奖 1.5 分，二等奖 1 分，三等奖 0.5 分。 （注：学生竞赛以每年该学生获奖最高等级计分，不重复累加）
	教学质量	高考成绩完成学校规定班级指标 10 分，完成学校规定学科指标 10 分；会考成绩完成学校规定备课组指标和班级指标的得 5 分。 教学质量计分评估按满工作量计算。 市统考学科成绩超过全市平均分，备课组各成员 3 分/次，班级学科成绩超过全市平均分，另加 2 分。 体育达标率达 100%的 1.5 分/年，体艺类高考指标完成按人数加分，20 人以上计 7 分，10—20 人计 5 分，10 人以下计 3 分。
	个人荣誉	国家级 10 分/次，省级 8 分/次，市级 4 分/次，区级 2 分/次，校级 1 分/次。 一星级教师 2 分，二星级教师 4 分，三星级教师 6 分。

学校制定了《洪家中学学科教学红黄蓝绩效考核细则表》(参见表 6-1),其考核范围和对象为:洪家中学工作所有在职教师(职工另外考核)。考核详细程序如下。

首先,产生优秀候选人。优秀候选人产生按照下列程序进行。

(1)被考核人个人总结、填写考核表,教师考核内容主要包括职业道德、专业技能、教学能力、业务考试、岗位职责、教科研成果、教学质量、个人荣誉等方面。教师考核的具体内容和赋分标准参见表 6-1。

(2)各处室提供考核综合测评表所需材料,如教师工作量、出勤、教科研获奖情况、教学业绩情况等,并进行核查。

(3)考核领导小组依据测评表对被考核人进行量化评价、核算汇总得分。

(4)由学校成立的考核小组依据《洪家中学学科教学红黄蓝绩效考核细则表》进行打分的分数情况商定考核优秀候选人名单,分配优秀候选人名额为中高级 40%,初级 25%,后勤组 25%。

其次,分组述职,进行互评打分,这是第一层次的考核。教师述职内容包括政治思想品德、文化专业知识水平、教育教学能力、履行职责和工作成绩等。然后开展第二层次和第三层次的考核。第二层次考核人员为学校中层、教研组长、年级段段长、备课组长(不包括考核组成员);第三层次是考核组成员的考核。

最后,考核领导小组根据各层次考评分数按比例累加,第一层次占 20%,第二层次占 20%,第三层次占 60%,考核小组综合讨论并最终确定考核结果,优秀等次比例为参加考核总人数的 15%。根据分数高低进行排序,前 15% 的为蓝区;中间的 75% 为黄区,后 10% 为红区。

(二)群体绩效

个体绩效指标能够检测教师个人的工作表现,但是,对于与群体特性有关的教学绩效,如教研组和年级段的教学绩效,如主动承担非本职任务、帮助同事并积极保持良好的工作关系、主动维护和支持组织、提出建设性建议、传播良好意愿以及鼓动组织士气等,教师个人层次上的教学绩效考评往往不能予以充分关注,而这恰恰是群体绩效需要解决的任务。

所谓群体,是一种围绕特定的问题和任务而组成的目标导向型团队,它有三个基本特征:一是明确目标导向;二是恰当的角色搭配,群体成员在分工协作中各自担当一定的"角色";三是认同的行为规范,群体成员能积极协作,按照认同的行为规范共同努力获得放大整合性的业绩效应。

在现代学习型组织变革的背景下,组织扁平化、工作团队化、运作弹性化已成为大趋势,各种类型的团队逐步打破传统的行政部门的界限,成为越来越普遍采用的工作组织形式。在这种情况下,群体绩效往往不是教师个人绩效的简单叠加,而主要表现为具有乘数整合效应的群体绩效。根据洪家中学的具体情况,红黄蓝教学群体绩效分教研组和年级段两个层次进行考评。

1. 教研组绩效

学校从 2003 年开始就开展"合格教研组和示范教研组"的评选活动。2010 年开始,将上述评比活动改为"洪家中学星级教研组"评比。学校制定了"洪家中学星级教研组评比细则",对学校内各教研组进行考核,达到"一星"级教研组考核要求为红区,达到"二星"级教研组考核要求为黄区,达到"三星"级教研组考核要求即为蓝区（参见表6-2）。

星级教研组评审条件如下。

(1)"一星"级教研组条件

基本条件为总分在120分以上，还必须达到以下指标：教研活动指导思想端正、目标明确，计划切实可行；组内成员团结协作，服从学校分配任务，不影响学校的教学秩序；集体备课教案每周定期上交教学处。

表6-2 洪家中学教研组红黄蓝绩效考评细则表

评审指标		指标内容	权重
教研常规（30分）	计划总结（6分）	1. 有具体完整切实可行的各类计划。	2
		2. 有全面中肯的各类工作总结。	2
		3. 完成教学计划并及时上交计划和总结。	2
	教研活动记录（6分）	1. 有翔实的教研活动记录。	3
		2. 有翔实的备课组活动记录。	3
	备课作业（8分）	1. 本组教师教案完备、有创意。	4
		2. 本学科的作业精选、精练、精改、精讲；有发必收、有收必批、有批必评、有错必纠。	4
	公开课（10分）	1. 公开课开足、开齐；少开一次扣0.5分；多开一次区公开课加1分，市级1.5分；区级讲座加1分，市级1.5分。	5
		2. 听课记录完备，并达到规定节次。	3
		3. 组内教师一学年内在微格教室至少上一节多媒体课，并恰当地利用网络进行资源共享。	2
专业水平（12分）	基本功（3分）	1. 组内教师普通话达标率100%得3分，达到90%得2分，未达到得0分。	3
	业务进修（5分）	1. 中高级职称30%以上得2分。	2
		2. 教师参加进修培训得3分。	3
	教学满意度（4分）	1. 组内教师学生满意度调查良好得3分。	3
		2. 各处室组织的学生座谈反映良好得1分。	1
教学业绩（33分）	质量目标完成情况（18分）	1. 高考成绩达到区平均成绩得8分，达到区平均前3名得12分。	8
		2. 会考学科合格率达到98%以上得5分，未达到得0分；会考学科A、B率达到50%及以上得3分；未达到得0分。	8
		3. 学期期末考试学科平均分成绩位于台州市29联考学校中前15名得1分，前10名得2分。	2
	教师比赛（5分）	1. 星级教师：一星级5分，二星级10分，三星级20分。	5 上不封顶
		2. 教学大比武（优质课）： 区级一等奖5分，二等奖4分，三等奖3分； 市级一等奖8分，二等奖6分，三等奖5分； 省级一等奖12分，二等奖10分，三等奖8分。	
		3. 获得市级教坛新秀得20分。	

续 表

评审指标		指 标 内 容	权 重
教学业绩（33分）	学生获奖（10分）	该学科各年级学生参加教育行政部门组织的学科竞赛获奖的：区级一等奖3分，二等奖2分，三等奖1分； 市级一等奖6分，二等奖5分，三等奖4分； 省级一等奖9分，二等奖8分，三等奖7分； 国家级一等奖12分，二等奖11分，三等奖10分。	10 上不封顶
科研成果（45分）	理论学习（5分）	1. 每位教师年内读一本理论方面的书籍，做好记录。	3
		2. 教研组活动每次有理论学习。	2
	论文写作（20分）	1. 组内教师年内每人完成一篇教育教学论文或心得体会。	2
		2. 论文发表：（以篇为单位） 区级3分，市级6分，省级10分，国家级14分。	6 上不封顶
		3. 论文获奖：（以篇为单位） 区级一等奖4分，二等奖3分，三等奖2分； 市级一等奖7分，二等奖6分，三等奖5分； 省级一等奖10分，二等奖9分，三等奖8分； 国家级一等奖14分，二等奖12分，三等奖11分。	12 上不封顶
	科研成果（20分）	立项：区级4分，市级6分，省级8分。 结题：区级10分，市级16分，省级20分。 成果获奖：区一等奖8分，二等奖6分，三等奖4分。 市一等奖12分，二等奖10分，三等奖8分； 省一等奖20分，二等奖16分，三等奖14分。	20 上不封顶
附加分（20分）	创新教研	教研活动有创新，并有重大影响被学校和上级机构认可和表彰。	最高20分
等级分数		一星级教研组：120分以上。 二星级教研组：100分以上及符合其他相关规定。 三星级教研组：110分以上及符合其他相关规定。	

（2）"二星"级教研组条件

基本条件为总分在100分以上，还必须达到以下指标：教研活动指导思想端正、目标明确，计划切实可行；组内成员团结协作，服从学校分配任务，不影响学校的教学秩序；普通话达标率为90%以上；会考合格率达到98%以上，高考成绩达到区平均成绩及以上；年内有区级及以上课题，论文有2篇区级二等奖及以上获奖；学年内承担区级及以上的教研活动并有本组教师开课或讲座；集体备课教案每周定期上交教学处。

（3）"三星"级教研组条件

基本条件为总分在110分以上，还必须达到以下指标：教研活动指导思想端正，目标明确，计划切实可行；组内成员团结协作，服从学校分配任务，不影响学校的教学秩序；普通话达标率为100%；学历均为本科及以上，组内至少有一名高级教师；高考成绩平均分达到全区平均；学年内有市级及以上课题；论文有一篇市级以上获奖或者有两篇省级以上刊物发表；学年内承担区级及以上的教研活动并有本组教师开课或讲座；集体备课教案每周定期上交教学处。

2. 年级段绩效

年级段教学绩效指标主要从总分平均分、优秀人数、学科平均分等三个层面进行，依据这三个方面所得的分数确定其所在的红黄蓝区域水平。

高一、高二年级如果在期末总分平均分、优秀人数、学科平均分均位于台州市29所联考联评学校前15名，即为黄区；如果三项指标未达到台州市29所联考联评学校前15名即为红区；如果三项指标位于台州市29所联考联评学校前10名即为蓝区。

高三年级以高考成绩为依据，总分平均分、优秀人数、学科平均分均位于台州市29所联考联评学校前15名，即为黄区；三项指标未达到台州市29所联考联评学校前15名即为红区；三项指标位于台州市29所联考联评学校前10名即为蓝区。

（三）学校绩效

从目前来看，最能够体现学校教学绩效指标水平的还是各种各样的考试成绩，因此洪家中学主要以高考成绩、会考成绩和期末成绩作为绩效指标，确定学校层面的教学绩效指标水平。

1. 高考成绩

以台州市全市高考成绩分析为依据进行考核。学校考上重点人数位于台州市29所联考联评学校前15名，即为黄区；重点人数未达到台州市29所联考联评学校前15名，即为红区，重点人数位于台州市29所联考联评学校前10名，即为蓝区。其他学科考核也一样，每一学科平均分名次位于台州市29所联考联评学校前15名，即为黄区，未达到即为红区，位于名次前10名即为蓝区。

2. 会考成绩

以台州市全市会考学科成绩分析为依据，对参加浙江省会考（学业水平考试）的所有科目进行考核，主要考核内容是学科合格率、平均分和优秀率等三个项目。依据台州市会考成绩数据分析，学科合格率达到98%或达到Ⅱ级水平即为黄区，学科合格率达到98%或达到Ⅱ级水平标准以下即为红区，合格率达到100%或达到Ⅰ级水平即为蓝区。优秀率标准A、B率达到50%或A率达到25%，达此标准即为黄区，在此标准以下即为红区，优秀率达到Ⅱ级水平以上即为蓝区。学科合格率、平均分和优秀率三个项目均达到Ⅰ级水平即为蓝区。当然，学科合格率、平均分和优秀率等三个项目的指标不是固定不变的，它具有动态性，随着学校生源的变化和学校发展的变化，对具体指标会进行适当的调整。

3. 期末成绩

以台州市每学年29所期末考试联考联评成绩分析和《台州市高中教学质量跟踪监测方案》为依据，结合台州市高中教学质量进行动态跟踪分析，对高一年级段和高二年级段进行绩效考评。学校每个年级段优秀人数位于台州市29所联考联评学校前15名（包括15名），即为黄区；每个年级段优秀人数位于台州市29所联考联评学校15名以后，即为红区；每个年级段优秀人数位于台州市29所联考联评学校前10名，即为蓝区。其他学科备课组考核也一样，每一学科平均分名次位于台州市29所联考联评学校前15名（包括第15名），即为黄区；每一学科平均分名次位于后15名，即为红区；位于名次前10名（包括第 15 名),即为蓝区。

最后必须指出的是,红黄蓝管理是一种的动态的管理,其中教学绩效指标的要求会随着学校的发展而做出相应的调整和变化,各指标评估的内容也会随着学校发展做出相应改变。

第二节 高中生学力和学习绩效指标

学校的绩效管理对教师、校领导以及学生的发展都有着重大的意义,尤其是对学生的发展意义非凡。因为这是根据学校的使命"加强教育的服务性,一切为了学生的发展"而言的。学生的发展是学校教育的核心所在。学校教育应该以学生主体发展为起点,充分促进学生的主动发展和全面发展。学生的学习绩效是构建学校绩效蓝图的浓厚一笔。基础教育改革应以学力培养为核心,充分发挥学生的主动性和能动性,引导学生积极主动地参与学习,让学生的身心真正地回到课堂,促使学生学力的不断完善与优化。这就对提升学生"学力"提出了更高的要求。通过提升"学力"可以为学校教育发展起到牵引力的作用。

一、学力的相关理论基础

(一) 学力的概念

"学力"这一教育词汇在中国古已有之。据考证,北宋诗人王令有诗曰:"贫知身责重,病觉学力怠。"南宋诗人范成大也曾诗曰:"学力根深方蒂固,功名水到自渠成。"其中的"学力"是指学问的功力、造诣或者程度等。但是,把这个带有中国烙印的词汇激活并成为现代教育科学的关键词,却要归功于日本学者。根据日本教育学者的研究,所谓"学力",是指作为学习主体的学生借助学校内外的学习过程所习得的能力的总体。他们认为构成"学力"的能力可从不同的视点、分不同的维度加以结构性地把握,诸如生命维度、社会维度、知性探究维度等。[①] 可以说,"学力"概念所强调的,不仅仅是知识的习得,更强调主体性学习和学习方法的习得。"学力"的内涵不仅包含了基础知识、基本技能,也包含了情感、态度、价值观等人格要素。在国内,有人曾经指出学力是学习动力、学习毅力和学习能力的同时体现。刘文晓(2006)指出:从心理学和教育学的角度看,学力是指学生个体吸收知识和运用知识并改变学习、工作、生活状态的能力,包含生理基础、学习能力、学习态度三部分。[②] 曾小军,刘娟(2008)对某高校大学生的学习力现状进行了问卷调查和分析,并在文中指出:学力是指在有目的的学习过程中,以听说读写交流等渠道获得知识技能的学习为基础,通过实践、体验、反思、环境影响等途径,达到产生新思维、新行为的学习效果为目的的动态能力系统。[③] 由于学力概念包含的要素会随着时代的变化而发展和深化,如国外的观点有英国的"七要素说"和"四要素说"以及美国的"综合体说"。[④] 在对上述关于学力的各种看法进行分析的基础上,结合我校的实际情

[①] 钟启泉. 从日本的"学力"概念看我国学力研究的课题 [J]. 教育发展研究,2009 (10):15—16.
[②] 刘文晓,等. 提高大学生学习力之浅见 [J]. 兵团教育学院学报,2006 (3):36.
[③] 曾小军,刘娟. 大学生学习力现状及培育途径探析 [J]. 民办教育研究,2008 (4):64.
[④] 陈维维,杨欢. 教育领域学习力研究的现状和发展趋势 [J]. 开放教育研究,2010 (2):42.

况,我们把学力理解为:学力是在学校这一特殊的教育组织中有意识地形成的以情感、技能、价值观为基点的非一般生活能力,它包括学生学习的意愿、能力、毅力和创造能力和生存能力等五个要素。

(二) 学力的内涵

"学习型组织"理论之父彼得·圣吉曾经提出过一个名叫"树根理论"的重要概念,其含义是:如果将一个企业比作一棵大树,学力就是大树的根,也就是企业的生命之根。也就是说一个企业如同一棵大树,所有的树看上去枝繁叶茂(指企业的产值、利润)、果实累累(产品、成果),但没有重视树根(学力),结果经过一段时间大树枯萎了,一检查发现树根烂了,此时再想挽救为时已晚。美国学者托布斯认为,未来的文盲不是不识字的人,而是不会学习的人。一个人的学习力跟不上时代的发展就会被时代所淘汰。现代社会对学习的要求比以往任何时候都更为强烈,每个人必须不断地学习,不断地应对新知识、新环境的挑战。"百年大计,教育为本",因此,学力的问题必须得到教育者的加倍重视和认真探究。情感、技能、价值观是学力的基点,其内涵主要由学生的学习意愿、学习能力、学习毅力、创造力和生存能力等五个方面构成。

1. 学习意愿

意愿通常是指有参与某事或者某种行为的动机、趋向性或者主动性。从事某一项活动时如果具有自己的意愿,为事者就会主动地、全身心地投入,其自我效能感也会相应地增加。可以说,学习意愿对学习的过程具有指导和调节的作用。如果学生在学校里习得的不是他们真正喜欢的知识,这个过程一定不会是快乐的,甚至是痛苦不堪的。在他们眼里学校便成为夸美纽斯所说的"心灵的屠宰场"。实践证明,养成一种良好的学习意愿,进而提升为一种信念,对学生学力的发展具有极大的保证作用。人本心理学家罗杰斯反复强调的一句话很有道理:"学习不应该只发生在'颈部以上',只有全身心投入的学习,才会对学生发生深刻的影响。"[①]

2. 学习能力

简单地说,学习能力就是从学习中获得的能力,是在环境和教育的影响下而形成的、概括化了的经验,是学习主体获取知识经验、技能的本领。学习能力是人的能力的一部分,也是非常重要的部分。从心理学角度分析,学习能力属个性心理特征。学习能力的大小、强弱直接影响学习的效率,也决定学习目标的完成,同时影响一个人的各种潜能的发挥。高中生的学习能力随着他们的身心的发育不断螺旋式地发展,并在学习的过程中逐步形成和提高。21世纪的生存方式是终身学习。终身学习的宗旨在于培养学习者自主学习的能力,使学习者真正成为学习的主人。学校教育特别是基础教育要立足于终身学习观的思想,培养学生终身学习的能力,让学生掌握基本的终身学习的方法。古人云:"授之以鱼,仅供一餐之需,授之以渔,可解一生之求。"只有如此,我们才能立于不败之地。

3. 学习毅力

学习毅力就是学习过程中所表现出来的持久耐力。学习毅力是以学习的动力为基础的,学习尤其是对专业知识和专业技能的学习,是要付出时间、精力、物质财富等,要面对诸多困难,需要有相当的毅力来支撑。荀况在《劝学篇》中曾经写道:"骐骥一跃,不

---

① 曹娟,等."授人以筌"——评析卡尔·罗杰斯的学习理[J].社会心理科学,2010(2):28.

能十步；驽马十驾，功在不舍。锲而舍之，朽木不折；锲而不舍，金石可镂。蚓无爪牙之利，筋骨之强，上食埃土，下饮黄泉，用心一也。"这里所阐述的就用心专一、锲而不舍的精神，也就是毅力的最好体现。学习未必是件快乐的事，要做好学问必须做到"屁股能坐十年冷板凳"。而要达到这种境界或者学习的成就，学习者必须具有相当的毅力。

4. 创造力

所谓创造力，通俗的用法基本相同，均是指导致独特和新颖的解法、观念、概念形成、艺术形式、理论或产品的心理过程。按照马斯洛的观点，创造力可以区分为"原初创造力"、"二级创造力"及"整合的创造力"等由低级到高级的不同层次，创造力属于人的内在本性，高级的创造力都是在人的生活历程中逐渐发展起来的。创造力实际上是一种综合能力，是由各种能力组合而成的。凡是与各种创造有关的能力都包括在创造力的范畴之内。创造力也是有结构的，包括认知结构——智能因素、个性结构——非智能因素两部分。据2003年世界经济论坛公布的《全球竞争力报告2003—2004》显示，中国的增长竞争力指数在102个国家和地区中名列第44位，商业竞争力指数在95个国家和地区中列第46位。主要原因是技术创新不足和公共机构的工作创新机制不足拖了后腿。而我国于2003年完成的"全国青少年创造能力培养社会调查"也显示，我国有七成以上的青少年根本不知如何实施创造！这些数据警示着我们，在以创新能力为国家核心竞争力的现代社会，要高度重视对我国青少年的创造力培养。因此，学校要在培养学生创造力方面下大力气、花真功夫。

5. 生存能力

学力观强调提升社会适应能力，这要求高中生拥有基本的生存能力。如果把人的生存能力比喻成一棵树的话，那么它的根就是我们的基础知识和基本技能，树干便是学科的核心知识。生存能力包括：基本的职业知识、社会生存素质。而学力是这棵树得以成长的必需肥料，它是伴随人的成长而成长的。

生存能力主要包括以下几种技能。

(1) 学会做人

首先，要认识自己。希腊的德菲尔神庙至今刻录着这样一句话："人啊，要认识你自己"。古希腊哲学家苏格拉底的一生都在为"认识你自己"而追问和探索着。人只有正确地认识自己和评价自己，才能有学习知识的前提。其次，掌握认知世界的工具。在信息化的时代必须熟练运用如互联网、搜索引擎等工具，获得信息以提高学习时间的利用效率。

(2) 学会做事

学会在一定的环境中学习、工作和生活。这种能力不仅是实际动手技能，而且还包括处理人际关系的能力。它是由社会行为、合作态度、主观能动性和交际能力等综合而成的能力。

(3) 学会共同生活

培养在人类活动中的参与合作精神。长期的生活经验告诉我们，个体之间的合作是生存的基本条件与手段。人类社会的形成，社会各种形态的出现，都是人类合作的结果。[①] 人类社会就是一个在合作中不断发展和进步的。

---

① 徐鹏. 以学力培养为核心的基础教育改革初探[J]. 现代教育科学, 2010 (4): 50.

(4) 学会生存

《学会生存——教育世界的今天和明天》是供联合国教科文组织及各会员国在制定教育战略时参考的一份报告。学会学习、学会生活、学会做事、学会生存是这份报告中提出的四个教育支柱，其核心是学会生存。"学会生存"是联合国教科文组织对教育宗旨的确认。"学会生存"包含以下几层含义：①学会自我保护，珍爱自己和他人的生命，以保持正常的生存状态；②学会劳动、学会竞争、学会应变，以增强生存能力；③学会审美，养成审美情趣，以提高生存质量。

"学会生存"的培养目标，力图通过增加青少年的直接经验和感知生活的机会，使他们走出书本、走进生活、走进社会，获得丰富的情感体验，以此来培养他们生存于社会的能力。

二、如何提升高中生的学力

(一) 提升学力的原则

学力的积累和提高需要一个长期的过程，需要意志和毅力，提高学力应遵循以下原则。

1. 主体性原则

环境影响和教育培养是学力提升的外因，个体自身的努力是学力提升的内因。我们都知道，在内外因关系中，内因提供事物变化发展的可能性，外因提供事物变化发展的现实性。环境影响和教育培养要激发个体已有学力与现实学习需要的矛盾，以强化个体努力提高学力的内因；学校教育要适时而科学地对学生进行学法指导和学习态度、学习品质的培养，使学生在学力发展中更好地发挥主体作用。

2. 理论指导原则

知为行之始。理论，不但规范人们对世界的理解和对世界的改造，而且为人们提供科学的思维方式，从而规范人们的思维逻辑和思维方法。此外，理论还为人们提供具有时代精神特征的价值规范，从而塑造和引导人们的价值观念和价值追求。要避免个体学力发展的盲目性和简单经验总结的狭隘性，就要对个体学力发展进行理论指导。例如，对个体进行有关学力知识的传授和学力培养方法的指导。

3. 实践性原则

学力主要是在掌握知识的过程中，在有意识地学习实践中不断形成和发展的。实践是认识的来源，实践是认识的目的，实践更是检验认识正确与否的唯一标准。离开实践的能力是不存在的。战国的荀况说过这样一段话："不闻不若闻之，闻之不若见之，见之不若知之，知之不若行之。"明代大学问家朱熹在知行观的关系方面也有过这样精辟的表述："知之愈明，则行之愈笃；行之愈笃，则知之益明"。因此，学力的培养要注重实践性原则，学习要同生活实践相结合，从培养组织和个体形成良好的学习习惯开始，把实践注入培养学力的活动中去，逐步让方法内化为习惯，让习惯升华为能力。

4. 差异性原则

学生学力的形成和提高，是一个心理发展的渐进过程，是一个由量变积累到质变飞跃的过程。要根据高中生的年龄特征和心理规律培养他们的学力，针对不同个体的个性进行个别指导。因此，要制定分层次或者差异性的学力培养目标、方法和考核体系。认识差异、直面差异是对学生进行教学的前提。在学力培养上必须遵循差异性原则。

（1）从差异出发

差异发展教学认为，学生原有的个体差异是教学活动的起点，一切有效的教学都必须充分尊重学生原有的个体差异。与此同时，学生间丰富的个体差异也是一种可以利用的教育资源。

（2）为了差异发展

差异发展的教学观认为，教学的目标是要促进学生主体性的个性化发展。这是教学活动的核心追求。

（3）实施有差异的教学

为了实现学生的差异发展，就必须针对学生的个体差异，在教学组织上、内容、方法、手段以及评价等方面为学生精心设计并组织灵活的、有差异的教学活动。[1]

（二）提升学力的方法

学力是伴随一个人终身发展的能力，是衡量一个人综合素质和竞争力的尺度，被视为现代人基础性的文化素质。强调提升一个人的学力，有利于其成为一个善于学习、智慧学习的人。现在"学习"这一概念的内涵和外延正随着时代的发展而不断地丰富，"终身学习"、"学习型社会"、"学习型组织"、"学习型家庭"、"学习共同体"等理念层出不穷。较之传统意义上的学习概念，现在"学习"的内涵已经发生了很大的改变。因此，我们要努力思考和设计提升学力的各种方法。

1. 让学生成为学习的主体，坚持自主学习

要使学生成为学习的主体，就是要教会学生如何学习，在教学过程中主体性的作用必须通过学生本人这个主体来体现。要鼓励学生自主学习。所谓自主学习，就是学习主体主导自己的学习，它是在学习目标、过程及效果等诸方面进行自我设计、自我管理、自我调节、自我检测、自我评价和自我转化的主动建构过程。很多人都曾经把学习当成一种负担，认为自己是在为父母、为老师、为考试、为晋升而学习。这种学习态度是消极被动的。随着人们对学习的认识的进一步深化，大家逐步认识到学习是为了生存和发展，是为了实现人生的价值，活出生命的意义。20世纪90年代，被冠以"人性化的学力观"的新学力观，成为日本教育界的流行语，这种学力观强调尊重学生多样化的个性和主动性，注重学生的自我教育力。[2] 因此，我们要使学生这个学习的主体自立、自为、自律地学习，这是非常重要的。

2. 为学生寻找学习伙伴，重视合作学习

学习从来就不是可以独自完成的事情，闭门造车只会使人孤陋寡闻，只会使人成为井底之蛙。《礼记·学记》说道："一年视离经辨志，三年视敬业乐群，五年视博习亲师，七年视论学取友，谓之小成。""乐群"、"亲师"、"取友"昭示了学习同伴和合作学习在学业"小成"中的重要性。合作学习，是教学中学生学习的一种组织形式，是学生在团队中为了完成共同的学习任务，按照明确的责任分工进行的互助式学习。它助于提高学生的交往能力，能够充分调动学生学习的积极性，有助于学生合作精神和团队精神的培养。时代的

---

[1] 夏正江. 一个模子不适合所有的学生：差异教学的原理与实践 [M]. 上海：华东师范大学出版社，2008：23.
[2] 钟启泉. 关于"学力"概念的初探 [J]. 上海教育科研，1991 (1)：28.

发展要求人们要学会合作,具有团队精神。中学阶段,教育必须使学生先学会互助、合作的学习,这样才能为社会培养出大批具有团队精神和合作共赢的公民。

3. 号召学生坚持终生学习,使每个学生成为学习的主人

这是不断发展变化的客观世界对人们提出的要求。人类从诞生之日起,学习就成为整个人类及每一个个体的一项基本活动。不学习,一个人就无法认识自然和改造自然,无法认识社会和适应社会。1994年意大利举行的"首届世纪终身学习会议"提出了终身学习是21世纪的生存概念。终身教育的理念被越来越多的人接受,终身学习成为时尚。现代教育思想达到共识:终身教育是人们在一生中所受到的各种培养的总和,包括"教育的一切方面";终身教育贯穿于整个人生,是人自发的、主动的、持续的教育过程;终身教育突破时间、空间的限制,涉及人的思想、智能、个性和职业等方面的内容。处于现代社会中的人是不能一次性完成学习的,终身学习观激励人们在生命的历程中始终坚持学习。所以,教育完全有必要也有责任去帮助学生成为学习的主人,坚持不断地学习和进步。

4. 采用"差异性教学",帮助学生改善学习的状况

古罗马的昆体良、中世纪后期的维夫斯、17世纪的夸美纽斯以及18世纪的卢梭等人都曾呼吁过:教育的内容与方法必须和学生的内在天性相符合,才能取得良好的教育效果。苏霍姆林斯基在《给教师的一百条建议》一书中提请教师注意:"请记住,没有也不可能有抽象的学生。"他认为,在脑力劳动领域,教师必须区别对待不同的学生。此外,美国倡导"差异教学"的专家Carol Ann Tomlinson在《多元能力课堂中的差异教学》中,借用孩子们穿衣服的多样化和个性化来说明差异教学的意义。20世纪90年代以来,差异教学在我国基础教育界备受关注。综合相关的教育教学理论可以知道,差异发展教学是指在课堂教学活动中从尊重学生的个体差异出发,开展差异性教学活动,以促进每个学生主体性的个性化发展。其内涵主要体现在从差异出发、为了差异发展、实施有差异的教学三个环节上。我们必须尊重学生的差异,也就是要尊重他们在原有的知识上的差异。只有基于学生已有的、具有差异性的知识,我们才能帮助其建构新知识并获得相应的进步。采用"差异性教学",可以采取以下措施:(1)基于学生的认知风格和学习风格的差异而采取相应的教学组织形式;(2)根据学生的智力差异,针对学生获得的不同学业成绩建立合理的评价机制。

5. 对学生学习进行"绩效"评价

曾几何时,我们评估学生学习的成败,只注重分数,却忽视能力和知识的应用。进入知识经济时代,评估学习既要看分数,更要看效果,所以用"绩效"二字来体现其重要性。学习效果主要是看对知识的综合运用能力、创新能力所产生的成果。所以,要对学生学习开展绩效评价。绩效评价要由"单一性评价"走向"多元化评价"。传统学力观下的教学评价只注重终结性评价,往往根据最后的测验成绩作为评价标准。新学力观倡导形成性评价,强调评价的多元化、综合化。我们对学生的学力"绩效"评价不能仅关涉知识技能的掌握,同时更要关注过程和方法的使用,以及情感、态度、价值观的提升和转化。①

6. 重视对人文科学的学习

我们常说"学好数理化,走遍天下也不怕"。可见人文学科的作用被许多人忽视甚至

---

① 徐鹏. 以学力培养为核心的基础教育改革初探[J]. 现代教育科学,2010(4):51.

误解了。其实人文学科是最具有"教化"功能的。人文学科关系一个社会的价值导向和人文导向,关系一个民族的民族精神的塑造。国际上的一些知名学者早就发出警告:如果忽视或者轻视人文学科,必然导致整个民族精神水平的下降,必然导致整个社会的庸俗化。"若要激活一个具有内部潜能或技术信息的机体,或若想使一个以技术信息为内涵的事物具有生命活力,就需要道德的、精神的和审美方面的意识"。这是哈佛大学教授詹姆斯·安格尔在演讲稿《谈人文学科的重要性:主谈英语文学》中说到的一句话,其含义是不言而喻的。①过去人们学习的内容主要是以制造物质的硬件"科学技术"为主。知识经济时代,物质从短缺到相对过剩,人们的学习内容也有了新的变化,逐步转向了关于人本身的学问。人文学科更加关注人的行为,人的思考,人与人之间的沟通、协作、相处以及复杂而微妙的互动关系。它是个人和群体对于自我认识和自我反思最贴切、最直接的学问。②想使学生提高学力,在求学和做人的道路上健步行走,就离不开人文学科的保驾护航。因为人文学科可以使人获得理论思维的训练,使我们国家的科技发展和现代化建设获得丰富的文化内涵,并从文化(包括哲学的、历史的、审美的)层面,激发我们整个民族的智慧和原创性。

三、学生学力和学习绩效指标探讨

绩效指的是完成、执行的行为,完成某种任务或者达到某个目标,通常是有功能性或者有效能的。在依据学力理论来设计高中生学习绩效指标时,我们主要通过周边绩效和任务绩效这两个维度来设计。周边绩效与绩效的组织特征密切相关。它虽然对于组织的技术核心的维护和服务没有直接的关系,但是从更广泛的学校运转环境与学校的长期战略发展目标来看,周边绩效对学校发展具有重大意义。任务绩效与具体职务的工作内容密切相关,同时也和个体的能力、完成任务的熟练程度和工作知识密切相关,用它来检测教师的教育教学工作非常合适。鉴于任务绩效比较容易理解,我们在这里主要讨论周边绩效及其特征,以及实施周边绩效评价的优势。

(一)周边绩效及其特点

周边绩效的内涵是相当宽泛的,包括人际因素和意志动机因素,如保持良好的工作关系、坦然面对逆境、主动加班工作等。与此有关的五类周边绩效行为:(1)主动地执行不属于本职工作的任务;(2)在工作时表现出超常的工作热情;(3)工作时帮助别人并与别人合作工作;(4)坚持严格执行组织的规章制度;(5)履行、支持和维护组织目标。可以把周边绩效分成两个方面:人际促进方面和工作投入方面。人际促进是有意增进组织内人际关系的行为,能够提高组织士气、鼓励合作,消除阻碍绩效的因素,帮助同事完成他们的工作。工作投入是以自律性行为为中心的,如遵守规定、工作努力、首创精神等。工作投入是工作绩效的动机基础,含有很大的动机成分,驱动人们提高组织的绩效。同时,工作投入也包括大量的意志因素,导向性与坚持性是工作投入的一个显著特征。尽责、对成功的期望、目标导向、严格遵守规章等都是这一动机的体现。

周边绩效考核起初运用于企业管理,把它引入学校教育之中,是因为周边绩效有助于

---

① 詹姆斯·安格尔.人文学科的重要性:主谈英语文学[J].国外文学 2008(4):6.
② 彭希林,周铁军,李苗.论学习力[J].黑龙江教育(高教研究与评估),2001(1-2):99.

学生的学习状况。与高中生学习效果有关的周边绩效要注意以下三个方面。

(1) 周边绩效是学生学习情景中的绩效

周边绩效这一概念表明，学校组织学习与个人单独学习是不一样的，前者融合了更多的组织的社会特征。在学校的学习中，除了对于个体学习任务要求以外，还有对于仪表、风度、言谈、举止等方面的要求。对于学生学习绩效的评价不仅仅指学业任务完成的数量与质量，还要考虑社会性因素。学生身上所表现的友爱助人、谦让有理、好学上进等因素也在整体学习绩效的评估范围之内。

(2) 周边绩效行为能够促进学生群体的学习绩效与学校绩效

大多数关于周边绩效的理论研究都涉及有关利他、助人、合作等行为的讨论。在学校教育中，学生除了完成学业任务以外，同学之间会有相互联系、相互协调、相互合作的行为，这些行为有利于协调同辈群体之间的人际关系，帮助学生排除影响绩效的因素，提高学校绩效。周边绩效相关理论认为，个体绩效已经不单单与个人有关，它与组织也有很大的关系，如个体的沟通能力、人际能力、组织或者领导能力等，这些也应当是绩效评估的重要内容。在对学生学力绩效的考核中，必须把这些能力纳入考量之中。

(3) 周边绩效是一种过程导向与行为导向的绩效

周边绩效理论表明，绩效标准已经从一些单纯的结果标准向综合的行为与过程标准转化。周边绩效理论指出，许多绩效行为只有在学习过程中才能体现出来，而不是能够单独考评的结果，如个人纪律、同学之间的勉励、自律行为等。绩效同时也包括许多动机因素的评价，如努力程度、尽责、依赖性、成就取向等。

(二) 实施周边绩效评价的优势

1. 周边绩效有利于学习型组织的发展

所谓学习型组织，是指通过培养弥漫于整个组织的学习气氛、充分发挥员工的创造性思维能力而建立起来的一种有机的、高度柔性的、扁平的、符合人性的、能持续发展的组织。这种组织具有持续学习的能力，具有高于个人绩效的综合绩效。周边绩效不直接与考试分数挂钩的特征会使周边绩效的评定非常具有弹性，它可以鼓励学生的创新、促进学校的创新与发展。学生的主动学习与自我教育使得他们更加具有适应能力与发展潜力，有利于学生长远的发展。周边绩效行为能够使学校适应变化的环境，调整对学生的要求，给他们相应的自由度，周边绩效有利于学习型组织的发展。

2. 周边绩效有利于良好的学校文化的建设

学校文化建设的目的在于通过学校领导的引领，在全体师生的共同参与下，把学校建成一个学习共同体和道德共同体。周边绩效行为有利于建设良好的学校文化。周边绩效是在组织工作情景中的绩效行为。这种情景性使得学生个体的行为可以影响组织的学习气氛与形象。周边绩效的一些行为，如对学业的追求、遵守学校的规章制度、传递健康上进的意愿等，都可以认为是构成学校文化的一个部分。学校文化可以分为三个基本层次：外显的行为与标志、共同的价值观与共同的关于组织的基本假设。周边绩效行为是在学习中的外显行为，包括仪表、言行等内容，而学校鼓励的周边绩效行为可以表现全体学生的共享价值观与基本假设。从学校方面来说，如果学校升学率等是其任务绩效的体现，那么学校文化、学校形象等则可以认为是其周边绩效的体现。

3. 周边绩效与学校长远发展的关系密切相关

周边绩效与学校当前所取得的教育成就并没有直接影响，但是对学校战略性发展却具有重要意义。学校的发展规划是一个相对长远和稳定的目标，在这个目标的实现过程中需要不断尝试与调整。学生的主动学习、探索知识与自我发展对于实现学校的战略目标至关重要。学校共同的基本价值观是学校发展战略的一个重要组成部分。周边绩效同样也会通过对学校文化的作用而影响学校的长期发展目标。

（三）学生学力绩效指标的结构分析

根据绩效管理的原理，绩效管理最重要的是学习、创新、共享、接受以及应用知识的能力和意愿。学习是通过自我开发的研究或经验来获得知识，保持获取知识的能力、技能、态度和思想，通过经验改变行为，从而提高个人绩效。因此，在学校绩效管理中必须采用全新的方式把学生持续学习纳入到绩效的维度和评价中，尤其是奖赏那些不能通过考试分数立即体现其所掌握的知识的学生。学校绩效评价不仅仅要关注学生原有的成绩和行为，还要关注其未来的发展潜力，聚焦他们的情感、方法、价值观方面的发展。其终极目标是促进学生的全面发展。

1. 任务绩效考核

教学是学校的生命线，学生的学习成绩是他们的主要任务绩效。洪家中学红黄蓝绩效绩效管理模式下的学习绩效考核，主要通过学期考试、学年测试、会考和高考成绩来进行。每个学期的期末考试，洪家中学都要参加台州市29所重点中学的联考。考核方式分为两个层面。

首先是学校层面的考核。

（1）期末测试的考核

我们根据"第15名原则"（即洪家中学学生平均分排名处在全市29所学校中的第15名）来判断。以第15名为分层线：处于第15名的学科成绩为黄区（发展区），第15名以前的学科成绩为蓝区（理想区），第15名之后的学科成绩划为红区（警示区）。

（2）学业水平考试的考核

学业水平考试是一种以水平测试性质为主的地区性考试，这种考试制度由于是面向全体，从全面发展的广阔视野分析师生的一系列情况，因此，它对深化教学改革、淡化教学目标的高考化有着积极的意义。遵循这一原则，目前学校在制定考核规则时主要着眼于以下标准：各学科考试通过率应该达到50%，优秀率要求达到98%。依据这两个数据从低到高依次划为红区、黄区、蓝区。

其次是学生个人成绩层面的考核。

（1）期末测试的考核

对于学生而言，其每门学科的平均分参考年级段的平均分依次划分为红区、黄区和蓝区。

（2）学业水平考试的考核

在高中阶段学生必须通过12个学科的水平考试。红黄蓝绩效管理模式的绩效考核初步的界定是：考试成绩为B率的学科数量达到50%者处在黄区，高于50%的处在蓝区，不足50%的处于红区。

通过以上数据的量化考核的分析，我们可以很清晰地掌握学生的学习任务绩效，并根据这些数据，采取相应的教学改进措施，帮助学生完成他们的"任务绩效"指标，如构建高效课堂、培优补差帮扶组，以及教师和学生"一对一"的辅导。当然，由于教学水平和教学措施的改善，以及学校声誉的提高而带来生源的优质化，我们的考核指标会处在动态的发展状态中。

2. 周边绩效考核

如果说任务绩效考核着眼于学生当下的考试成绩，那么周边绩效考核就是放眼他们未来的发展。从长远来看，尤其是联系教育的终极目标，周边绩效考核也是学校对学生学习绩效考核的相对重要的考核方式。结合学力的内涵要素，其考核内容应该既要从情感、能力、价值观等方面着手（考核指标参见表6-3），也要从各种学科水平竞赛、各种团体项目比赛、社团活动、教师对学生的综合素质的档案袋式评价、学生对自身综合素质的评价等方面进行考量。

表6-3 情感、能力、价值观的指标分析表

项目	内容	指标内容及学生所占比例		
		蓝区（15%）	黄区（75%）	红区（10%）
情感	理想自我 现实自我	两个"自我"完美结合，并具有健康的心理状态。	两个"自我"能相互结合，并具有正常的心理状态。	两个"自我"不能结合，两者只具备其一；心理状态不稳定。
能力	学习能力 创造能力 生存能力	三个"能力"都具备，能在相关的竞赛和考试中体现出来。	三个"能力"具备其中的任何两个。	三个"能力"只具备其中的某一个。
价值观	人生观 世界观	具有乐观上进的人生观和正确的世界观，并在学习生活中体现出来。	基本具备正确的人生观和世界观。	人生观和世界观模糊，只具备其中的一个。

（1）情感层面

对教育要做完整的理解，不能回避情感因素。只有情感才能充当人的内在尺度，才是教育走向创造、实现价值的理性的根据。朱小蔓教授曾对青春期高中生情感教育目标进行过设计："根据上述情感特征，我认为应以理想自我与现实自我的同一情感或一体感为中心建构情感教育目标。"[1] 因此，在情感层面的考核必须关注学生是否建立了准确的自我形象和合理的社会角色期待。

（2）能力层面

能力是指顺利完成某一活动所必需的主观条件，它直接影响活动效率，是使活动顺利完成的个性心理特征。人的能力通常包括学习能力、执行能力、专业知识三个方面。这其中以学习能力为其他能力的基础。在中学阶段我们所考核的学生的能力主要包括学习能力、创造能力、生存能力三个方面的内容。

---

[1] 朱小蔓. 情感教育论纲[M]. 北京：人民出版社，2008：122.

(3) 价值观层面

价值观是人们对社会存在的反映。价值观念是后天形成的，是通过社会化培养起来的。家庭、学校等群体对个人价值观念的形成起着关键的作用。高中生必须具备正确的、上进的人生观和世界观。洪家中学每学期都通过班会活动课、"优秀洪中学子"、"红五月活动积极分子"以及相关的辩论赛活动对学生进行德育方面的锻炼和考核。

(4) 竞赛活动

竞赛是一种能力的展示，更是综合素质的体现。洪家中学具有各级各类的竞赛系列。如书法比赛，歌咏比赛，篮球比赛，舞蹈比赛，英语演讲比赛，数学、物理、化学和生物学科竞赛等。

(5) 社团活动

为了让学生获得全身心的发展和锻炼能力，学校在高一、高二年级段组建各种社团，如动漫社、书画社、篮球社、棋艺社等。每周都定期开展社团活动课。

(6) 综合素质的档案袋式评价

这是学校对学生综合素质的一种评价。学校在学生进入高一的时候就为每个学生设置了个人综合素质的档案袋。在档案袋里，老师们会详细记载他们成长路上的足印和亮点。

(7) 自身综合素质的评价

这种评价方式的出发点是为了把评价权力交给学生自己，换句话说，它是一种自我评价的表现形式。每个学期的期末，学校定期向每个学生分发评价表格。评价的内容主要包括：本学期取得进步的学科有哪些？是否感觉自己得到了同学的好评？除了学习成绩你认为是否在其他方面有收获？你最擅长的才艺是什么？自己还有哪些方面有提升的空间？你对自己一学期以来的综合评价是满意还是不满意？这种评价方式能使学生更好地认识自我，通过评价这面"镜子"，学生可以发现自己的优劣所在，从而自我激励和自我鞭策。

洪家中学正尝试通过任务绩效和周边绩效来评价学生的各种学习效果，这种"两翼齐飞"的考核评价，可以帮助学生在人生的天空展翅翱翔，促进学生获得全面的发展。

第三节 班主任胜任力和班级绩效管理指标

一、中学班主任工作的重要性

班主任角色一职在学校系统里具有十分突出的地位和作用，我国《中学班主任工作的暂行规定》中称班主任是"班集体的组织者、教育者和指导者"，是"学校领导者实施教育、教学工作计划的得力助手"。班主任是保障学校正常教学秩序、全面提高教育质量的重要管理者。学校是通过班级来实施素质教育的，中小学的教育计划要通过班主任来具体组织实施，班主任的工作是塑造学生灵魂的工作，班主任工作是学校各项工作的基础，班主任是学校全面贯彻党的教育方针，加强德育工作，提高教育质量，培养社会主义事业建设者和接班人，完成学校各项教育任务的中坚力量。说班主任工作极为重要，这是因为班主任是党的教育方针政策的直接执行者和贯彻者，班主任工作直接关系党的教育方针政策在学校里的贯彻和执行。

众所周知，我们的教育目标是要"使受教育者在德育、智育、体育几方面都得到发展,成为有社会主义觉悟有文化的劳动者"。也就是说,我们的学校就是要遵循党的这一目标,按照教育要面向现代化、面向世界、面向未来的要求,把我们的学生培养成有理想、有道德、有文化、守纪律的一代共产主义新人。这是社会主义制度所赋予我们学校的神圣使命。而要完成这一神圣使命,固然需要依靠广大的教师,但班主任在其中所起的作用也是十分重要的。这是因为班主任是一个班级的组织者、领导者和教育者,是学校对学生进行思想政治教育的"排头兵",党的教育方针和政策首先是靠班主任去执行和贯彻。因此,班主任的工作与其他科任老师的工作还不完全一样。尽管科任老师也应通过自己的教学向学生进行思想政治教育,也应了解学生的思想状况,做到教书育人,但科任老师主要是通过自己的教学解决学生对知识的学习和掌握的问题。而班主任则不仅要向学生传授文化科学知识,而更重要的还要关怀学生思想上的进步、道德品质的成长以及学生的身体健康。

班主任工作的重要性还表现在班主任是青少年成长道路上的知心人,是引导学生朝着正确的方向前进的带路人。每个青少年从他入学的那一天起,就是在老师,特别是班主任的精心教导下一步一步逐渐成长起来的。他们由一个无知的小孩成长为一个具有一点科学文化知识的小孩,再由一个具有一点科学文化知识的小孩逐渐成为一个具有较多的科学文化知识的青年,在这整个成长过程中都浸透了班主任和教师的心血。由于班主任对学生的思想、学习、生活、健康等方面都要负责,他与学生朝夕相处,他的一言一行对青少年的心灵都起着潜移默化的作用;加之学生出于对班主任的尊重和信任,他们对班主任无话不说,因此,班主任工作就直接关系学生健康的成长。

有人生动地说:有什么样的班主任,就会培养出什么样的学生。这句话丝毫不过分,它充分说明了班主任对青少年学生的成长有着很大的影响作用。事实也是如此。当我们在回忆自己学生时代的生活时,在谈及自己成长的过程时总是抱着怀念和崇敬的心情来忆及自己孩提时代和中学时期的班主任。这是因为,我们深深地懂得,在我们成长的道路上正是班主任曾经为我们指点了路途,带领我们前进,我们一生都留恋不忘。

二、中学班主任的胜任力特征及班主任绩效考核

(一) 中学班主任的胜任力特征

教育学者韩曼茹在《中学班主任胜任力的初步研究》一文中,通过对中学生和学生家长进行问卷调查,对优秀班主任和普通班主任进行行为事件访谈法,收集了中学班主任胜任力项目。然后对中学班主任进行胜任力关键度问卷调查,最后确定了中学班主任胜任力评定问卷的项目。对获得的数据进行探索性因素分析,她认为对中学班主任胜任力结构可以从四大类12个胜任力特征共56个胜任力项目来分析。

教育能力维度包括知识结构、教学能力、育人能力、心理辅导能力四项胜任力特征。
态度维度包括教育观念、职业道德、情感三项胜任力特征。
心理特征维度包括自我监控能力和人际交往两项胜任力特征。
动机维度包括成就动机和工作质量意识两项胜任力特征。
对被评价班主任进行差异分析,结果显示:工作时间的长短会影响班主任的胜任力水平。研究结果提醒我们在选择班主任和培训班主任时在某些方面要有所区别。

因素1:育人能力

育人能力对班主任而言是至关重要的,它包括思想品德教育能力,指导学生的学习、休闲、人际活动，全面了解学生，培养学生的兴趣和爱好四个胜任力项目。教师的任务不仅是教书，还要育人，而对于班主任来说，更重要的是育人。育人能力首先是德育能力。目前中小学校都开设思想品德课，但实效性不高。班主任忙于应付班级日常事物，对于学生的品德教育只有在出现了问题才进行简单甚至粗暴的教育。优秀的班主任往往能够弥补思想政治课的不足，在日常教育活动中，对学生进行潜移默化的思想品德教育。《中学班主任工作的暂行规定》中规定中学班主任的基本任务是全面教育、管理、指导学生。既然班主任是学生全面发展的导师，那么除了品德的指导还包括学生发展的指导。中学班主任的育人能力是最关键的，以德为先充分得以体现。

因素2：班级管理技能

班级管理技能包括协调性、预见性、团体合作、倾听他人意见、组织能力五个胜任力项目。凡是有群体的地方，就始终离不开管理。秩序井然，学习气氛浓厚，学生生动活泼，这样的班级环境给学生的成长发展提供了有利的条件。班主任工作有与其他行业相通之处，即需要团体合作精神，要处理好团体关系及与团体有关的社会关系。对于中学班主任来说，就是要协调好与各科目任课教师的关系。班主任要疏通各种渠道，协同学校、家庭和社会中的各种教育因素，促进学生教育社会化。此外"知人善任"，预见班级动态，虚心听取他人的意见，及时改正不足，也都是高绩效班主任应当具备的能力和素质。

因素3：教学能力

教学能力包括专业知识运用、灵活性、口头语言表达、书面表达四个胜任力项目。中学班主任一般均是从学校的教学能手或者是优秀教师中挑选出来的。这可能是与大学相异的一点。在各种问卷调查和学生家长的座谈中，学生、家长、班主任都不同程度提到了教学能力或教学技巧。数据分析结果显示，教学能力的关键度位于第2位。这可能是因为一方面教学能力高的班主任更易赢得学生和家长的尊敬，另一方面班主任通过课程教学可以获得更多了解学生的机会，便于全面掌握学生的情况。当然教学能力的关键度如此之高也与应试教育注重学生成绩的影响分不开。

因素4：知识结构

知识结构包括教育学知识、心理学知识、经验性知识三个胜任力项目。按照著名学者申继亮对教师知识结构的研究，教育学知识和心理学知识属于条件性知识。

申继亮认为这两类知识是一个教师成功教学的重要保障。经验性知识是指工作经验的积累。关于教师知识的研究结果中通常还包括文化知识。本研究在初始问卷中含有基础人文知识这一项目，因为没有达到显著性水平予以删除。这可能是因为被调查者普遍人文修养不高，所以对此也不太关注。而基本的人文修养从理论上讲也是班主任应具备的。通过检索相关文献和调查报告发现，整体上我国中小学教师人文修养不高，尤其是县级市乡镇一级的中学教师这方面水平较低。

因素5：自我监控能力

自我监控能力由自我反省、解决问题、调节能力、计划能力、理性思维、自我评价、思路清晰七个胜任力项目构成。从它所包含的项目可以看出自我监控能力类似于心理学中的自我效能感或者是教育效能感，此外还包括解决问题的能力。自我监控能力是指班主任为了保证教育的成功，达到预期的教育目标，而在教育的全过程中将教育活动本身作为意识的对象，不断地对其进行积极、主动地计划、检查、评价、反馈、控制和调节的能力。

自我监控能力是问题解决的一种特殊形式。班主任的工作内容繁杂，如果不具备自我监控能力，就会仅仅局限于处理日常事物，付出许多辛苦，却得不到多少效果，造成脑力劳动体力化。只有有意识地探索工作规律，思考工作内容，不断修正工作计划，才能谈得上掌握了班主任的工作艺术。

因素6：教育观念

教育观念包括教育方法、评价学生、教育信念、业务能力、参与学生活动五个胜任力项目。教育观念是指班主任在教育、教学实践中形成的，对相关教育观念的主体性认同。从教育观念所包含的项目来看，主要包括教育目标观、教育价值观、教育方法、学生观、师生观。评估班主任之前，弄清楚他的教育观念是十分必要的。而教育观念通过简单的纸笔测验又难以测量，借助于他评的方式也许可以做到。教育观念的培训可以迁移到其他方面的胜任力特征，从而提高中学班主任的总体胜任力水平。

因素7：职业道德

职业道德包括公正、工作扎实、坚守岗位、社会公德四个胜任力项目。班主任的职业道德是指班主任在社会公共场所与学校特殊场合中所遵循的道德规范，是班主任在长期的职业生活实践中积累起来的行为准则。职业道德的前三个因子较社会公德高。说明与社会生活相比较，班主任的职业生活道德受到更多关注。参阅胜任力的相关文献发现，职业道德几乎是每个职业领域都需具备的。而承担育人重任的中学班主任在这方面的要求就更高。尤其是我国社会处于转型期，传统价值观受到质疑，我们的中学班主任更应该坚持职业道德。

因素8：成就动机

成就动机包括超越自我、自信、奉献精神、创新性四个胜任力项目。要想成为一名高绩效的班主任，应当具有较高的成就动机。成就动机是指总是考虑把工作干得比一般人好，不断超越已有成就，设定新目标，并且相信自己能够达到。中学班主任的工作对象是一个处于特殊发展阶段的人群，他们充满了不确定性。高绩效班主任往往愿意接受挑战，将班主任工作看做是施展才能的舞台。

因素9：人际交往

与人交往包括与社会的联系、与家长的联系、亲和力、与学生的互动四个胜任力项目。中学班主任是班集体的组织者、管理者，是学校与学生、家长的中介人，是各科教师与学生、家长的协调者，另外班主任还要与社会产生一定的关系。成功的班主任在人际交往方面应当没有障碍，而且应该擅长人际关系的处理。只有妥善处理好与班级有关及与自己有关的一切人际关系才能管理好一个班集体。

因素10：心理辅导能力

心理辅导能力包括观察力、沟通力、换位思考、理解学生、宽容、掌握学生的心理状况、敏感性七个胜任力项目。素质教育中心理健康教育是很重要的组成部分。班主任是班级中与学生接触最多的人，要全面了解每个学生的个性、能力、交友关系及其他情况，观察力、沟通力是前提条件，其余几项是进行心理辅导的技能和心理辅导者的个性心理特征。从相关文献来看，心理健康教育受到了前所未有的重视，本研究中，心理辅导能力的关键度仅排在第8位。这可能是因为浙江省的多数中学还没有实际开展心理健康教育。这一结果也反映了班主任、学生和家长已经意识到了心理辅导能力的重要性。

因素 11：情感

情感包括批评艺术、真诚、尊重学生、帮助特殊学生、热爱工作五个胜任力项目。班主任工作的出发点就在于沟通融洽师生间的情感。充分保护学生的自尊心，真诚帮助每一位学生，师生间产生心灵上的共鸣，才能成为学生的良师益友，只有具备上述这些情感特征，付出的努力才会得到学生的回报，才能成为对学生有影响力的班主任。

因素 12：工作质量意识

工作质量意识包括适应环境、工作热情、管理能力、创新性四个胜任力项目。工作质量意识是指总是考虑把班主任工作干得更好，能够在现有条件下进行创新性的班集体建设，经常考虑工作质量和工作效率指标。[1]

（二）班主任绩效考核

为扎实推进素质教育，改进和加强学校德育工作及加强班级管理，更好地贯彻落实《中小学班主任工作条例》，调动洪家中学班主任的工作积极性，促进德育工作向纵深方向发展，全面提升学校教育教学质量。根据班主任的胜任力特征以及班主任工作职责，结合洪家中学教育教学实际情况，特制定班主任工作绩效考核条例。

月考核满分为100分，班级量化考核根据《洪家中学班主任工作考核细则》得出每月班级考核分数。90分及以上为蓝区，80—89分为黄区，79分及以下为红区（参见表6-4）。

表6-4 《洪家中学班主任工作月考核细则》

项	目		考核内容及标准	考核数据提供者
班主任工作（25分）	出勤	1.出勤（5分）	管理宿舍、早操到场每星期至少两次，不到位每次扣1分，超过两次每次加0.25分；星期六的卫生大扫除班主任到位每次加0.5分。	教育处
		2.学生集会（12分）	①班主任必须按时参加学校和教育处等组织班主任会议。凡迟到或早退一次扣0.5分，请假一次扣0.5分，(已向学校请假和公出的除外) 无故缺席扣1分；②学校和教育处组织的班主任必须参加的学生集会和集体活动（包括课间操），班主任无故不到者一次扣1分，确实因事、因病无法参加的，必须要安排其他老师负责，并报教育处批准，否则以不到论处，一次不扣1分；未按时有序组织好学生参加集会每次扣1分；直至扣完班主任工作分数为止。	校办 教学处 教育处
		3.召开班会（4分）	①没有开每次扣1分；②及时上交班会课记录（指主题班会、未上交扣0.5分）直至扣完该项分数为止。	教育处
	管理	4.日常工作与资料（4分）	每学期初，按时上交班级工作计划，学期末，按时上交班级工作总结和学生思想品德考核表，以及按时完成学校布置的临时任务，缺一项扣1分；直至扣完为止。	教育处

---

[1] 韩曼茹，等.中学班主任胜任力的初步研究［J］.教育理论与实践，2006（2）：59—61.

续 表

项　目		考核内容及标准	考核数据提供者
学生部分（75分）	常规管理		
	5.就餐秩序和卫生习惯（10分）	①用餐插队、带餐、不清理餐具和餐桌、到厨房里面买菜以及外带餐各扣1分，提前用餐和清理不彻底扣0.5分；②做好日常卫生工作和每一次全校性大扫除；③大扫除一次未扫扣3分；④本班没有组织好大扫除，不按质按量完成任务每次扣1—2分；⑤日常卫生工作未做好的，按规定扣分；直至扣到常规管理扣完为止。	教育处 年级段 值周班 学生会 值日老师
	6."三操"（20分）	按"三操"（其中眼操5分）的要求做好。早操和课间操由打分员打分，未做每人次扣1分，动作不到位扣0.5分（每次最高扣8分）月平均分乘以15%计入总分，眼操由值周班打分，未做每人次扣0.5分（当天最高扣3分），整班由于老师的拖堂原因未做则扣1分；直至扣完为止。	教育处 值周班
	7.宿舍管理（15分）	按学生公寓管理的要求做好各项工作。寝室的百分竞赛分数按15%计入考核总分。	宿管科
	8.爱护公物和通信交通（10分）	①有意损坏公物扣2—5分；②带手机、小灵通（学校扣到毕业），骑电瓶车和摩托车每项扣2分；校园内骑车、自行车不挂牌、不上锁，乱停放每项扣0.5分；直至扣完为止。	教育处 总务处 值周班
	9.文明生活、仪表仪态和尊敬师长（10分）	①到营业性酒吧、网吧、歌厅等娱乐性场所，吸烟、喝酒每项扣1分，通宵上网、赌博，打架（群架5分），每人次扣3分；攀爬围墙和门窗扣2分，讲脏话扣1分；不请假外出扣0.5分。②理怪发、留长发、染发、烫发，佩戴首饰，不戴校牌每项0.5分；校牌借用双方和造假各扣2分。③顶撞老师、不听劝告等每次扣1分，谩骂、恐吓老师扣3分，情节严重者加倍扣分；扣分直至该项扣完为止。	教育处 年级段 值周班 学生会
	10.出勤集会和学习纪律（10分）	①迟到早退每次扣0.5分，集会无故缺席扣1分，逃课、旷课每次扣2分；②上课和自修课睡觉、闲谈、做其他与学习无关的事扣1—2分；作弊扣2分，静场无序扣1分。作业抄袭、不做每次扣0.5分；扣分直至扣到常规管理扣完为止。	教育处 年级段 值周班 学生会
	11.其他	其他违反校纪校规行为扣0.5—3分，情节严重者加倍扣分（平时随机查到），若学生自己租住在外面每生扣5分；扣分直至扣到常规管理扣完为止。	全体老师

续　表

项　目	考核内容及标准	考核数据提供者
附加（20分）	在各级各类学科竞赛、科技文化节、体育运动会、征文比赛等活动获奖，在各类比赛活动中，获校级团体一等奖加5分，二等奖加3分，三等奖加2分；个人获奖一等奖加1分，二、三等奖加0.5分；区级1—2分：一等奖加2分，二等奖加1.5分，三等奖加1分；市级2.5—4分：一等奖加4分，二等奖加3分，三等奖加2.5分；省级5—8分：一等奖加8分，二等奖加6分，三等奖加5分；国家级10—16分：一等奖加16分，二等奖加12分，三等奖加10分；（提供证书和复印件）以上获奖都记入到期末考核总分之中最高不超过20分。 校内外的好人好事和其他立功表现，每起加0.5—3分，直接登记到当月的考核分里；早上参与管理超过两次每次加0.25分；星期六的卫生大扫除班主任到位每次加0.5分，加分上不封顶。	教学处 教育处 团委

注：1. 以上考核，每小项扣完为止；部分项目扣到大项为止。

2. 以上考核，每月汇总一次（基本分为100分）；

3. 以上考核实行一票否决制，有下列行为之一者不能被评为蓝区：
　　（1）班级乱收费被查实或被新闻媒体曝光的；
　　（2）班级有发生重大安全、伤亡责任事故的；
　　（3）重大事故隐瞒不上报有关处室领导的，并产生恶劣影响。

4. 一学年全面汇总后作为班主任考核入档，作为评比优秀班主任、优秀班集体及职称晋升的依据。

三、班级管理绩效指标

（一）制定班级管理绩效指标的意义

制定班级管理绩效指标具有非常重要的意义，它可以规范学校的班级管理，强化学生日常行为规范，充分调动班主任工作积极性，提高班主任常规工作的条理性与系统性，通过加强学生行为规范养成教育，使学生提高学习的自觉性和主动性。

班级管理绩效指标的制定，对班级工作有一个引导作用，它可以促进校风、班风的进一步提升。同时，以班级管理绩效指标考核为依据，将结果与班主任工作考核挂钩，可以提高班主任工作的热情。

（二）班级管理绩效指标制定的原则

1. 民主性原则

班级管理绩效指标的制定要充分征求班主任的意见和要求，也要发动学校科任教师的意见，使绩效考核的指标更加民主和科学，只有充分发扬民主，才能最大限度的统一全校教职员工的思想，调动他们参与学校管理的积极性和主动性，也才能使绩效考核的指标落到实处，进而最大限度发挥绩效考核指标对促进学校德育和班级工作的双重作用。班级管理绩效指标制定后还要在校园内利用广播和电视等工具进行宣传，让全校师生都知晓绩效考核的内容。

2. 全面性原则

班级管理绩效指标应该考虑所有学生的状况，既要考虑成绩优秀的同学、基础薄弱的同学，也不要忽视中间的同学，既要考虑学生的学习，又要考虑学生的品德和生活状况。

全面性既是对教育对象的全覆盖,又是对班级管理内容的全覆盖。既要考虑学生在教室中的表现,又要考虑他们在公寓、食堂、篮球场、运动场、实验室、图书馆、休闲区、超市、体育馆等的表现。班级管理绩效指标的制定要贯彻党的教育方针,关注学生德智体美劳各个方面,有利于学生的全面发展。

3. 可行性原则

所谓可行性,就是可操作性。就是说班级管理绩效指标的确立,要具体可操作,既不能太笼统抽象,目标定得也不宜太高。我们都知道,做任何事情都不能太笼统,也不能事无巨细全部纳入到绩效考核的指标中,否则就失去可行性。班级管理绩效指标的制定要明确、具体,需要学校和班级有相应的文件和制度,有相应的工作机制。洪家中学在制定班级管理绩效指标时要考虑学校的相关制度和文件,如《洪家中学学生德育学分登记卡》《洪家中学学生公寓日况检查登记表》、《洪家中学学生公寓扣分反馈卡》、《洪家中学百分竞赛登记表》等。

4. 客观公正原则

班级管理绩效指标的确定,不是为了约束教师和学生,而是为了促进学校学生管理水平的提高。无论是奖励还是批评,都需要一个客观公正原则。我们每一天都公布各班的分数,各班通过对公布数据的分析,及时了解班级管理的状况,及时发现问题,及时采取相应的整改措施,考核数据面前班班平等、人人平等。每周一升旗仪式上都会宣布获得优胜班级的名单并颁发蓝牌,使考核能起到鼓励先进、鞭策后进、触动中间的作用,真正发挥班级管理发挥绩效指标的作用。

5. 持之以恒原则

班级管理绩效指标的制定,相对于粗放管理来说,做到了"有据可依",对每个班级的评价都有据可查,但这样的管理和操作需要职能部门一定要认真细致、持之以恒,避免工作中出现虎头蛇尾的现象而使班级绩效考核半途而废。

6. 变通性原则

任何制度的出台都不可能是百分百的完美,都不可避免存在疏漏之处。班级管理绩效指标的确定也是如此,因为它要优先考虑量化的一些指标,所以自然会有刚性的要求,有时难免僵硬,这就需要我们在考核中去变通、去完善。在执行过程中要注意原则性和灵活性的结合,在不违反原则的前提下要因人、因时、因事、因地做一些变通,才能使绩效考核真正做到与时俱进,也能够发挥更好的作用。

(三)班级管理的具体绩效指标

根据班级工作的具体情况,考虑洪家中学的特殊性,结合学生学习和生活的实际情况,我们将班级管理绩效考核内容分为公寓管理、三整理、文明生活、就餐秩序、卫生习惯、"三操"管理、学习纪律和其他八大块,使学生在校的学生和生活在不同时间节点要求都不一样,学生的言行举止都与自己的班级息息相关,可以起到培养学生的集体意识和责任意识,做到人人是集体的一员,集体是人人的集体,班荣我荣,我为班级添光荣,使班级绩效考核产生效果。

第一,公寓管理占 20%

学生都住在学校,学生的三分之一时间在寝室度过,寝室能否充分休息直接关系学生学习的状态,关系学生行为规范养成,也关系学校的校风和学风,需要将公寓纳入班级绩效考核的范围内,以进一步调动班主任参与公寓管理的积极性和主动性,增强公寓管理的有效性。

洪家中学专门制定了《洪家中学公寓管理规定》,具体内容如下。

《洪家中学公寓管理规定》

1. 学生必须严守楼门开门时间,不得随意进出。学生因有事或生病须持值班领导、班主任签字的请假条方可出入。
2. 按时起床和洗漱,节约水电。
3. 住宿学生不得以任何理由私自留客;不能乱串宿舍、乱换床位,不能提前起床,不能迟回公寓,以免影响他人休息。
4. 保持宿舍整洁。起床后,要将行李叠放整齐,被子折成四方块口朝门口,枕头放在上面,各种用具在指定位置摆放整齐,各宿舍要定时擦洗室门、清理窗台。
5. 爱护住宿环境,不得在墙上随意钉钉、装贴字画或其他作品;不得胡写乱画;不得在楼道或宿舍内玩球、怪叫、追逐;不得用脚踏墙、踢门。
6. 学生有管理和爱护公物的义务,并确保宿舍公物无损,如有损坏要加倍赔偿。若公物丢失或损坏而未有具体人承担责任时,由该宿舍学生集体赔偿。
7. 学生不得随意钻爬窗户和私自乱接各种用电器。
8. 不准随处乱倒污水、乱扔杂物、乱扔果皮、废纸等杂物,不准把杂物放入脸盆随水倒入水房。养成良好的卫生习惯,便后手纸入篓,不要扔进便池,以防堵塞。
9. 学校所发各种规则要在指定位置张贴整齐。
10. 搞好个人卫生,勤洗被罩、褥单、枕巾。
11. 未经主人同意不要私吃他人的东西,不得随便挪动或使用别人的物件,借钱借物要及时归还。
12. 学生不能在宿舍吃饭,更不准吸烟,不在宿舍玩扑克、下棋等。
13. 休息日和节假日需要申请,班主任同意,宿管科备案方可在学校留宿。
14. 严禁学生逃寝上网,如发现立即取消住宿资格,情节严重的要由家长带回进行反省,并在规定时间内整理好个人物品带走。
15. 学生必须遵守本规定,服从有关人员的管理,如有不尊重值勤、管理人员的学生,立即停课检查,情节严重者取消住宿资格。

根据《公寓管理规定》,学校学生处还制定了《洪家中学公寓管理扣分细则》。

《洪家中学公寓管理扣分细则》

1. 室内地面卫生未搞或垃圾未倒扣0.5—1.5分。
2. 阳台卫生未搞扣0.5—1分。
3. 卫生间未搞扣1分。
4. 玻璃未擦洗的每块玻璃扣0.2分。
5. 鞋子未放整齐,每双扣0.5分。
6. 脸盆、毛巾、牙膏、牙刷未放整齐,每人次扣0.5分。

7. 热水瓶未放整齐，每个扣 0.5 分。

8. 门窗未擦洗的视实际情况而定扣 0.5—1 分。

9. 箱子、书本未放整齐，每人次扣 0.5 分。

10. 就寝纪律方面按人次，根据熄灯后迟到的具体情况扣分，迟到 10 分钟以内扣 0.5 分，30 分钟以内扣 1 分，超过 30 分钟扣 2 分。

11. 文明礼仪方面按有否打架斗殴、说脏话、顶撞老师等视实际情况而定每人次扣 1—5 分。

12. 被子未按要求折叠、摆放的，每条扣 0.2 分。

13. 查夜时，未住公寓，每人次扣 1 分，乱住寝室，每班各扣 0.5 分。

14. 空床不能放杂物，床边缘不能挂杂物，如有每张床各扣 0.5 分。

15. 规定时间内进出公寓，迟到的每人次扣 0.5 分。

16. 往室外乱扔垃圾的，每人次扣 1 分且罚搞公共卫生。

17. 双休日、节假日，未做好登记手续的，每人次扣 1 分。

18. 进出公寓未佩带校牌的，每人次扣 0.5 分。

19. 携带手机每人次扣 2 分。

依据《公寓管理规定》以及《公寓管理扣分细则》，学校对公寓进行了红黄蓝管理考核。

1. 考核目的

充分反映公寓管理效果，调动学生自主参与的积极性，打造温馨寝室，为学生健康成长创设条件。

2. 具体要求

（1）评分细则见附件《公寓管理规定》。

（2）不同班级设置分数级差（每个级差之间为 1 分），若混合寝室则按低级差进行计算。

（3）蓝区：18 分及以上；黄区：16 分以上；红区：16 分以下。

3. 措施

对于蓝区寝室予以精神和物质鼓励。

红区寝室由宿管科找出原因，教育处、年级段进行跟踪，在班主任配合下进行整改。

第二，"三整理"占 20%

所谓"三整理"，是指学生一天要在规定的时间段，对自己的桌椅、书籍、卫生、相关的物品等进行整理，以养成良好的学习、卫生习惯，达到既方便自己又方便他人。

1. "三整理"的内容

卫生方面：要求学生不乱扔垃圾，保持教室的地面整洁，卫生工具摆放有序，黑板及时擦洗，及时清理讲台，垃圾桶面要保持整洁。

书籍方面：上课时桌面只放与之相关的课本和教辅资料，放学时将桌面清理干净。

桌椅方面：要求桌椅对整齐，实现"桌椅齐，人心齐"的理念，人离开座位时做到椅子及时归回。

节能方面：人离开教室时要关好电器，根据天气状况及时开关电灯。

物品摆放：书桌的两边不要随意挂物品，箱子要按照三层六个箱子进行组合，组与组之间留有通道方便同学，并保持箱子的整洁。

2. 扣分标准

卫生方面：地面不整洁，按照每处扣 1 分，卫生工具摆放无序扣 0.5—1 分，黑板和讲台不干净扣 1 分，垃圾桶面不整洁扣 0.5 分。

书籍方面：放学后桌子上有书籍按照没本扣 0.5 分，上课时桌上书籍多要扣 0.5—1 分。

桌椅方面：桌椅不对整齐，每桌扣 0.5 分，人离开座位时做到椅子未及时归回扣每张椅子 0.5 分。

节能方面：人离开教室时未关好电器，每件扣 0.5 分。

物品摆放：书桌的两边随意挂物品，箱子放置不规范每件扣 0.5 分。

3. 检查时间

常规检查：上午第 5 节课后，下午第 4 节课后，晚上晚自习结束后，由教育处组织人员进行检查。

突击检查：每周在上课期间进行抽查。

4. 红黄蓝三区的划分

蓝区要求在 18.5 分以上，16—18.5 分为黄区，16 分以下为红区。

第三，"文明生活"占 10%

现代社会需要文明的人，而中学时代是一个人行为养成的重要时期。学生是现代文明的体现者和传播者，应使学生养成文明生活的习惯，时时注意自己的言行举止，故将文明生活作为班级绩效考核的指标。

1. 内容要求

（1）仪表仪态

学生统一穿校服，集会时统一穿西装；佩挂校牌，不佩挂首饰，不留长发，男生统一理平头，女生统一剪短发（头发不搭到衣领），不染发和烫发；不留长指甲，不染指甲；不赤膊，不穿拖鞋和背心进教室。

（2）文明礼貌

校园的语言是普通话，不说粗话和脏话，同学之间要团结，碰到老师和客人要主动打招呼；集会和听讲座等要保持安静，讲话结束时要鼓掌，进退场要有序听从指挥。

（3）文明生活

不携带和使用通信工具，男女同学保持适当的距离，不谈恋爱；学习期间不到营业性酒吧、网吧、歌厅等娱乐性场所，不吸烟、不喝酒、不赌博、不打架、不攀爬围墙和门窗；爱护公物，不损坏公物；尊师重教。

2. 扣分标准

（1）仪表仪态

服装不规范；不佩挂校牌，佩挂首饰，留长发；留长指甲，染指甲、赤膊，穿拖鞋和背心进教室每项扣 0.5 分。染发和烫发扣 1 分并通报批评。

（2）文明礼貌

说粗话和脏话，集会和听讲座纪律比好，讲话结束时要鼓掌，进退场无序扣 0.5—1 分。

(3) 文明生活

携带和使用通信工具，谈恋爱；到营业性酒吧、网吧、歌厅等娱乐性场所，吸烟、喝酒、赌博、打架、攀爬围墙和门窗；损坏公物每项扣2分并处以相应的纪律处分；不尊师重教视情节扣1—2分并处以相应的纪律处分。

3. 红黄蓝三区的划分

蓝区要求在9分以上，7—9分为黄区，7分以下为红区。

第四，"就餐秩序"占10%

就餐秩序直接关系学生饮食的心情和饮食质量，就餐时也容易引发学生的矛盾和摩擦，规范就餐的秩序有利于学校的稳定，有利于学生安心学校的生活，作为班级绩效考核指标，更能强化就餐的秩序。

1. 内容要求

排队就餐，不带餐、不插队，用餐结束时清理桌面，将餐盘和筷子送到指定位置上；不在教室和寝室用餐，不叫外卖；对待食堂员工有礼貌，服从值日老师的管理。

2. 扣分标准

带餐、插队、叫外卖、对待食堂员工无礼貌，不服从值日老师的管理、在教室和寝室用餐（包括吃方便面）每项扣2分；桌面清理不干净，未将餐盘和筷子送到指定位置上每项扣1分。

3. 红黄蓝三区的划分

蓝区要求在9分以上，7—9分为黄区；7分以下为红区。

第五，"卫生习惯"占10%

好习惯终身受益，由于受到家庭、社会的影响，学生的卫生习惯需要强化，作为班级绩效考核的指标，形成一个人人自查、人人督促、人人参与的氛围，养成一个良好的垃圾入袋和入箱的习惯。

1. 内容要求

不随地吐痰，不乱扔垃圾，保持校园整洁，值日时要一天三次检查自己的包干区（抬头看有没有蜘蛛网、低头看有没有纸屑、口香糖等杂物，用手摸一摸瓷砖是否干净）。

2. 扣分标准

随地吐痰扣0.5分，乱扔废弃物扣1分并作相应的行政处分，值日（地面、瓷砖和蜘蛛网扣0.5—1分），大扫除不完成相关任务扣0.5—2分。

3. 红黄蓝三区的划分

蓝区要求在9分以上，7—9分为黄区，7分以下为红区。

第六，"三操"管理占10%

强健的身体是当代社会的基本要求，"三操"可以调节学生状态、反映学生的整体精神风貌、锻炼学生的身体、磨炼学生的意志和品质，也能丰富学生的校园文化生活、培养学生的集体荣誉感；"三操"作为班级绩效考核的指标，有利于加强对"三操"的管理，有利于提升学生参与的积极性。

1. 内容要求

(1) 广播操

不迟到，有序将队伍带到场地；队伍整齐，听从口令，动作到位，做到手、眼要一致，保持良好的精神状态。

（2）眼保健操

听从口令，动作到位。

（3）跑操

详见《洪家中学跑操的规范要求》。

《洪家中学跑操的规范要求》

1. 3—6 共 4 根跑道每排 8 人；女生在前，男生在后，(前后之间 70 公分) 每根跑道内 2 人，若女生的人数不够，男生往上补齐，将人员进行固定（名册统一上交教育处），如请假则将其位置空缺（便于点到）。

2. 每班领跑（口令和调节速度，节奏控制在每分钟 150 次）的同学在第二根跑道上。

3. 班主任要及时带班级到达场地，不要迟到（5 分钟到场地），班主任在第二根跑道跟跑。

4. 值周班检查同学在第一根跑道上。

5. 全校统一起跑（节奏控制在每分钟 150 次）。

6. 高三学生从中南门进，高二学生从中门进（其中 1、2、3、4、5、6 班级从中南门进），高一学生从中北门进。

7. 请假同学有书面申请，并附医院证明，有班主任、德育段长体育老师签名，统一站在南面区域，分段排队。

8. 要求班主任加强自己的身体锻炼，每周要参加一半的跑操。

9. 具体一些细节要求：

① 将衣服的拉链统一拉到胸部，系紧鞋带，调整状态；

② 在老师下达"预备"口令时，要求全班同学两手握拳，放到腰间，昂首挺胸，目光平时前排同学的后脑部位，全班同学统一喊"121"的口令，原地跑起来；

③ 在老师下达"跑"口令时，左脚迈小步出去；

④ 全班喊着"121"的口令，做到口令和脚步的一致，始终保持小步匀速（与前一个班级间距在 4 米左右）前进。

⑤ 转弯时，第三跑道和第四跑道的同学脚步要放小一点，外侧第六跑道的同学脚步放大一点。

2. 扣分标准

逃避"三操"，每人次扣 1 分，动作不到位扣 0.5—2 分。

3. 红黄蓝三区的划分

蓝区要求在 8 分以上，6—8 分为黄区，6 分以下为红区。

第七，"学习纪律"占 15%

学生的主业之一是学习，学习的纪律是保证学生能否有效和规范学习，也是学生进行自我修炼重要的组成部分，学生在校时间中大部分都与学习有关，学习纪律顺理成章成为班级绩效考核的重要内容。

1. 内容要求

上课认真听讲，不开小差，不搞小动作，不看课外书籍；自习课要保持教室安静，讨论问题时以不影响其他同学学习为底线；不抄袭作业，不作弊；尊重老师的劳动果实。

2. 扣分标准

上课开小差，搞小动作，看课外书籍、作业抄袭每项扣0.5分，考试作弊扣2分，自习课纪律不好视情况扣0.5—2分。

3. 红黄蓝三区的划分

蓝区要求在9分以上，7—9分为黄区，7分以下为红区。

第八，其他占5%

学校教育具有复杂性和不确定性，新问题和新情况时有发生，除以上违反校纪校规的行为外，每年都会出现学校意想不到的违反校纪校规的行为，针对这些行为，学校视程度不同扣0.5—2分。

（四）班集体红黄蓝量化考核

红黄蓝管理既强调学生个体之间的竞争，又鼓励学生集体之间的竞争。为此，学校还专门制订了《洪家中学优秀班集体红黄蓝量化考核方案》，把学生学业成绩、班主任管理、公寓管理、社团活动等捆绑在一起进行考核，以鼓励班级之间争先争优。

《洪家中学优秀班集体红黄蓝量化考核方案》

1. 百分竞赛绩效

每一次获蓝牌优胜班级每次得1分（其中普通班每次分值为110%，特快班为95%），黄牌班级不得分，红牌班级每次扣2分。

2. 公寓管理绩效

每个蓝牌寝室得0.2分，黄牌寝室不得分，红牌寝室扣0.5分（混合寝室则按照本班一个寝室计算）。

3. 活动组织绩效

（1）每次学校组织的活动中，集体项目获一等奖得2分、二等奖得1分、三等奖得0.5分（设集体奖，则单项按照一半进行加分）；集体项目不分奖次（如精神文明奖、红五月优胜班级）获奖班级得2分，如分奖次则1—2名得2分、3—4名得1分、5—8名得0.5分。

（2）不设集体奖项活动中个人获奖则1—2名得0.5分、3—4名得0.2分、5—8名得0.1分，一等奖得0.5分、二等奖得0.2分、三等奖得0.1分（以上个人为每人次记分）。

（3）学校组织的评比，较大影响力的评比例洪中十佳、十佳道德标兵、年度感动人物等，每人次得2分，小范围的评比例文明之星、体育之星等每人次得0.5分。

（4）黑板报评比按照集体项目折半计分。

（5）区级获奖是校级的2倍，市级为校级的3倍，省级是校级的4倍，国家级是校级的5倍。

4. 班主任职责绩效（每位班主任的基础分为40分）

（1）服从学校、年级段的管理和安排。

（2）出勤（公寓、段门口、两操、集会、碰头会、例会等），缺席1次扣1分（公出不扣分），迟到和早退每次扣 0.5 分。

（3）公寓签名未参与管理者视为缺席每次扣 1 分。

（4）未按时完成学校和年级段的任务，每次扣 5 分。

（5）有德育课题结题和德育论文获奖按照学校的加分标准加分。

（6）开设德育公开课和讲座的按照学校加分标准加分。

5. 学生状况绩效

（1）学生违规被学校处以严重警告每人次扣 1 分，记过及记大过每人次 2 分，留校察看及以上每人次扣 4 分。

（2）学生在校内外一些言行举止受到媒体和上级相关部门表彰酌情加 1—5 分，受到批评和曝光酌情扣 1—5 分。

6. 学习成绩绩效（由教学处提供数据）

高一、高二取两次期中考试和第一学期的期末考试，高三取市区统考的数据（班级的总分平均分）；若同类班级在 2—3 个班取第一名每次加 2 分（一个班级则不加分，除非这个班级平均分超过市区平均分则按第一名加分），4 个班级以上取前 2 名，第二名每次加 1 分。

附加条件：一票否决（下列任何一条都不能评优秀班集体）

（1）班主任不服从学校、年级段的管理和安排。

（2）学生出现打群架或纠集校外人员打架，情节较为严重的。

（3）学生组织和参与赌博。

（4）恶意损坏财物的行为。

（5）其他不利于学校稳定和有损学校声誉的言行举止

备注：90 分以上班级可以推荐为优秀班集体（适当兼顾三个年级段），本考核方案征求班主任的意见，经学校校长办公会议审核通过开始实行，作为评选优秀班主任的主要依据，以上规定的解释权在教育处。

第四节 行政后勤人员素养和后勤服务绩效指标

学校以教育教学为中心，一切以教学为出发点，但教学秩序的正常运转、教学质量的高低很大程度上与后勤服务有关。为了提高行政后勤人员的基本素养，有必要制定后勤服务的绩效指标。

一、学校行政后勤工作及其人员的基本素养

（一）学校行政后勤工作的功能

在促进学校素质教育、推动学校发展的过程中，学校的后勤工作体现着以下功能。

1. 基础性功能

学校后勤工作是学校一切工作的基础。高质量的学校，高素质的人才培养离不开扎实优良的后勤服务。现代化的教学硬件设施、优美的校园环境、高质量的服务和科学的管理是全面实施素质教育的基础。对学校来说，后勤的每一项工作、每一个岗位都是基础工程的一环，有了扎实的基础，实施素质教育才能成为可能。

2. 保障性功能

后勤工作为学校全面实施素质教育提供物质保障，为师生生活、健体、医疗提供物质和服务保障。如果学校后勤保障不足或保障滞后，学校的正常教育教学工作将会受到影响。对学校来说，后勤保障具有牵一发而动全身的功能。除了显而易见的物质保障作用之外，通过后勤工作人员的良好服务和热忱的工作态度也可以为师生提供无形的情感保障。

3. 经济性功能

对于一所学校来说，要提高社会效益，势必要提高办学质量。而学校固定资产增加、教育经费充裕、办学条件改善则有利于学校教育质量的提高。因此，必须管好钱、财、物，讲求经济效益。后勤工作人员坚持以生为本、育人为本的原则，坚持以经济效益服从并服务于教育效益的原则，以其经济头脑，经营头脑，精打细算，周密计划，严格核算，加强管理，从小处着手，从大处着眼，充分发挥经济性功能，使学校设施设备、人力资源等得到有效利用，在取得办学经济效益的同时，直接促进学校素质教育的发展，提高学校办学的社会效益。

4. 服务性功能

学校的一切工作都是为了学生。后勤工作人员坚持"管理育人，服务育人，全员育人"的原则，以优质的服务、热忱的态度、良好的形象、规范的工作，使学生安心、家长放心、社会高兴，能促进学校的素质教育，推动学校的不断发展和不断进步。

5. 安全性功能

学校的一切工作与后勤部门安全性功能发挥得好坏是息息相关的。如果不重视师生的安全工作，一旦发生安全事故，其后果就会相当严重。安全性功能集中体现在师生人身安全和财产安全两个方面。后勤部门要定期对学校的房舍、廊柱、牌架、运动器械、车棚、消防设施等进行检查；学校的水、电、气、炉等均要有专人负责，杜绝事故发生；体育用品要有专人管理；实验室药品实行"双人领发"制度；医务室重点防范流行病、传染病的传染和扩散。除此以外，还要注意饮食、饮水卫生，谨防食物中毒。还要做好安全保卫工作，防偷盗、防失窃等，使师生感到置身学校，处处安全放心。

6. 形象性功能

对于一所学校来说，其品牌、声誉和社会地位，除了由学校每年产出的学生"产品"的素质来决定外，学校的设施设备和校舍环境也影响着学校的社会形象。学校后勤工作每时每刻都体现着学校的形象，其中包括有形形象和无形形象两方面。造型新颖，格调高雅，错落有致，维护周到，颇具特色的校舍，宽敞洁净的道路，气势恢宏的校门，寓意深刻的雕塑，设施完备的学生公寓及师生餐厅，现代化的体育设施，给人以先声夺人的印象。另外，由草坪、花坛、树木、盆景等编织成的冬青夏荫、春花秋果的校园绿化与由校风、教风、学风标语牌及名人名画、伟人肖像、画廊、报窗、板报等组成的校园环境，这些有形形象对师生、家长、社会能起到感化、宣传作用，是永久性的"广告"，是学校的一块"碑"。无形形象包括后勤人员的周到服务、文明礼貌、敬业爱岗、科学管理、规范操作，以及服务育人、管理育人的自觉性和对师生倾注的情感等，人人是一面旗，岗岗是一块"碑"。

7. 先行性功能

"兵马未动，粮草先行"。后勤工作的先行性功能主要体现在两方面。第一是工作的超前性，学校的一切工作都以后勤工作的先行到位而开始。第二是观念上的超前性。这是指后勤人员要树立创新意识，具备创新精神，培养品牌意识和时代意识。一所学校的创新发展与后勤工作关系非常密切。后勤工作不仅要不断提高服务质量，适应师生的不同需要，还要改进管理方法，减少工作环节，提高工作效率和经济效益。

（二）充分发挥行政后勤功能的策略

面对不断推进教育制度改革与创新的新形势，学校后勤工作如何抓住机遇，应对挑战，发挥优势，创新内容，改进方法，充分发挥学校行政后勤工作各项职能，促进后勤服务的规范化、高效化，提供让师生满意的高质量后勤服务是摆在我们面前的一个重要课题。

1. 领导重视，管理创新

第一，要重视对后勤管理人员的选拔，选派有敬业精神和后勤管理经验的人才充实到后勤领导岗位。第二，要把后勤人员的职称、考级等问题纳入学校正常的考核工作的范围，充分关心他们的切身利益，调动他们的工作积极性。第三，要重视增强后勤群体的凝聚力。一方面，在学校中形成一种尊重后勤人员劳动的舆论倾向，努力改善后勤职工的工作条件和生活待遇。另一方面，要妥善处理好后勤群体内部的人际关系及后勤人员与教师和学生的人际关系。和谐的人际关系是提高后勤系统凝聚力的重要因素，也是实现优质服务职能的必要条件。

2. 提高素质，强化队伍

一是进行必要的思想教育，要针对后勤职工的实际情况和心理特点，开展卓有成效的思想政治工作，采取寓教于文、寓教于乐等多种形式，提高他们的政治思想素质和品德修养。二是建立良好的职业道德规范。教育事业的发展告诉我们，仅仅看到学校后勤的服务性保障作用是远远不够的，还要看到后勤工作对教育对象的教育性。因此，我们应当高度认识后勤工作在整个学校工作中育人的重要作用，应在后勤职工特别是窗口部门的职工中建立良好的职业道德规范。三是提高专业技术水平，后勤服务是一门科学，后勤服务涉及的每一种专业都是技术，后勤人员必须精通专门业务，不断提高专业技术水平，充分发挥科技知识在学校现代化建设中的巨大作用。

3. 完善制度，健全考核

要完善和健全各种规章制度，使后勤管理工作真正走上制度化、规范化的轨道，使所有的职工都对自己的工作有法可依、有章可循，从而最大限度地发挥各自的工作积极性，提高工作效益，达到优质服务。健全绩效考核机制，明确责任，分明职责，奖优罚懒，保证后勤管理水平和服务质量的提高。

4. 顾全大局，服务为本

服务应体现在到每一个被服务者的身上，服务质量的评定是通过多次服务给出的，它是由各个不同内容的具体服务所构成，如果说我们对每一对象提供服务的总和为一产品，则每次服务的个体效益就是这个产品的组成部分。这种整体效应的特殊性就要求每个后勤人员必须增强一体化服务意识，以整体利益为重，顾全大局，服从全局，否则会一步走错，全盘皆输。而后勤人员要增强一体化服务意识就必须不断树立信心，实现自我加压，在工作中做到"主动"、"热情"、"耐心"、"周到"八个字，这是服务艺术中最基本的要求，也是总务后勤优质服务所要追求的理想境界。

（三）学校后勤人员素养

学校后勤服务功能的有效发挥受后勤人员强烈的责任感、饱满的工作热情的制约，受后勤人员的师德意识、师德水平的制约，受后勤人员的文化素质、勤俭意识、改革开拓精神的制约，所有这一切都要求后勤人员具有一定的职业素养。

1. 行政后勤人员要有较高的政治思想素质

人的各种素质中，政治思想素质是灵魂，是我们开展和做好一切工作的基础和前提，后勤人员政治素质、价值观、道德品质的高低直接影响学校后勤服务工作的好坏，因此要将其作为后勤工作人员的必备素质来看待，否则后勤工作就会错位乃至误入迷途。

2. 要有强烈的责任心和高度服务意识

后勤工作是学校的一个大窗口，后勤人员不仅与教师交往频繁，而且与学生也有着频繁的交往，他们的思想观念、行为规范、服务态度对学生的养成教育和思想品德的培养起着教师不能替代的教育作用。后勤人员的责任感、事业心、工作热情、奉献精神渗透到服务工作中，落实到关怀每一个学生健康成长根本的目标上，学生良好的道德行为、高尚的情操会得到多层次、多角度的培育和陶冶。

3. 要有一定的服务技能

单凭一股工作热情，缺乏一定的服务技能，提高服务质量只是一句空话，要充分利用人、财、物自身的价值，做到少花钱多办事、花小钱办大事，把有限的资金用在"刀刃"上，发挥好后勤工作经济性、先行性、科学性功能，就需要岗前、岗中规范到位的训练，持续不断的业务进修，掌握服务技巧，使服务技能与教育发展同步。

二、行政后勤工作红黄蓝绩效指标的制定

如果把一个人的全部才能看做一座冰山，除了浮在水面上的知识、技能之外，对于那些潜在水面之下的东西——职业操守、敬业精神、工作态度、服务意识的等职业素养应该如何提高？

多年来，学校依据台州市教育局文件，采用《台州市学校行政后勤人员考核表》，对行政后勤人员政治思想品德、文化专业知识水平、管理或服务能力、工作成绩和履行职责等情况进行考核，在改善后勤人员素质、提高后勤工作绩效方面取得了一定的成绩。但是，在全校推行红黄蓝管理制度中，依据学校"崇尚民主，以人为本"、"关注个体，团队协作"、"注重过程，动态评价"和"依据绩效，持续改进"的管理理念，从后勤人员本身出发，从提高后勤人员的主观意识和能动性出发，发现原先考核中有许多地方亟须改进和完善。为真实、客观、全面、反映行政后勤人员的实际素质能力和工作业绩，激励后勤人员持续改进，提高能力和素质，提高后勤服务水平，实现后勤工作绩效的最大化，最终实现学校更为长远的战略目标，学校制定了行政后勤工作的红黄蓝绩效指标。

（一）红黄蓝绩效指标制定的原则

1. 目标导向性原则

绩效指标设计与学校中心任务保持一致，有利于把后勤工作向学校中心工作引导，实现学校目标。在制定后勤工作人员个人绩效指标时，把个人目标和学校目标结合起来，可以更好地发挥目标导向和激励功能。

2. 定量、定性相结合的原则

绩效指标设计以定量为主、定性为辅，增强了行政后勤人员绩效考核的客观性、科学性和说服力，绩效指标要求数量化的或是行为化的，不是笼统要求，而是强调适度细化，它切中特定的工作目标，并随情境变化而发生变化。

3. 实用性原则

绩效指标是实实在在的，内容客观明确，指标简化、方法简便，信息及数据易于采集，是可以证明和观察得到，且准确可靠，便于运用，便于考核。

4. 以人为本的原则

避免设立过高的或过低的目标，从而失去了设立考核指标的意义。绩效指标在付出努力的情况下是可实现的，充分考虑人的发展需求，调动人的积极性和主动性。

（二）红黄蓝绩效指标功能

1. 导向功能

明确工作内容和职责，将工作所应达到的要求（包括工作数量、质量和时限等）具体化，使后勤人员明白自己应当努力的方向和应达到的要求，引导被考核对象充分发挥自己的工作积极性，对自己的行为加以控制引导，使之向目标不断靠近。

2. 评价功能

绩效指标可以达到两个目的，一是了解现在的业绩是否到达预期的目标以及能否在下次工作中继续提高，二是了解处室目标实现的程度是否有修正的必要。

3. 激励功能

绩效指标促进和鼓励后勤人员努力工作，忠于职守；同时，依据指标的考核，可以直接产生激励鞭策作用，促进后勤人员工作的积极性和创造性。

4. 监督功能

通过平时指标和定期指标，对后勤人员进行检查、督促和约束，防患于未然，使那些影响效率的问题得以及时解决，以改善和增进后勤人员将来的工作绩效。

（三）行政后勤工作红黄蓝绩效指标

1. 行政后勤处室人员红黄蓝关键业绩指标

（1）关键业绩指标概述

关键业绩指标一开始运用在企业管理中，在企业战略目标确定的情况下，把战略目标层层分解，被分解到各个部门的指标，即该部门所要承担的主要工作任务，就是企业的关键业绩指标。关键业绩指标设计的思想是通过把影响80%工作的20%关键行为进行量化设计，变成可操作性的目标，从而提高绩效考核的效率。绩效考核最终落实到对每一个工作人员业绩的考核。

洪家中学后勤人员的红黄蓝关键业绩指标制定，可以参考关键业绩指标设计的方法，同时参照《台州市学校行政后勤人员考核标准》，找出必须做、可衡量的主要工作，设为一级、二级关键业绩指标，对学校后勤工作实行红黄蓝绩效考核。

（2）关键业绩一级指标

参照《台州市学校行政后勤人员考核标准》的指标设定，作为一级指标的政治思想品德、业务水平、工作能力、工作成绩、履行岗位职责的权重，分配比例依次为25%、10%、10%、30%、25%（参见图6-1）。政治思想品德是一切工作的前提，没有良好的思想品德标准,所做的工作会演变为不遵守基本原则的蛮干。文化专业知识水平与工作能力一起形成工作业绩的潜在组成部分,没有高水平的业务知识和高超的工作能力,就不会产生良好的工作业绩。工作成绩在整个指标中占据最重要的环节,它所占的比重最大,这也是关注效率的表现,符合学校的发展目标。一切工作的业绩及目标的实现都是建立在具体的各项教育教学任务的完成基础上,履行岗位职责的在工作业绩中的权重与政治思想品德的权重相同。

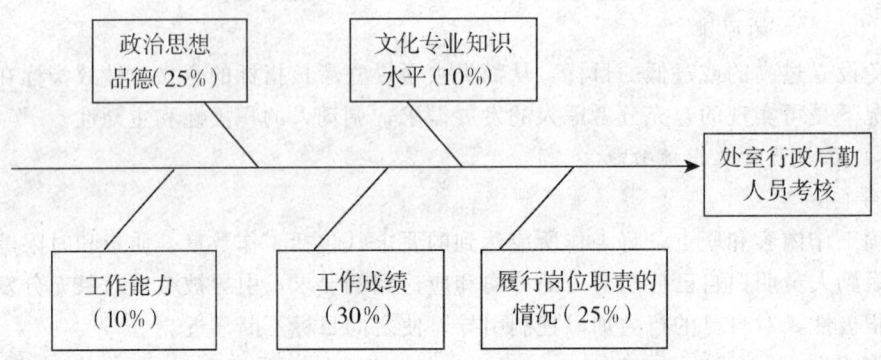

图 6-1 洪家中学行政后勤处室人员关键业绩一级指标及其权重分配

(3) 关键业绩二级指标

每个一级指标下设二级指标,每个二级指标在评价标准上的设置上分若干等次。每个等次具体量化或用语言精确阐述,以利于评估进行。

政治思想品德是指后勤人员的思想觉悟、工作作风和道德品质。作为政策的执行者,后勤人员要承担起实现多重目标的责任,因此,设计考核指标时不仅设置技术层面的量化指标,也设置政治层面的非量化指标。这项指标的二级指标包括政治品质、职业道德、社会公德、个人品德、出勤表现五个关键指标,以政治品质为例详细说明。后勤人员对国家及上级政策能准确快速理解,并在工作中能严格执行,5分;需要一段时间才能准确理解,在工作中能够遵照执行,有时由于理解不到位造成工作中偏差,4分;不能正确理解,在执行过程中凭主观臆断去判断,思路与部门要求偏离,3分;能正确理解,但在执行过程中有时背道而驰,给工作环境带来较坏的负面影响。职业道德以工作过程中能时刻体现服务意识为标准,社会公德是指工作之外所遵守的道德,主要以银行不良信用记录、交通违规的次数为标准。个人品德以在工作中表现的公益劳动、讲究卫生、勤俭节约为标准,工作纪律以可以量化的出勤为标准。

文化专业知识水平是指后勤人员适应社会发展和岗位必备的文化专业知识。以后勤人员任职资格或岗位证书以及参加岗位知识培训的时长、效果为二级指标。

工作能力的关键业绩指标包括执行能力和协调能力。作为后勤人员,其执行力是首要条件,执行能力以对领导的决策能正确理解并有计划地严格执行。协调能力是指在执行过程中善于和同事沟通交流,完成领导交办的任务,书面文字沟通时,表达流畅,思路清晰,读者理解起来不会产生歧义,口头沟通传递信息时表达清晰,能够在解决问题或处理事务过程中发挥作用,受到领导或公众的赞誉。

工作成绩是后勤人员的政治思想品德和文化专业水平、工作能力的具体体现。它是指后勤人员无论在工作思路还是理论方法,具有创新意识,能够促进工作更好地开展,后勤各个环节的工作能够取得更加好的成绩。发挥育人作用,发表业务论文和科技创新是工作成绩指标下的具体二级指标。

履行工作职责情况是指后勤人员的教育教学任务工作量及完成情况。以工作量、完成程度及工作表现为标准进行衡量。

所有关键业绩指标核定标准参见表6-5。

表6-5 洪家中学行政后勤处室人员关键业绩量化考核表

一级指标	二级指标	权重	绩效目标核定标准	自评	处室评分	校考核组	评分
政治思想品德	政治品德	5%	对国家方针及上级政策能准确快速理解,并在工作中能严格执行,5分;需要一段时间才能准确理解,在工作中能够遵照执行,有时由于理解不到位造成工作中偏差,4分;不能正确理解,在执行过程中凭主观臆断去判断,思路与部门要求偏离,3分;能正确理解,但在执行过程中有时背道而驰,给工作环境带来较坏的负面影响,1分。				
	职业道德	5%	服务思想端正,热心为教育服务,为师生服务,工作主动热情、态度亲切、以礼待人,师生问卷满意率高5分,满意率较高4分,满意率一般3分,满意率差1分。				
	个人品德	5%	积极参加学校公益劳动(指参加运动会、大扫除、春游等,以安排记录为准),办公用品无人为损坏、无遗失,随手关闭用电设备节约能源,在校区公共场合不抽烟,个人及办公场所清洁。处室问卷满意率高5分,满意率较高4分,满意率一般3分,满意率差1分。				
	社会公德	5%	爱国守法,无银行不良信用记录,无交通违规记录5分,两次记录4分,三次记录3分,4次以上1分。				
	工作纪律	5%	工做出全勤5分;一年中每事假累计7天之内或病假累计在15天之内,4分。一年中事假累计超过7—20天或病假累计超过15—50天,2分。一年中事假累计超过20天或病假累计超过50天,0分。				

续 表

一级指标	二级指标	权重	绩效目标核定标准	自评	处室评分	校考核组	评分
文化专业水平	专业知识	5%	全面掌握本专业知识，对相关专业知识有广泛的了解5分，掌握本专业知识，有一定的深度4分，对本专业的知识一般性掌握2分，缺乏本专业知识0分。				
	继续教育	5%	完成继续教育规定学习总时长成绩合格并依据所学的理论与实践工作写出学习体会和工作建议5分；完成学习，没有体会建议，4分；参加学习，未完成学习时长和任务的2分；未参加学习0分。				
工作能力	执行能力	5%	严格依规章制度办事、办事规范、工作有计划有总结，期初有工作计划、期中记录具体、期终有总结反思5分，计划总结记录缺一份的扣3分，计划总结缺失2分，完全缺失1分。				
	协调能力	5%	协作创新、善于解决问题，工作有序正确无差错，师生及上级有关部门评价高5分，工作主观疏忽造成差错和失误3分，协调不好出现工作事故造成不良后果1分。				
工作成绩	育人作用	10%	善于改进工作方法、创新手段、献计献策，提高服务效益、费用俭省、产生后勤教育文化，有具体实施材料（10分），完成工作任务，有合理化建议未被采纳（9分）；完成工作任务，没合理化建议（8分）；献计献策被学校采纳的5分/次。				
	专业论文	10%	全国级获奖10分/篇，发表9分/篇；省级一等奖9分/篇，二等奖7分/篇，三等奖5分/篇，省级发表7分/篇；市级一等奖7分/篇，二等奖5分/篇，三等奖3分/篇；区级一等奖5分/篇，二等奖3分/篇，三等奖2分/篇，市、区级发表5分/篇，校级发表3分/篇。				
	技能比赛	10%	改革装置、科研成果，产生经济效益、社会效益，有认定或奖励证书,国家级奖项10分,省级一等奖9分/次，二等奖7分/次，三等奖5分/次；市级一等奖7分/次，二等奖5分/次，三等奖3分/次；校、区级一等奖5分/次，二等奖3分/次，三等奖2分/次。				

续　表

一级指标	二级指标	权重	绩效目标核定标准	自评	处室评分	校考核组	评分
履行职责情况	岗位基本工作量	25%	满工作量履职，履职及完成情况日志记录完整，分数为25×工作进度完成率系数，记录不完分数为20×工作进度完成率系数，不满工作量分数为25×所占基本工作量的比值×工作进度完成率系数 工作进度完成率系数： $$\frac{规定时间内实际完成计划任务数}{规定时间内应完成计划任务数} \times 100\%$$				
	兼课工作量	附加	基本工作量之外兼一个教师课分数为20×教师工作完成质量系数 基本工作量之外兼一个教师的1/2课分数为10×教师工作完成质量系数 教师工作完成质量系数：$\frac{该教师年度考核分数}{100} \times 100\%$				
	临时工作量	附加	主动承担分外或突发性任务5分，主动承担完成任务5分，推诿接受完成任务3分，有承担而未完成任务1分（临时接待工作、准备检查评估、招生、临时突击工作等，以工作记录为准）。				
	个人荣誉	附加	国家级10分/次，省级8分/次，市级4分/次，区级2分/次，校级1分/次。				
合计得分			注：本细则主要由各处室负责评价、落实赋分，校考核组查阅各处室提供材料和平时观察及问卷调查情况逐项赋分，每学年评价考核汇总评档公示。				

(4) 行政后勤处室人员关键业绩量化考核结果应用

绩效指标是一种行为的信号，是以量化的形式来表述某种活动特征的一种测量工具，行政后勤人员的一言一行及工作绩效经三层次考核确定考核分数，依据分数界定个人红黄蓝绩效区域。由于学校行政后勤工作一头牵连着为教育教学和培养人才服务的重任，另一头涉及的是师生吃、住、行、用等一些具体的事物。它的每件事，哪怕很细小，都事关学校工作全局，往往"牵一发而动全身"，因而在绩效考核制定中，凡定量考核为70分以下（不含70分），定性考核结果为红区，在此区域的受到底线的警示；定量考核结果为80—90分（不含90分），定性考核为黄区，处于此区域的，要立足于工作的基本要求，追求发展与提高；定量考核结果为90分以上（含90分），定性考核为蓝区，这是一个追求卓越的区域，处于此区域受到"没有最好，只有更好"的激励（参见表6-6）。

表 6-6 洪家中学行政后勤处室人员绩效考核等级划分表

等级名称	得分范围（分）	奖惩措施
蓝区	90 分以上	受到奖励
黄区	80—89 分	引导提高
红区	70 分以下	受到警示

（5）其他红黄蓝定性考核

因为遵纪守法是行政后勤人员必备的职业道德底线，凡违反党的路线、方针、政策，造成不良影响，受到处分者；不服从单位工作安排或消极怠工，经常迟到、早退，劳动纪律较差，服务态度较差，工作责任心不强，造成不良影响，受到处分者，无论其定量考核结果如何，最后定性考核为红区，受到警示。

行政后勤处室依据行政后勤人员的平均成绩确定处室工作绩效，红黄蓝绩效区域分值与行政后勤人员相同，受处分的行政后勤人员所在的处室年度绩效不能进入蓝区。

2.食堂员工红黄蓝绩效指标

（1）绩效指标设定的目的

为适应学校全面推行的红黄蓝管理制度，进一步提高管理水平和服务水平，使食堂管理和食堂服务保持规范性，确保向师生提供高效、礼貌、热情、周到和规范化的优质服务，以不断提高学校的办学效益，特制定食堂岗位人员红黄蓝绩效考核指标。

（2）时间和范围

本指标适用于食堂在聘的全体员工月度考核。

（3）考核内容

结合餐饮服务质量标准确定考核内容为工作态度、仪表仪容、礼貌礼节、工作规范、工作纪律、环境卫生等。

（4）考核指标设置

根据考核内容，特设置参见表 6-7 所示指标。

表 6-7 洪家中学食堂员工红黄蓝绩效指标量化考核表

评估内容	权重	目标	评价指标		
工作态度	20%	讲究职业道德，热爱本职工作，工作积极主动，认真负责，积极节省，避免浪费	始终积极主动地工作，自发地增加工作量，成本意识强烈，20—18。	需要监督才能够积极工作，且不愿意承担额外的工作，17—15 分。	工作积极性不高，拒绝承担额外的工作，有时其至影响他人工作，14—15 分。

续 表

评估内容	权重	目 标	评价指标		
仪表仪容	10%	注重个人卫生。做到"四勤",勤洗手、勤剪指甲、勤换、勤洗工作服,工作时穿戴工作衣帽、口罩、消毒手套。不在工作区或操作间吸烟,在操作间内不高声喧哗,无不良卫生习惯。	考核期内个人卫生达标率达100%,得10分。	考核期内个人卫生出现两次不达标,得9分。	考核期内个人卫生出现2次以上不达标,得7分。
礼貌礼节	10%	文明服务,态度和蔼、平等、礼貌待人;相互协作,互相帮助,不吵架、不拉帮结派。	考核期内无出现不良表现,得10分。	出现一次不良表现,得9分。	出现不良表现1次以上,得7分。
工作规范	20%	严格遵守操作规程,防止事故发生;易燃、易爆物品要严格按规定放置,杜绝意外事故发生;严禁随便带无关人员进入厨房和保管室;严禁偷拿食堂原料、材料。	遵守规范,无生命安全事故和公共财产损失事故,20—18分。	违规,但未出现安全事故和财产损失事故发生的苗头,17分。	事故尽管发生,但是得到控制,得5分。
工作纪律	20%	按时上下班,坚守工作岗位,服从工作安排,未经批准不得擅自离开工作岗位。	按时上下班,坚守工作岗位,得20分。	无故脱岗10分钟以内,得19—18分。	无故脱岗10分钟以上30分钟以内,得10分。
环境卫生	20%	餐厅餐餐打扫;地面一餐一拖;餐桌一餐一洗;操作间一餐一扫,一餐一冲,一天一洗,三天一消毒;碗筷顿顿消毒;工具、作料、碗筷摆放有序	各项卫生工作到位,卫生清洁率达98%,得20分。	作了彻底打扫工作,卫生清洁率90%,得19—18分。	卫生清洁率90%以下或未整理打扫,得16—0分。

(5)食堂员工红黄蓝绩效指标量化考核表应用

膳食科人员依据上述考核指标,设定每日常规考核表,每日进行常规点评,并以此作为月考核依据(参见表6-8)。

表 6-8　洪家中学食堂员工每日常规考核表

项 目	序 号	考核内容	扣 分	责任人	工 号	备 注
事故处罚						
特大事故：扣 15 分						
	1	因工作疏忽引发火灾的				
	2	饭菜有腐烂、变质的				
	3	偷拿食堂原料、材料的				
	4	打架、斗殴的				
	5	不服从管理或工作消极怠工经处理无效的				
一级事故：扣 3 分						
	1	未按规定值班的				
	2	迟到或早退 30 分钟以上的				
	3	饭菜烹制有质量问题的				
	4	吵架、谩骂的				
	5	未做好安全工作的				

月考核结果与员工经济效益直接挂钩。对表现较差的员工必须根据考核情况进行培训，培训合格后再上岗；对各方面表现较好的员工进行适当奖励。凡定量考核为 70 分以下（不含 70 分）考核结果为红区，在此区域的个人受到底线警示教育或处以罚金；定量考核结果为 80—90 分（不含 90 分）为黄区，要立足于工作的基本要求，追求发展与提高，发给一定的奖金；定量考核结果为 90 分以上（含 90 分）为蓝区，获得追加奖金的激励（参见表 6-9）。

表 6-9　洪家中学月度绩效考核红黄蓝等级划分表

等级名称	得分范围（分）	奖惩措施
蓝区	90—100 分	月奖励　元
黄区	80—89 分	月奖励　元
红区	70 分以下	罚款　元

第七章 红黄蓝管理的绩效考评

绩效管理是当前企业人力资源管理中的主要取向。作为一种管理思想,其理念主要是关注企业内部员工的发展及企业的整体绩效的改善。将绩效管理理念引进到学校中的教育教学和行政后勤管理是一种尝试,而绩效考评则是绩效管理的重要组成部分。

第一节 红黄蓝管理中绩效考评的含义

绩效考评是指对员工、团队及整个组织的绩效结果做出尽可能客观公正的测量、考核和评价。红黄蓝管理中的教师绩效考评是学校根据发展战略和使命要求,对教师的工作业绩(包括工作行为和工作效果)进行考察和评估。在组织红黄蓝管理体系中,绩效考评是一个最关键的环节,也是最传统、最困难的一项绩效管理工作,其实施运作,前期需设定标准,后期需面谈反馈,并通常遵循一定的时间节奏,是一项动态的、发展的活动。

一套完整有序的绩效考评系统通常具备考评内容、考评目的、考评程序和方法、考评主客体以及考评时间五要素。从这五个方面出发进行问题检核,有人将其简称为"5W"问题。

What(内容),即考评什么,就是考评中涉及的各项要求、指标等。

Why(目的),即为什么而考评,就是考评的目的和意义。

With What Effect/How(方法),即如何考评才有效,就是考评中采取的方法。

Who to Whom,即谁考评谁就是考评中主体是谁,客体又是谁。

When(时间),即何时考评,多久进行一次考评,多长时间内考评几次,就是考评时机和考评周期的选择问题。

在红黄蓝绩效管理模式中,我们对这五个问题相应地进行了考虑。

一、关于"绩效考评内容"的问题

绩效考评,顾名思义考评的自然是绩效。问题的关键在于如何裁定绩效,绩效是组织一个具有多因性、多维性的复合变量。因此要清楚回答"考评什么"这个问题并不如想象中的简单。我们首先必须甄别哪些绩效是与特定的人力资源使用状态直接相关,进而根据管理激励目的,具体确定考评的红黄蓝绩效指标。

二、关于"考评目的"的问题

在绩效管理实践中,管理者必须有明确的目的与发展要求。考评是为了实现更好的管理与更强的发展。很多人在实施绩效考评时一头雾水、手足无措,考评目的不明确,考评工作没有针对性,是关键原因,这种状态往往导致考评工作经常失效、失败。绩效考评的基本目的就是为了有效实施战略性激励,具体可以分为战略导向、提高绩效和培训开发等不同层次。

三、关于"考评方法"的问题

考评方法涉及具体的操作层面,一方面与考评的方法和技术有关,另一方面涉及具体的考评实践。这里有一个关键问题,那就是一个有效的绩效考评系统应该具备什么样的标准。这个标准的基本要求是科学性和实用性。

四、关于"考评主客体"的问题

恰当选择和搭配考评主体和客体是关系绩效考评有效性的又一个基本问题。究竟选择谁考评谁,应视组织的具体考评目标和情况而定。一般来说,考评者对被考评者的业绩表现应有足够的时间及能力进行观察、判断和客观评价,实际中有多种组合可供选择。

五、关于"考评时机和周期"的问题

考评时机和周期也是决定一个组织考评体系有效性的关键点。对于绩效考评系统的实践节律,设计者可以从不同的角度,视不同的考评目的,根据不同的具体情况加以选择。①

第二节　红黄蓝管理中绩效考评对学校发展的意义

多年来,洪家中学在经历由小到大、由弱到强的发展过程中,始终致力于教学质量和学生综合素质的提高,学校不断强化教学管理、加强师资培训,不断探索对教职员工合理有效的考评方式。绩效考评能够建立起有效的激励、竞争、发展和约束机制,调动教职员工的积极性,促进教职员工职业发展,提高教职员工整体绩效和教育教学水平。因此,建立一套公平公正、科学有效地绩效考评体系,对学校的发展意义深远。

一、为学校三年发展规划的有序开展而考评

任何一所学校的生存,必然依靠于教师的发展。新制定的《洪家中学三年发展规划(2009—2012)》明确了学校下一阶段发展的中心内容,对学校的管理者和教师都提出了更高的要求。发展规划的有序开展和有效落实,必然依靠于所有教职员工的参与和努力。同时学校的发展,也是教师个人自身的发展。绩效考评体系能有效地考核评价个人的成绩,达到鼓励先进,激励进步的效果。这必然进一步促进了教师的自身发展,同时也让教师由被动地接受评价转化为主动地参与评价,通过考评使教师的发展成为一种发自内心的、主动的自觉行为。教师个人得到了发展,学校教育教学工作才会得到发展。在这样的氛围与背景下,学校的发展才能动力十足,学校的三年规划才能有序开展并顺利实现。

---

① 李宝元. 绩效管理:原理·方法·实践[M]. 北京:机械工业出版社,2009:96.

二、为提高教育教学质量而考评

在绩效考评中的教师个人考评，其最主要的部分就是教育教学能力的考评。学校对教师业务水平的考评起到了唤醒教师积极性的作用，为每一位教师创造了主动发展的空间，让每一位教师都有展示的舞台、成功的机会，从而使得教师形成独特的教学风格，掌握有效的教学方法，提高了教育教学质量。同时，绩效考评有着规范而具体的考评准则，对教师工作的方方面面进行督导评价，如备课、课堂教学、教研情况等，有效地规范并完善了工作细节，也必然带来教育教学质量的提升。

三、为及时反馈与有效激励而考评

绩效考评除了运用一定的评价方法、量化指标及评价标准，评定教职员工的工作任务完成情况、工作职责履行程度和教职员工的发展情况外，还要将上述评定结果反馈给教职员工。如对洪家中学教师教育教学能力考评中，其中就有一项学生满意度调查，学校在以问卷的形式收集到信息后，马上着手统计分类，记录要点详情，对学生满意度高的教师在教师会上予以公开表扬；对学生满意度不高的教师，根据调查表显示的问题与信息，调查证实后，与相关教师进行面谈，解决存在的问题。还有一学年十次的教师业务考试，在每次考试之后，相关人员及时批改试卷，登记分数，由教学处反馈给教师个人。这样，教师对自己的工作状态、业务水平都能有及时、全面的了解。有反馈，才能让教职员工明确自己的工作业绩与不足，才能有所激励、有所改进，在反馈中反思，在反馈中发展前行。

肯定、奖励、成就感是每个人对自身发展的自然期待。绩效考评在考核、评价与反馈的过程中，肯定了教师的业绩成果，激励了教师的工作积极性，使得教师们在为理想而奋进的过程中，收获了自身的充实和发展，收获了终身学习的理念，收获了自己教学习惯和学生学习习惯的最终改变，从而成长为更优秀的教育教学工作者。如在班主任绩效考评中，班级管理是一个重要指标。在班级管理中，同样实行红黄蓝管理制度，以百分竞赛的形式，每周进行打分评比并于周一全校升旗集会时予以反馈表彰，为达到蓝区的班级颁发蓝牌。在此过程中，学生的努力得到了肯定，学生的积极性由此更得到激发，形成良性循环，并能促成良好的竞争氛围。同时，学生受到肯定，意味着是班主任班级管理的成功，学生的成绩就是教师教育教学的效果体现。因此，在同一评价过程中，教师也受到了激励肯定，绩效考评在实现师生的激励方面，其作用可谓一举两得。

四、为业务提升和岗后培训而考评

绩效考评是依据目标，重视过程，及时反馈，促进发展的形成性考评。它主张在宽松的环境中，用动态的、发展的眼光，对教师进行持续的评价。红黄蓝管理中的绩效考评关注教师的背景和基础，关注教师日常行为表现和点滴进步，尤其注重发展过程。通过绩效考评，促进教师对自己工作的反思，了解自己的优势和不足，从而不断地改进教学，加强学习，提升专业发展水平。如每年的继续教育，教师就可以针对自己的发展需要选择相应的课程进修提高。同时也为学校了解教师的工作能力与业务水平差别提供参考依据，为学校安排教师业务进修与岗后培训提供科学的、准确的参考，从而更有利于教师个人与学校的共同发展。每年校外有各级各类的教研会议、听课活动，学校就根据教师的不同发展要求做出了合理的安排与人员派遣。如安排骨干教师参加省级高考教学研讨会、省优质课评比听课活动；安排教师与外校名师师徒结对，安排新教师年轻教师与老教师骨干教师师徒结对等。

学校的教育效果和发展与建立一套科学有效的绩效考评体系密切相关。因此，建立绩效考评体系是一个崭新的课题，也是一项难度相当大的工作，需要一个较长的完善和发展过程，更需要不断地实践与探索。

第三节 红黄蓝管理中绩效考评的基本原则

绩效实施与管理过程中，所收集到的能够说明被考评者绩效的数据和事实，可以作为判断被考评者是否达到关键绩效指标要求的依据。具体来说，红黄蓝绩效管理模式中，实施绩效考评时要掌握以下原则。

一、以人为本、客观公正的原则

以人为本，就是以实现人的全面发展为目标，从师生的根本利益出发谋发展、促发展，不断满足教师的物质需要和精神需求，切实保障教师的基本利益，提高师生的素质。在红黄蓝管理中，我们立足于学校的整体发展，对红区的教师提出警示，创造培训的机会，让他们能进入黄区；对黄区的教师也指出一些不足，让他们不断完善自己，从而进入蓝区；对蓝区的教师，要求他们介绍经验，与其他的教师共享，达到共同进步的目的。学校管理的构成要素有多种，而人是学校管理要素中最积极、最活跃、最具创造力的要素。只有抓住"人"这个根本，才能抓住"心"，从而增强凝聚力。

在绩效考核中做到"以人为本"要注意以下几个方面。

1. 要进行合理的考核

首先要做好平时的事实（业绩）收集、观察与记录，其次要争取教师的充分参与，同时要注意采取多向考核的方式和方法。在考核中，注意对教师绩效的评估要在事先达成共识，让事实和数据说话而不是凭印象。这样在考核中提供的事实都是教师本人亲自参与的，教师对结果不会无法接受，考核中会多些沟通、多些坦率，考核就是一个对工作过程的总结，而非一个填表游戏，有利于创造领导和教师间的平等和谐关系。

2. 要实施分类考核

"没有分类就没有管理"。首先，对于不同等职务的教师，评估的具体设计也是不同的，如对普通教师和担任领导职务的教师，不同考评内容所占的权重就不同。其次，对不同学科的教师也要根据学科的具体特点，在某些考核细节上区别对待。例如，对于教师科研成果的数量要求和奖励幅度，文理科教师就应有所区别，因为理科出创新成果相对来说比文科要容易。再次，不同项目（如"德"、"能"、"勤"、"绩"）的考核也要分别进行，并设置相应的权重。可见，实行分类评估，要在整体考核内容和标准不变的前提下，根据各种不同类型教师的实际情况做出相应的调整，体现公平性。更重要的是，分类考核使教师能够突出自己的特长，让擅长管理的教师在领导岗位上发挥自己在管理上的特长，擅长教学和科研的教师形成自己的教学和科研特色，这是学校特色的基石，也体现了"以人为本"的教师绩效管理原则中展现教师个性特长，促进教师发展的原则。

3. 要做到个人考核和团队考核相结合

由于教师的工作很多还需要与其他人合作才能完成，因此考核要兼顾个人业绩与团队业绩，这样做也有利于形成教师间相互理解、相互合作的良性竞争，满足教师的高合群需要。

在客观公正原则方面，考评必须以人员素质及其功能特性为客观基础，在确定测评对象、掌握测评标准及实施测评时，贯彻平等公正观念，实事求是地对测评对象的素质和行为进行规范的和规则的测评。客观公正，简便易行。在红黄蓝管理中绩效考评时，制定各种标准线时要合情合理，考评中的程序要规范，在操作层面上要讲求实效，力戒烦琐。

二、公平公开、反馈改进的原则

从经济学角度上来看，"公平"是指价值的等额交换。从心理学角度上来看，"公平"是指人的心理的一种主观感受。在对"公平"的判断上，人往往是从心理学角度出发的，即采用一种主观判断形式。他往往不考虑自己的付出与组织的回报在价值上是否对等，而是以我为中心，在与自己交往圈内的人的比较过程中做出公平与否的判断。[1]

公开的本意是不加隐蔽。公开性原则是指让被考评者了解考核的程序、方法和时间等事宜，维护被考评者充分享有知情权，提高考核的透明度及参与度。要扩大考核评价民主，增强考核的公开性和透明度。在考核过程中，让考核中的相关制度、考核人员公开并公示。同时具体的操作过程也应公开，考核结果也公开公示。

反馈是指为了提高绩效及打造各种能力而帮助个人或团体从近期的（积极或消极）体验中吸取经验教训所必需的互动活动。教师通过工作反馈，改进或完善教师的教学，明确个人的发展需求和相应的培训，提高教师的能力以促进其完成目前任务或达到将来的目标。教师的日常工作中所经历的评价大多应是发展性评价，它所关注的不是给教师当前的能力和水平下一个结论，而在于帮助教师诊断问题并帮助教师改进。

改进是改变原有状况，使活动得到提高有所进步。改进是一种以追本溯源、追根追底的分析法为基本方法的有效降低成本、提高质量、增进效益及效率的系统理论。课堂教学评价的改进使课堂教学评价成为评课者与执教者平等交流的平台，对教师教学能力的发展起到了积极的促进作用。以洪家中学教研为例，过去该校的科学教研课是由教研组长和备课组长评课，其余教师没有发言的机会。现在评课时，执教者、学科组长与其他的教师平等对话，有时甚至意见相左，大家各自发表看法。还有老师会把双方的发言观点进行比较，结合自己的教学谈对新课程的思考。这样的教学评价多元化了，教师们对课堂教学的研究和思考走向深层次。

三、以德为先、注重实绩的原则

学校管理是一门学问，管理者固然有决策、组织、领导与控制的职权，但管理者在实施管理时，绝不能以"权"谋治，要努力做到以德为先，以德而治。所谓"德"有两层意思：一是管理者的自我德行；二是管理模式与方法要"以人为本"。

管理者和管理过程之"德"是十分重要的。只有管理者有较高的自我素养才能较好地

---

[1] 王凯. 绩效考核 [EB/OL]. http://www.chinacpx.com/peixun/px12595.html, 2011-05-12.

去管理人。学校管理者除了要具有廉洁自律的品德作风,其自我素养还应当体现在"学识、见识、胆识"方面。所谓学识,就是管理者应当是教学和管理上的行家,对素质教育理论和行政管理理论有较深的研究。所谓见识,就是管理者应当视野广阔,能触类旁通,善于借鉴他人的特别是管理方面的经验,对新事物有较深感悟,能站得高,看得远,想得深。所谓胆识,就是敢于接受新事物新理论,敢于创新,敢于发展,勇于突破陈规。

"以德为先"就是学校要以德治校,教师要以德施教,学生要以德为学。完善考评内容,把师德放在首位,注重教师履行岗位职责的实际表现和贡献。坚持注重实绩的原则要做到这一点,就必须坚持在实际工作一线考察识别干部,锻炼培养干部,选拔使用干部,坚持靠实干出成绩,凭实绩用干部,不断提高干部选拔任用质量。坚持事权与人权相结合,围绕发展选贤任能。

四、激励先进、促进发展的原则

在学校管理的诸要素中,教师是第一要素,学校教育教学质量和办学效益的提高,一切教育教学工作的实现都依赖于教师工作积极性的发挥。因此,学校管理的关键是建立有效的以"教师为本"促进专业发展的激励性机制。为此,可以从以下五个方面激励教师。

(一)信任激励

在学校管理中,要充分认识到"以人为本"在学校教育发展中的指导作用,要尊重和信任教师,相信教师的觉悟也相信教师的能力。信任激励是最重要的一种精神激励举措。教师工作希望得到学校领导和同事的肯定和信任,教师一旦信任感被满足,就会激发出高涨的工作热情和积极性。作为管理者,在工作中要努力做到"用人不疑,疑人不用,用人所长,避其所短",一旦使用,充分信任。不但相信那些工作能力强、工作效果好的教师,也相信那些工作有特点但不全面的教师,甚至于相信那些能力差一些、效果不太理想的教师,尤其对后两种类型的教师,要在信任的基础上经常为他们提供一些好的建议和帮助措施。

(二)参与激励

所谓参与激励,是把教师作为学校发展的主体,让教师参加各种各样的教学改革和管理改革的过程之中,通过这些举措激发教师的主人翁意识。具体的办学有健全教代会制度、校务公开等。健全的教代会制度为教师全面行使民主权利、参与学校重大决策、实施监督和保障教职工的合法权益提供了组织和制度保障。校务公开制度把学校发展规划、人事变动、收费标准、财务状况、评优晋级、年度考核等涉及教职员工切身利益的重大问题在校务公开栏上公布,使教师获得安全感和对学校的信任感,保持着良好的心理状态和工作激情。校长在学校设立"校长信箱",并在师生大会上向大家表明:设立信箱就是为了广泛听取各方面的意见和建议。

(三)竞争激励

作为一所有近两百名教职员工的高中学校,教育质量是学校生存的生命线,营造竞争机制对学校发展而言具有十分重要的作用和价值。学校在实施红黄蓝管理过程中适时引入竞争机制,制定《洪家中学教职工红黄蓝管理管理量化考核办法》,从"德"、"能"、"勤"、"绩"等方面对教师进行综合评价,将量化考核纳入教师档案,作为评先树优奖励的重要依据,为教师创设平等竞争的平台,让那些教学效果好、工作能力强的优秀教师脱颖而出,使他们得到更好的荣誉和经济上的实惠,进而激发出广大教师的学习积极性和工作积极性。值得指出的是,学校的红黄蓝管理,既考虑教师个人的竞争,又注重教师团体的竞争,学校出台了许多举措,对在教学中获得优异成绩的教研组、年级段进行表彰,激励它们不断发展、不断进步。

(四)成就激励

每位教师都有追求事业成功的心理需要,这是教师专业发展的强大内驱力。学校要把教师专业发展放在重要的位置之上,满足教师事业成功的发展需要。具体的做法就是为教师取得成就创造条件,搭好施展才华的舞台。对于入职不久的青年教师来说,他们参加工作的时间不长,需要尽快地站稳讲台,成为教学骨干。一方面,学校要鼓励和帮助每一位青年教师制定出切实可行的近期、中期、远期专业发展目标,为他们配备德高望重的导师,每位导师都有"传"、"帮"、"带"的责任,每位徒弟都有"学"、"赶"、"超"的任务。另一方面,学校可以组织青年教师外出参观学习、考察访问、业务培训,开展优质课、教学科研论文、多媒体课件评选、说课等活动,使他们有多种展示自己的舞台和取得成功的机会。

对于中年骨干教师,学校要为他们营造良好的发展环境。一是良好的学术环境。引导他们通过教学改革创新和教育科研形成自己的教学特色,创自己的教学风格,鼓励他们著书立说,发表自己的研究成果。二是良好的学习环境。学校制定有关制度,加强校本培训,为他们提供外出考察的机会,引导他们参加研究生课程班、硕士研究生的学习,参加各种研讨会等,把学校打造成为良好的学习共同体。

(五)评价激励

构建一整套系统的、科学的激励性评价机制,是学校教育教学质量提高的不竭动力。目前,学校教学质量评价体系主要依赖于对教学活动的监督和控制,辅以物质奖励形式的功利性评价。客观地讲,以监控教学质量为主要内容的评价机制,对于教学过程的测评和监督、教学管理效率的提高、教学质量意识的加强,都起到了积极的推进作用。为进一步完善这一评价,使之更加科学、可靠、合理,学校还要制订完善《教学质量评价方案》。

同时,也应清醒地看到,以监控为主的功利性评价,在侧重于考核、鉴定、分等、排列名次的同时,忽视了发现问题、找出差距,改进教学、提高质量以及发展教育的真正目的。因此,今后学校要顺应教育改革要求,把促进教师专业发展的发展性评价上升到与功利性评价相平行的地位,更好满足教师专业发展的需要。[1]

五、定量为主、定性为辅的原则

通常情况下,更多的使用定量化的绩效评价指标有利于确定清晰的标度,从而提高评价的客观准确性。但是针对不同岗位的工作性质,人们往往会发现将绩效指标量化并不可行,这就需要定性指标作为辅助指标来进行评价。

任何事物都是质和量的辩证统一。对事物仅仅进行定性分析或定量研究,都不足以反映事物的本来面目,都不能表明事物的全貌,都不可避免地带有形而上学的主观片面性。

---

[1] 杨立新. 构建激励机制 促进教师专业发展[EB/OL]. http://www.jswl.cn/xiang.asp?id=1425, 2011-05-15.

只有将定性分析与定量研究有机结合起来,才能正确地反映和表明事物的性质与特点。定性管理与定量管理作为管理形态的两种不同方式,既相互区别、相互对立,各有其内在规定与内涵特点,又相互联系、相互统一、相互渗透、相互贯通。定性管理无能为力之时,往往正是定量管理大显身手之机;定量管理一筹莫展之处,常常正是定性管理长驱直入之地。因此,定性管理与定量管理都是管理科学化、最优化的必要途径,两者缺一不可。定性管理是定量管理的基础、前提和先导,定量管理是定性管理的延伸、拓展和升华。没有定性管理,定量管理就会失去目标、流于形式,就无真正意义的定量管理;没有定量管理,定性管理就会变得难以捉摸,不易确定。因而,必须把定性管理与定量管理有机结合起来,使之优势互补、相得益彰。只有这样,才能建立科学的管理体系。

定性管理与定量管理的互补整合,应贯彻两条原则。一是在进一步发展、完善、优化定性管理与定量管理各自职能的基础上,根据它们的优缺点,通过横向水平优势互补和斜向交叉优势互补,既使优点锦上添花、优上加优,又使缺点得以弥补。二是根据系统功能大于各要素功能之和的系统论原理,最大限度地培植定性管理与定量管理的要素,尽可能优化定性管理与定量管理的结构,使其成为动态开放、优势互补、价值效益最大化的系统整体。

第四节 红黄蓝管理中绩效考评的主体与客体

恰当选择和搭配考评主体和客体是关系绩效考评有效性的又一个基本问题。考评主体的选择会直接影响考评结果的信度和效度。究竟选择谁考评谁?这个问题应视学校的具体考评目标和情况而定。合格的考评主体必须熟悉被考评者的工作表现、工作内容和工作性质;有足够的时间和能力进行调查观察并能将观察结果转化为有用的信息;也能很客观地进行评价,提供考评结果。考评客体就是被考核的人,不同的考评内容会有不同的考评客体。[①]

在实际绩效考评工作中,考评主客体组合类型可以因应情势有多种选择。一般来说,有以下几种组合可供选择。

第一,学校领导对教职员工的考评。

一般来说,由于校领导了解教职员工的工作岗位性质和要求,熟知他们的日常工作表现,且能较好地理解组织绩效政策导向和奖罚激励手段,所以校领导对教职员工的考评一般具有准确性、可靠性和经济可行性。但这一考评方式较容易强化领导意志行为,从而使考评的科学性大打折扣。

第二,教职员工要对中层及校领导的考评(下级对上级的考评)。

下级对上级的考评,由于双方的工作地位的影响,有些下级怕上级对其不利,一般不便或不敢真实考评,从而降低考评的真实性。

第三,同事之间互相考评。

同事之间的相互考评有一个很明显的优点,即是相互熟悉业务情况和日常绩效表现,因此,同事互评的准确性、接受性和可行性都较高。但由于同事间存在竞争关系,碍于面

---

① 李宝元.绩效管理:原理·方法·实践[M].北京:机械工业出版社,2009:108.

子相互吹嘘，会出现高估的情况，这种考评的可靠性又不是绝对准确的，但不失为一种好的考评机制。

第四，自我鉴定，自己考评自己。

自评最为便易操作，每个人最了解自己日常的一举一动、行为表现，清楚自己的业绩情况，自评一般来说有较高的准确性。但由于存在着竞争，主观性比较强，往往自评时会掩盖掉自己不好的一面，就导致自评有一定的片面性，可能不能完全体现每个人的整体情况。因此，自评也有一定的局限性。

第五，学生和学生家长对教师的考评。

学生家长和学生本人对教师的考评，可以从一个角度反映出教师的教学水平被认可程度，但他们往往带有个人的感情色彩去考评教师，尤其学生受其年龄经历的影响，思想观点并不成熟，会造成一定的不公平性。

第六，组成专门的考评委员会进行考评。

为了能更好地进行考评，组合上述考评方法，组织考评委员会来进行考评，可以在某种程度上克服各种方法的局限性，往往会有很高的准确性、可靠性和经济可行性。同时在选择考评主体时，还要考虑政策制定部门与考核的部门的关系，如果考核主体就是政策制定部门，就会造成很大的不公平性，因此要组建考核委员会时务必考虑这一点。

此外，在上述可供选择的组合中，采用哪种考评视具体情况而定。

一、绩效考评的主体

鉴于各种考评主客体组合的利弊，学校红黄蓝管理中的考核评价，其考核主体采用的是专门的考评委员会，根据不同的考评项目，考虑选择不同类别主体，组成考评委员会，以期达到公平合理、科学有效的考评结果。学校在考评过程中，始终兼顾整体的准确性，在"谁来考"的问题上，考虑了可能存在的利弊，作了周密的考虑。

（一）教学绩效考评

教学绩效的考核是学校一项重要的工作，因为教学质量的好差直接影响学校的发展。对其考核的准确情况会直接影响教师的工作状态，也会大幅度提升学校的整体教学实力，促进学校的不断进步。此项考评包括了对个体绩效（教师绩效）、群体绩效和组织绩效（学校绩效）三个层面的考评。

1. 对个体绩效（教师绩效）的考评

学校的教师可分为一线教师和后勤教职工，对他们的绩效考评是有所不同的。

（1）教学业绩考核

教学业绩考核是考核教师的教学水平和教育教学方面的荣誉，教学处拥有学生每次正规考试的成绩分析数据以及教师历次业务考试的成绩，掌握数据最全。教师所得荣誉，每学期及时由校办及教科室汇总登记。因此，此项考核的主体由校办、教学处和教科室组成。

（2）年终考核

年终考核是对全体教职员工的考核，是非常重要的常规考核。根据此项考核的特点，个人根据"德"、"能"、"勤"、"绩"四个方面述职自评，再由年级段、教研组长、各处室领导考核，最后考核领导小组考核。三部分的考核各占一定的权重，最后换成总分，根据分值的切分划定哪些教师在红区,哪些教师在黄区,哪些教师在蓝区。因此,年终考核的主体有个人自己、各位段长和校领导。

2. 对群体绩效的考评

群体绩效反映了一个团队的凝聚力和向心力,表现出一个学校的战斗力,同时也反映出一个学校的实力。此项考评主要有三部分:一是对备课组会考成绩的考核;二是对高三年级段、备课组和班级高考成绩的考核;三是对年级段和备课组期末成绩的考核。

(1) 对备课组会考成绩的考核

由于会考是浙江省统一组织的机密性考试,台州市教研室会做出详细的数据分析。教学处只要根据全市的数据分析和学校的会考要求指标就能进行考核,不需要有更多的人员参与进来。所以,教学处是考评的主体,具体考评过程由教学副校长负责,教学处主任与教学处工作人员按要求进行数据汇总,就能准确得出哪一种备课组处于红区、黄区或蓝区。

(2) 对高三年级段、备课组和班级高考成绩的考核

高考是全国性的机密性考试,台州市会对全市各校的高考成绩进行数据分析。教学处只要根据市的数据会析和校高考捆绑式评价中的指标要求操作就能进行考核,不需要其他人员的参与。所以,对高三年级段、备课组和班级高考成绩的考核,考评的主体是教学处,具体操作由教学副校长负责,教学处主任与教学处工作人员按照要求进行数据汇总,就能明确年级段完成指标情况,评出哪一个备课组处于红区、黄区或蓝区,哪一个班级处于红区、黄区或蓝区。最后根据上重点和本科的人数,可确定年级段的教学质量位居台州市的哪一位,从而确定高考质量处于哪一区域。

(3) 对年级段和备课组期末成绩的考核

期末考试有期特殊性,都是由台州市统一组织、统一考试、统一分析的。台州市会对全市29所学校的期末成绩进行数据分析。教学处只要根据市的数据分析和学科评价中的指标要求操作就能进行考核,不需要其他人员的参与。所以,对各年级段和备课组期末成绩的考核,考评的主体是教学处,具体操作由教学副校长负责,教学处主任与教学处工作人员按照要求进行数据汇总。根据总分的平均分和优秀人数就能明确年级段的整体实力,处于台州市的哪一位,从而划为红区、黄区或蓝区的哪一区域;根据学科的均分和优秀人数,评出哪一个学科备课组处于红区、黄区或蓝区。

(4) 星级教研组考评

星级教研组的评审是学校加强教研组建设、提升教学质量的重要举措。此项评审是真正实现向教科研要质量,以质量求生存、以质量求发展的办学策略的实践,以此加快学校的教育教学改革步伐,逐步提高学校的办学档次。教研组评审是涉及全校12个教研组,考核内容为所有成员多方面的工作业绩。以下以洪家中学2009学年星级教研组评审为例,阐述考核的主体。

星级教研组评审设立专门评审小组,其成员包括组长1名,由校长担任;副组长3名,由书记与两位副校长担任;组员10名,由各处室主任和各教研组组长组成。评审小组还设有办公室主任1名,副主任1名,办公室成员3名。这一考评主体包含了上级、下级、同事、自我在内,使得各类弊端相互牵制抵消,实现最公正可靠的结果。

具体来说,在评审过程中,考评小组人员再根据评审内容进行细化分工:①教研常规

中的计划总结、教研活动记录——语文和物理教研组长;②教研常规中的备课作业、公开课——数学和历史教研组长;③专业水平中的基本功、业务进修——英语和生物教研组长;④专业水平中的教学满意度、教学业绩中的质量目标完成情况——教学处2位主任;⑤教学业绩中的教师比赛、学生获奖情况——化学、地理和体育教研组长;⑥科研成果——教科室主任和技术教研组长;⑦审核——四位校级领导。

经过这样的挑选、组织、分工、合作,考评的主体才能真正落实并发挥最佳作用。

3. 对组织绩效(学校绩效)的考评

由于学校绩效组成的层面不同于其他绩效,因此此项考评有其不同的地方,它包括了上面的各项内容,要结合各个不同人员加以整合才能确定整体实力。对组织绩效的考评既有上级部门对学校的考评,也有师生对学校的评价,还包含了家长的满意度。综合各方面的实际情况,根据《洪家中学绩效操作标准》最后确定属于红区、黄区或蓝区。

(二) 班级管理绩效考评

红黄蓝管理既注重对教师个体的考评,也注重对教师群体的考评。班级作为学校的基本组织单位,对班级管理绩效的考评是红黄蓝管理的重点关注之一。

1. 班级百分竞赛的考评

班级百分竞赛是对每个班级一周内各项情况的考核,由教育处、年级段和值周班学生进行打分考核。此项考评标准由教育处制定,考核的主体是教育处成员,年级段段长和值周班学生以及值日教师,由上述人员共同分工进行打分。百分竞赛是班际之间的竞争,也允许其他的班级共同参与管理。最后教育处根据打分情况汇总数据,再根据红黄蓝的标准线共同协商,确定哪个班级在红区、黄区或蓝区。

2. 寝室考评

寝室管理学校对班级和学生管理的一项重要指标,管理的好坏直接影响学生的学习状况。此项考核由教育处、值日学生、值日教师、行政值周领导及生活指导共同完成。

3. 班主任考评

班主任是班级管理的组织者,是学校教育教学管理的主要力量。班主任工作的质量直接关系学校的教育教学质量。班主任以年级段为单位,由年级段段长统一管理并分派任务。班主任与学生的关系最为密切,接触时间最长,因而对于班主任的工作状况,学生也是很好的发言人。因此,班主任考核的主体由校领导、各处室领导、年级段段长和学生共同组成。

4. 优秀班集体的考评

根据《洪家中学优秀班集体绩效量化考核方案》,此项考核内容包括了百分竞赛绩效、寝室管理绩效、活动组织绩效、班主任责职绩效、学生状况绩效和学习成绩绩效,涉及人员比较多。各块内容由不同的考核人员加以考评,再根据六部分考评情况结合考评的权重进行换算,最后由考评小组来定夺。根据考评情况,属于蓝区的班集体推荐为优秀班集体。

(三) 后勤服务绩效考评

根据后勤服务绩效指标的内容,对后勤人员的考核分为行政后勤关键岗位绩效考核与食堂岗位服务绩效考核。行政后勤关键岗位绩效考核日常由全体师生及学校有关行政后勤处室进行评分考核,每学年由学校考评小组综合各方面情况,从政治思想品德、业务水平、工作成绩、履行岗位职责情况四方面，对行政后勤人员工作绩效进行综合考评，确定行政后勤人员工作达到的红黄蓝区域。

食堂岗位服务绩效考核从工作态度、仪容仪表、礼貌礼节、工作规范、工作纪律、环境卫生六方面，由全体教师、学生、家长以及上级饮食卫生安全检查部门一起考评，学校膳食科进行每日常规点评，学校考评组综合各方检查考评情况，确认食堂员工红黄蓝绩效考核等级，并根据考核等级按月给予一定的奖金激励。

（四）学力绩效考评

学生的学力绩效考评是对学生学力情况的分析，也是检验学校教学质量的一项重要内容，对学校分析本校教育教学状况和对下一阶段策略的调整有着重要的指导作用。

1. 任务绩效的考评

由于任务绩效主要是涉及学生的期末成绩和学习水平测试成绩，所以此项考评主要由教学处来完成。

2. 周边绩效的考评

周边绩效包含的内容比较多，因此涉及的人员也比较多。由行政值日领导、值日教师和值周班同学反映学生的表现情况，由班主任和科任教师评价学生的学习情况，由教科室提供学生的竞赛状况和社团活动情况，也包括学生的自我评价。

简而言之，洪家中学考核主体包括以下部分（参见表7-1）。

表7-1 洪家中学考核主体

项目	级别	谁来考
会考成绩	团队	教学处根据学校制定的合格率和A、B率要求进行考核
高考成绩	团队	教学处根据学校制定的高考捆绑式评价中要求进行考核
班级百分竞赛	团队	教育处、年级段、值周班学生
寝室管理	团队	由教育处和生活指导及值日学生
教研组评审	团队	由校领导、各处室负责人、教研组长、部分教师
班主任考核	个人	年级段、教育处、学校中层及校级领导
教师绩效	个人	学生满意度调查和教学处的数据分析，结合平时的表现情况
年终考核	个人	教师本人、各处室负责人、考核小组
行政后勤人员考核	个人	教师本人、各处室负责人、学生、家长、考核小组

二、绩效考评的客体

处理好了考评主体的问题，剩下的就是谁是客体，即"考谁"的问题了。绩效考评的客体，主要视考评的项目与内容来定。

（一）教学绩效考评

不同的教学绩效考评有其不同的考评客体。

1. 对教师绩效的考评

不同的考评内容有不同的考评客体。在教学业绩考评中，其客体是全校一线教师；而在年终考核中,其客体是全校教职工。

2. 对群体绩效的考评

不同的群体绩效有其不同的团队,也就是考评的客体是不一定相同的。

(1) 对备课组会考成绩的考核

根据会考的捆绑式评价的要求,此项考评的客体是各备课组及组内各成员。

(2) 对年级段、备课组和班级高考成绩的考核

根据高考成绩的捆绑式评价的要求,此项考评的客体是高三年级段、高三备课组和高三班级和高三一线教师。

(3) 对年级段和备课组期末成绩的考核

根据学校对年级段和备课组的指标要求,此项考评的客体是各年级段和各备课组。

(4) 星级教研组考评

根据学校星级教研组的评比要求,此项考核的客体是全校各教研组,实际上也考核了组内各成员的教学业绩,以及组员对自己能力提升的要求。以洪家中学 2009 学年星级教研组评审为例,考评对象是全校各个教研组。各个教研组明确后,即可以着手准备材料:

各教研组按照以下顺序分类装订,并入档案盒后上交。具体分类如下:①自查自评报告;②《星级教研组量化考核表》;③教研组计划、总结;④教学进度表;⑤教研组活动记录;⑥备课组活动记录;⑦公开课;⑧学历、职称、普通话证书;⑨其他。

3. 对学校绩效的考评

此项考评的客体就是学校组织,依据上级部门教育督导的要求,对学校整体的办学水平进行考核。

(二) 班级管理绩效考评

班级管理绩效有很多的内容,它的每一部分考核的客体也是不尽相同。

1. 班级百分竞赛的考核

根据班级百分竞赛的评比要求,此项考核的客体是全校各班级,实际上不仅考核了学生,也考核了班主任。

2. 寝室考核

根据寝室红黄蓝评比的要求,此项考核的客体是全校各寝室,实际上不仅考核了寝室学生的自主生活能力,也考核了班主任的管理能力。

3. 班主任考核

根据学校班主任考核条件,此项考核的客体是全校班主任。

4. 优秀班集体的考评

根据《洪家中学优秀班集体绩效量化考核方案》,此项考核的客体是全体班级。

(三) 后勤服务绩效考评

此项考评的客体是学校的后勤团队。

(四) 学力绩效考评

此项考评的客体是学校的所有学生。由于要考核全体学生,所以此项工作的工作量是非常大的,难免会出现一些偏差。

"考谁"的问题看似简单,实则重要。考评主客体分明,使得考评的开展更为规范、有序。针对考评项目,考评客体对号入座,找准自己的位置,明确考评要求,才能在工作中有

的放矢，提高工作积极性。简而言之，洪家中学考核客体包括以下部分（参见表7-2）。

表7-2 洪家中学考核客体

项 目	级 别	考 谁
会考成绩	团队	备课组及各组员
高考成绩	团队	年级段、备课组及班级
班级百分竞赛	团队	班级
寝室管理	团队	各男女生寝室
教研组评审	团队	全校各个教研组
班主任考核	个人	班主任
优秀班集体	个体	全校班级
教学业绩	个人	一线教师
年终考核	个人	全体教职工

第五节　红黄蓝管理中绩效考评的方法

在红黄蓝管理模式中，绩效受多种因素的影响并具有多方面的内容。根据绩效考评内容的不同，绩效考评方法也是多种多样的。由于每一种绩效考评方法的基本类型都有自身的优缺点，因此也就具有各自的适用范围。

一、洪家中学捆绑式评价方案

（一）目的和意义

为了进一步调动广大教师的教学积极性，实现按绩取酬，进一步提高我校的教学质量，早日实现强校目标，特制订此方案。

（二）操作方法

1. 高考质量奖（达到目标为黄区、蓝区，未达到为红区）

（1）保底奖

完成椒江区对高三年级高考前一年制定的"保底位"目标，给高三段发放奖金总额的50%。

（2）班级、备课组奖

① 备课组、年级段段长分配方案

考核主要依据各科区高考平均分。

文科综合和理科综合三科进行捆绑式考核。

文科和理科分开进行评估（不包括美术班与计算机班）。

平均分差距参照区平均分进行考核，不能低于每学年开学初学校制定校与区之间的平均分差距。

备课组考核要求：低于开学初学校制定校与区之间的平均分差距，则扣掉备课组当年的高考升学奖金。

年级段段长考核要求：年级段段长与年级段捆绑。

② 班级分配方案

特快班完成高三段一本以上指标（按教育局下达指标分配）。

创新班完成高三段二本和三本指标（按教育局下达指标分配）。

普通班完成高三段上线率和专科线指标（按教育局下达指标分配）。

③ 奖惩方案

备课组当年未达到要求的要扣除当年学校发给备课组全部高考升学奖金（附备课组奖金点数说明）。

班级奖金方案：特快班未完成一本和二本人数总和要扣除班级奖金70%，未完成重点人数要扣除班级高考升学奖金30%。创新班未完成二本和三本人数总和的，要扣除班级奖金70%，未完成二本人数的，要扣除班级高考升学奖金30%。普通班未完成上线率的，要扣除班级奖金70%，未完成专科人数的，要扣除班级高考升学奖金30%。

凡是未完成目标的备课组中的最后一名老师视成绩差距，由学校校长办公会议讨论决定三年内是否担任高三的教学或转二线。

2. 会考质量奖（达到目标为黄蓝区，未达到为红区）

（1）会考合格奖

根据会考合格率建奖，全年级会考合格率达到98%，

（2）学科水平奖

根据学科水平总体评价建奖。

① 年级段合格率未达到98%以上，学校将取消对整个备课组的奖励；在完成合格率基础上，以班为单位，合格率在95%以下的班级取消该班任课教师的奖励。

② 特快班完成A、B率达85%以上，创新班完成A、B率达60%以上，普通班完成A、B率达25%以上。完成合格率基础上，以班为单位，特快班在85%以下，创新班在60%以下、普通班在25%以下，取消以上奖。

（三）奖励发放时间

每学期的开学典礼是学校规定的奖励发放时间，名单及成绩由教学处提供。

捆绑式评价充分体现团队精神。每一位教师的发展都离不开学校的支持和同事间的帮助。要想打造一支优秀的教师队伍，必须强调教师间的团队精神。在评价时，教研组、年级段、学科成绩等指标都是以团队为主来进行考核的。例如，学校的学科会考成绩考核和高考成绩考核必须是整个备课组合格率达到规定要求，若整个备课组未达到学校要求，哪怕个人成绩优异学校也不予以认可。通过此评价方法，学校会考的成绩最终评价大部分学科都能进入黄区，有些学科不能进入黄区，原因是个别教师的成绩不理想，影响团队的成绩，这样势必造成对这位教师的压力，让全组成员帮助他，他自身也要通过努力提升成绩来达到黄区。目前，有几个学科已经进入蓝区了。

高考的捆绑式评价更反映年级段的整体实力，注重年级段的统力合作，学科间的融合，时间的合理安排，学科内的互相帮助，强调年级段的凝聚力工程建设。从总体上看，年级段要达到教育局的教学指标，如果不能达到，就进入红区，如果达到了才能是黄区水平，如果再能达到学校指标，这样才进入蓝区。一个教师的教学质量直接会影响一个班级的成绩，使这个班级不能完成指标；而一个班级的教学质量又会影响一个年级段的整体质

量。在整体的驱使下，教师的集体荣誉感越来越强，学校的教学质量越来越好。

通过多年捆绑式评价的实践努力，教师的合作意识明显增强，教学质量不断提升。

二、以校长评价为核心的学校评价

校长对教师的工作态度、能力和效果做出全面公正的评价，对于调动广大教师的积极性，促进教学质量的提高具有重要意义。学校的中心工作是教学，教学质量的高低主要取决于教师。校长要广泛地听取群众的意见，多渠道地收集信息，并能根据教师在专业中存在的不足提出改进建议。

以校长评价为核心的学校评价主要采取日常观察、听评、常规督导、面谈、查阅教师发展研究成果、查阅其他主要的评价资料等方式对教师进行评价，操作要求如下。

（1）由学校领导班子成员及主要职能部门的负责人组成学校评价领导工作小组（简称校评小组，人数由学校规模大小而定，一般以7~9人为宜），负责对全校教师进行评价，一般每学期进行一次。

（2）在学期结束前，由校评小组根据教师的自评、组（段）内互评、学生及家长评价等内容，结合有关职能部门提供的统计数据，对每位教师进行综合评价。

（3）学校领导对教师平时的教研课、优质课比赛及时进行听课、评课，收集教师课堂教学信息，并根据评价体系，对学校的每一位教师做出恰当的评价。学校将平时评价结果视为期末评价量化的依据。

考核分优秀、称职、基本称职和不称职四个等次，90分（含）以上定为红区，即优秀，蓝区70分（含）以上定为称职，60分（含）以上定为基本称职，红区少于60分及有下列行为之一者评为不称职。这是一种自上而下式的教师评价，它是由校长对教师实行的评价。校长一般通过听课、调查学生、与教师谈话、检查教师的教案和作业批改情况、考察教师教学效果记录等，对学校教师进行评价。

为了给校长与同事评价提供客观依据，以保证其评价的可靠性、可行性，学校主要采用了课堂教学评价与学生评价两种形式。课堂听课也是一种常用的教师评价方法。洪家中学制定了随堂听课制度，由学校领导、教研组长、同年级教师、同学科教师，甚至不同学科教师和学生对课堂教学进行评价。课堂教学评价的一般步骤是：课堂教学的文字记录；听课者与执教者的对话；执教者的自我反思。课堂教学评价的重点是：教师教学设计的创造性与思考的深度、广度；学生学习的兴趣，感情投入，参与度；学生思考的深度。如课堂教学展示周和课堂教学评比中采用这一评价。

学生评价主要采用学生座谈会、校长信箱、教学问卷调查、个别征求意见等方式进行评价。操作要求：评价前要对学生进行适当的评教培训，让学生了解评教的目的、意义、内容、过程、原则、程序以及工具等，要信任学生，鼓励学生讲真话、实话；要正确引导学生对教师的教学态度、教学效果、教学水平、教育工作等方面的表现做出恰如其分的评价；要适当顾及学生对班主任与科任教师的不同接纳程度；要考虑学生的年龄特征，设计合适的调查表或问卷表，注重点面结合，特别要考虑大多数学生的评价意见。

三、同事评价

教师之间相互评价也是一种比较民主的教师评价方式。事实上，教师教育教学与专业发展中所存在的问题，一些专家和领导乃至于教师自己都未必能看得十分清楚，而处在同一环境下的教师同行往往更能发现问题。作为评价者的教师和被作为被评价者的教师相互合作、沟通，建立一个开放的、学习型教师评价组织，在其中教师们可以相互学习，共同发展。这其实是学习型组织理论在教师评价中的运用，是教师评价所追求的一种理想境界。[①]

红黄蓝管理中洪家中学同事评价制度总体从"德"、"能"、"勤"、"绩"四个方面考核，具体考核内容及量化计分办法为：考核共计100分，其中"德"20分、"能"20分、"勤"20分、"绩"40分、专业发展10分（参见表7-3）。总分90分以上为蓝区，60—90分为黄区，60分以下为红区警戒区。

表7-3 洪家中学红黄蓝绩效考核教师互评表

（一）指标框架

指标	分解	考核要点
德（15分）	思想政治素质（5分）	1. 爱岗敬业。 2. 遵纪守法。
	职业道德（5分）	1. 作风正派，为人师表。 2. 尊重学生，不体罚或变相体罚学生，不歧视学习困难的学生。 3. 廉洁从教，不从事有偿家教或其他第二职业。
	团结协作（5分）	1. 在团队中有协作精神和大局观。 2. 有良好的人际关系，有一定的协调能力。
能（20分）	专业技能（10分）	1. 具有一定的班级管理的能力，善于调动学生和组内、年级内教师的积极性，协调教师、学生和家长的关系。 2. 具有指导、辅导、引领本班学生的能力。 3. 积极参加各类培训，开展研究性学习活动，开展社团活动。 4. 树立终身学习的思想，提升专业水平。
	教学技能（10分）	1. 能运用各种媒体制作课件进行教学，及时反思提升。 2. 有较强的教学能力。 3. 能自编习题，出好高质量的试题。 4. 能对考试做出有效的评价，从而提升自己的教学水平。
勤（20分）	工作责任心（10分）	1. 遵守学校各项规章制度。 2. 以事业为重，具有奉献精神。
	岗位职责（10分）	1. 积极完成本职工作和学校分配的各项任务。 2. 按时参加各种会议，积极学习。

---

① 赵孝云. 师生间互相影响的评价改革[EB/OL]. http://www.jiaoyan.cn/25/84/2007-03-24/3939.html, 2007-03-24.

续 表

指标	分 解	考 核 要 点
绩（45分）	教学质量（25分）	1. 任教班级学生平均分处在黄区或蓝区。 2. 任教班级学生会考合格率达98％以上，完成高考指标。 3. 任教的学生学习习惯良好，能独立完成作业，学习能力强。 4. 在各阶段检测中，教学成绩优异，平均分、及格率、优秀率均名列前茅。 5. 能承担竞赛任务。
	教研与科研成果(10分)	1. 每学期听课15节（含15节）以上，至少承担各类公开课1节（校级或区级或市级），或者开一次讲座。 2. 至少撰写1篇教育教学论文或经验体会。 3. 有课题研究任务，并有研究性成果。 4. 每学期上交一篇教学反思札记。
	专业发展（10分）	1. 注重形象，严格要求自己。 2. 发挥示范表率作用，引领学生树立正确的人生观和价值观。 3. 积极反思自我，形成个人独特的教学风格。 4. 及时关注各类教育信息，及时给自己充电。

（二）教师互评表

姓 名	得 分	姓 名	得 分	姓 名	得 分	姓 名	得 分	姓 名	得 分

四、教师自我评价

教师通过自我价值分析判断、别人对自己评价、自我反思、工作总结等来分析评价自己。教师自我评价有以下的操作要求：教师要正确对待他人给予自己的评价，正确认识自己的优势与不足；全面客观地进行比较，不断地反思与完善自己；应有自己规划的发展目标，不断挑战自我、超越自我。

为帮助教师实现客观准确的自我评价，洪家中学以激励教师主体能动参与、积极自我反思、主动和谐发展的全新评价方法，为教师们建立"教师成长博客或成长档案册"，并且把它作为教师发展性评价的一个很重要的方式。这是一项非常简单易行而科学有效的措施。"教师成长博客或成长档案册"就是教师个人成长的文字性记录，收集了教师专业学习的成就和进步的材料，真实地反映教师专业成长的历程，主要包括个人基本信息（个人资料、个性特长等）、个人记录（教学计划、随笔、优秀教案、论文、获奖证书）等方面的内容。这是反映教师对"蓝黄"的追求，同时它也是教师成长的真实足迹。学校利用校园网为每个教师开放网络空间，各教师建立自己的个人博客，对各种内容分类上传、整理充实。学校可以为教师提供文件盒，每位教师根据档案册总科目分类撰写、组织、整理材料；平时由教师自己保管，学校不定期督促检查，并于期末进行全面评定和展评，再归入个人档案。

"教师成长博客或成长档案册"以发展性评价为基础,以读书、写作、反思、研讨等现代创新型教师的行为方式开展工作,把教师从繁忙的传达、要求、布置、检查、训斥中解放出来,真正关注自我、关注内心、关注成长;它以新的角度诠释了教师工作的丰富内涵,内容涵盖了教师学习、工作、生活的各个方面,集"多元化、形成性、发展性、人本化"等特点于一体,对教师综合素质的提高和班级工作起到巨大的推动作用。以教师个人的材料和实际工作情况为基础,从思想心态、基本素养、科研能力、工作绩效、幸福满意程度等多个方面对自己教师工作的综合素质评价做相对性和绝对性模糊对比评价。相对性,就是和本人以前的工作情况、综合素质等做比较分析,肯定进步,找出不足,提出希望。具体记录内容如下。

1. 蓝色憧憬

所谓蓝色憧憬,是针对个人专业发展理想而制定的个人职业生涯规划,包括:(1)"近期规划"——写自己本学期和学年的班级管理、个人发展计划和措施;(2)"中期规划"——侧重3—5年的个人教师成长方向、目标和成果;(3)"长远规划"——从职业的选择到事业的追求,为自己的教师生涯做一个定位,突出个人特色。

2. 金黄色的追求

金黄色的追求包括"学习篇"和"教育篇"。"学习篇",记录自己读书、参加培训、讨论交流、专题积累等行为和素材;"教育篇"以日记体形式,或长或短、或叙或议的真实记录自己教育教学生活中的每一天,其具体内容如下。

(1)"精彩一刻"——展示自己教师工作过程中的精彩的班会、晨会、家长会等活动的构思、过程和效果;

(2)"拓展与创新"——主要汇集自己班级教育教学中的一些创新性设想、方法、活动及实践意义与展望;

(3)"课题研究"——专门分析自己参与课题研究的背景、措施、方法、经验、教训等具体实践情况;

(4)"教学反思"——梳理自己在教育教学工作中对典型事件或问题的回顾与反思;

(5)"春花秋实"——自己在教育教学中获得的各级奖项、荣誉等名称、说明,或者社会、学生与同事的宣传、赞誉等;

(6)"桃李芬芳"——培养、辅导学生显著转变的证明材料或参加各种展示活动、竞赛的奖励等。[1]

五、微格教学评价

微格教学是一种典型的模拟教学实习。微格教学的主要优势在于它的及时反馈评价功能。它通过课堂录制或现场播放,使教师能够了解自己的课堂表现。洪家中学在对青年教师的培训过程中,经常使用微格教学。在实际过程中,微格教学可按以下程序进行:(1)教师选择一种需要练习的教学技巧;(2)决定什么内容适宜于练习此种教学技巧;(3)选择教学方法和教学策略;(4)编写教案;(5)与指导教师商讨教学计划,做好教学准备;(6)落实教学的时间、地点,邀请教研组教师听课;(7)预备电脑多媒体设备,录像机以及录像员,在教

---

[1] 郑立平.自我管理与自我评价:班主任专业化成长的核心因素[J].中国教师,2010(13):4—7.

学过程中同时录像;(8)教学完毕,播放教学录像带,实习教师、同事以及指导教师,观看录像带并作笔记;(9)教研组同事听课后进行反馈,实习教师进行自我检查,指导教师提供评价意见,商讨从何处入手修改教学;(10)实习教师再进行试教。

作为一种模拟教学实习的微格教学的评价具有自身的特征:(1)人少,主要评价者是此项活动的指导教师,评价对象为参与微格教学的教师;(2)省时,每人摄像时间5～10分钟;(3)集中,针对特定的教学技能(如导入技能展开),针对特定的教学内容(如英语完成时态、虚拟语气展开),比较集中;(4)直观,回放、放大、慢放、定格。

微格教室评价有以下步骤:(1)准备专用教室、摄录设备、黑板、课桌等;(2)制作评价表;(3)编写教案,目标内容、步骤技能、教具准备等;(4)上课录像,每人5～10分钟,评价者充当多种角色;(5)开展评价,先是评价对象自我介绍,然后通过快放、慢放、定格等方法,重播每一位对象的教学录像,开展自我评价、同事互评和专家点评。

微格教室评价应注意以下事项:(1)针对本次教学;(2)完善自我评价法,学年开始前是诊断性自我评价,学年过程中形成自我评价,学年结束时形成终结性自我评价。

对于微格教室效果来说,有多种评价方式:(1)教师通过重播自己的录像,分析问题,肯定成绩,进行自我纠正和评价;(2)评价者通过听课、观看录像对教学情况进行讨论、分析和评价;(3)指导教师对教学情况进行全面的分析、评价,并提出改进意见。

洪家中学在实施红黄蓝绩效管理模式中,在微格教室评价方面,建立了自身独特的一套评价体系,促进了学校课堂教学的改进(参见表7-4)。

表7-4 洪家中学微格课堂教学红黄蓝评价表

被评价人　　　授课班级　　　　时间　　　　节次

内　容	标　准	分　值	得　分
教学目标	目标明确、具体、适切,符合学科课程标准和学生实际。	10	
教学内容	教学内容正确充实,符合学生的认知规律,突出重点。	10	
	有较强的教材处理能力,能整合教学资源,力求恰当、有效,凸现学科内涵。	10	
教学过程	课堂教学过程合理、有序,能激发学生兴趣,注重引导学生主动学习,积极思考。	10	
	关注全体,注重启发性和针对性,教学形式、方法灵活、得当,发挥教学机智。	10	
	多媒体课件效果教学环境有序、互动、民主、和谐。	10	
教学素养	语言准确简练、形象生动、流畅,教态自然亲切。	10	
	板书简明清晰,设计合理,教学基本功扎实,组织教学有条不紊,技术运用恰当,调控应变能力强。	10	
	学科功底厚实,知识面广,有探求新知识的热情。	10	

续 表

被评价人		授课班级	时间	节次	
内 容	标 准			分 值	得 分
教学效果	落实"双基",课堂教学目标达成度高。			10	
教学点评					
总分					
备注	总分 85分为蓝色;75—84分为黄色;60—74分为黄色;60分为红色				
是否胜任					
现任教学工作					

评价人签名：　　　　　　评价日期：

六、目标合同评价

　　学校根据三年发展规划制定自己的总体目标，并将这一目标交教师进行讨论，通过几上几下的讨论与沟通，使这一目标与教师达成共识。教师与学校领导共同商定"目标合同"，教师自我评价并起草目标合同（三年总体目标，学年阶段目标）。范围：学历提高、专业进修、撰写论文、提高成绩等，然后将目标付诸实施，争取一年一个样，三年大变样，很好地履行目标合同。[①]

第六节　红黄蓝管理中绩效考评的时机与频度

　　考评时机和周期的选择也是决定一个组织绩效考核系统有效性的关键点。绩效考核的组织者可以从不同的角度、视不同的考评目的并根据不同的具体情况加以选择。

　　绩效考评周期性究竟应该多长时间才算合适？对此没有定论。根据学校管理的实际情况而定，有些内容是每年一次，有些内容可以是一学期一次，也有半个学期一次，甚至一个月进行一次。如果考评周期太长，就很难开展持续性跟踪监督日常绩效状态；如果周期太短，考核次数就会增加，就会增加考核组成员的工作负担，也会影响学校的正常工作的开展。根据学校的实际，绩效考评是以一年或一学期为周期相对比较合适。

　　绩效考评周期长短以及考评时机的把握还要与具体考评目的相适应。如果考评目的主要是用于奖励，那么考评周期应尽量与奖酬期限相契合，最好在每次奖酬兑现之前完成考评任务。如果考评目的主要是为了总结考评一定时期、一个单元或一项工作任务的完成情况，以便改进下一步的工作或生产经营状况，那么考评时机和周期的选择应视不同人员的工作性质或生产经营周期而定。

　　此外，考评时机和周期的选择还可以从经济合理性方面考虑。如果从考评成本与收益

---

① 王斌华．教师评价：绩效管理与专业发展［M］．上海：上海教育出版社，2008：56．

分析的角度考虑问题，那么对于一个新教职工或年轻教师进行频率很高的考评，其边际收益可能会很显著；而对于任职其限很长的骨干教师和优秀教师来说，花费很大的成本进行频繁的考评所得潜在收益可能很小，这样既不重要也无必要。

一、绩效考评时机的把握

绩效考评的时机把握应主要根据激励与监督总结的最佳效果来选择。最合适的时机应该是最能够激发员工的积极性，促进反思改进的某个时段。

洪家中学的高考成绩考评，在每年6月台州市高考成绩公布后开展，学校教学处结合区招生办提供的高考成绩，根据学校制定的高考捆绑式评价中的要求进行考评，并及时反馈给年级段、备课组与班级。由于高三年级的特殊性，高三毕业班教师在经过一年甚至是三年的努力与辛苦之后，心理上与高三学生一样迫切地盼望知道自己的成绩情况。在这种情形下，及时地评估考核以及反馈，顺应了教师的心理需求，最能达到激励效果。

同样，每年的会考成绩考评时机也选在每学期浙江省会考成绩公布之后，学校教学处结合全市成绩的分析，及时进行考评。每学年的期末考成绩考评也如此。相对于高考会考而言，期末考周期较短，但这是对于教师一学期的教学业绩检测，及时地考评有助于教师总结分析自己一学期的教育教学工作，成绩优秀的教师巩固优势，得到激励；成绩欠佳的教师反思不足，考虑假期的充电提高，从而为下一学期更好的工作做好铺垫。如果将高考、会考、期末考等都放在一个时间点进行考评，如到年中或年底考评时，教师的工作情况已是时过境迁，考评在很大程度上受考评者近因效应的影响，其结果的客观性和准确性是很值得怀疑的。根据心理学的研究成果，激励讲究及时性，否则激励的效果会以指数关系递减。因此，选择恰当的时机是组织绩效考评系统有效性的关键点，若不能把握好，考评激励的效果将迅速下降，大打折扣。

二、绩效考评频度与周期的安排

单纯从绩效考评的效果上看，考评的频度越高越好。但是，随着考评频度的增高，考评的工作量和成本也将大幅增加，过频的考评是不经济、不现实的，而且也会容易引起教师的反感，增加他们的心理负担。那么，绩效考评的频度到底以多少为宜呢？我们认为，这取决于学校发展的具体状况和学校管理的实际水平。

所谓考评的周期，就是指多长时间进行一次考评。这与考评目的和被考评职位有关系。如果考评目的主要是为了奖惩，那么自然就应该使考评的周期与奖惩的周期保持一致；而如果考评是为了续签聘用协议，则考评周期与教职员工聘用周期一致。

事实上，绩效考评周期还与考评指标类型有关，细细深究，不同类型的绩效考评指标也需要不同的考评周期。对于任务绩效考评指标，可能需要较短的考评周期，如一个月。这样做的好处是：一方面，在较短的时间内，考评者对被考评者在这些方面的工作结果有较清楚的记录和印象，如果都等到年底再进行考评，恐怕就只能凭主观感觉了；另一方面，对工作结果及时进行评价和反馈，有利于及时地改进工作，避免将问题一起积攒到年底来处理。对于周边绩效考评指标，则适合于在相对较长的时期内进行考评，如季度、半年或一年，因为这些关于人的行为、表现和素质的因素相对具有一定的隐蔽性和不可观察性需较长时间考查和必要的推断才能得出趋势或结论，但是，学校应进行一些简单的日常行为记录，以此作为考评时的依据。

目前，洪家中学的各项考评项目有不同的周期安排，如高考成绩考评周期为一学年，会考成绩考评周期为一学期或一学年（视会考科目不同而定），期末考成绩考评周期为一学期，年级段考评周期为一学期，教研组考评周期为一学年。百分竞赛为二周一次，寝室评比周期为一周一次，教学业绩周期为一个学期，年度考核周期为一个学年。我们认为，这一周期安排符合了洪家中学的实际情况，是比较合适的，在实践中也开展的较为顺利。

第八章 红黄蓝管理的绩效信息收集和绩效反馈

绩效管理是一种典型的动态管理,是一个连续不断、循序渐进的累积、改进和提升的过程。在绩效规划、绩效指标、绩效考评之后,绩效信息收集和绩效反馈改进也是绩效管理的重要阶段。

第一节 红黄蓝管理中的绩效信息收集

红黄蓝管理过程离不开绩效信息的收集,这是有效开展工作的前提和保障。收集的内容很丰富,只要是有助于学校绩效管理的内容,都是要引起管理者关注的。例如,工作目标或任务完成情况的信息,来自学生、家长的积极的和消极的反馈的信息,工作绩效突出或低下的行为表现,有助于找到问题(或成绩)原因的其他数据等。

一、为什么要收集绩效信息

为了能进行全面的绩效评价,考核时必须从多个角度来反映员工的工作,使结果更加客观、全面和可靠,特别是对反馈过程的重视,使考评起到"镜子"的作用,并提供了相互交流和学习的机会。因此,绩效信息的收集在绩效管理中具有重要作用。

(一)提供绩效评估的事实依据

在绩效管理中,必须随时收集相关信息,并确保信息真实可靠,因为只有这样才能给绩效评估提供真实的依据,从而实现一种正面的自我发展的激励。在学校绩效管理中,我们可以采用教师自评、主管教学领导考评、同事评价、学生和学生家长考评等来全方位清楚客观地了解教职工。[①]

1. 教师自评

一位老师要想得到别人充分正确且公平公正的评价,首先自己要客观地评价自己。其他人的评价都是围绕着教师平时的言行举止来做出评价。自评是红黄蓝考核的重心,每个教师应该如实地把自己的教学任务、教学业绩、教学特点、自己的个性以最翔实的文字材料表达出来,让其他的考评者有据可依。

2. 主管教学领导考评

这些人员通常有主管教学的校长、教学处主任、年级段段长等人员的考核。这些人员事先应该分批独立行动对教师进行考评,当分批考核结束后大家再召开考评会议,得出比较一致的评价。这样才能更显公平公正,而且教师也就不会抗拒考核队伍的突击检查。

---

① 郑晓明.绩效管理实务手册[M].北京:机械工业出版社,2007:129—131.

3. 同事评价

"旁观者清,当局者迷"这句话运用到教师的绩效考核中也就突显出朝夕相处的同事之间考核的重要性。最熟悉自己的人莫过于经常与自己一起相处、一起工作的人。上级领导也应该充分重视其他同事对考评者的评价。不过,同事的评价意见应该单独收集才能更加客观。我们可以通过填写问卷和访谈的形式收集考评者更多翔实的信息。

4. 学生和学生家长考评

作为教师工作的直接对象,学生经常跟老师在一起,相对来说也较为熟悉老师的人品和学识。家长会和家访的双向互动使学生家长对教师也有一定程度的认识。因此,学生和学生家长参与到对教职工的考评体系中去。[①]

(二) 提供绩效改善的事实依据

我国中小学教师的胜任评价的维度由情感道德特征、教学胜任力、动机与调节等因子构成。可见,分数并不是评价教师的唯一指标。红黄蓝管理的目标是为了给教师提供发展的空间,让他们可以对自己的绩效进行改善。因此,学校可以根据收集的信息,把教师的教学研究、教改实验、创造性教学、校本课程开发和师生关系引入评价的内容。此外,评价标准要防止片面性和绝对化。如对于一些可量化体现的绩效,则尽可能用量化考评,如指导学生竞赛成绩、课题研究成果、论文获奖、高(中)考成绩等。对于很多隐性的成效,如学生创造能力的提高、良好习惯的养成等现代人所应有品质的形成等,应设定相应的定性指标来测评。只有这样才能够使教师的个人成长符合新课改对教师的要求,这也是学校对教师工作的导向。可以说,红黄蓝绩效考核改变了以往的考核不注重德育和科研考核的弊端。在管理中,提高了德育和科研在考核中的权重,对教职员工的绩效改善起到了调节作用。

(三) 提供反思总结的事实依据

传统的教师绩效考评结果常引起学校管理者和教师之间许多冲突,甚至出现难以面对的局面。因此,管理者怕得罪教师和影响教师士气,教师怕得到不好的或不公正的评价而影响自己的工资、奖金、荣誉等。红黄蓝管理注重对过程的关注和评价,在整个管理过程中,绩效反馈和沟通平时较多,因此,教师对自己的绩效心里有数,对结果也不会产生异议。

另外,平时对绩效信息的收集过程也是引导教师学会反思、学会自我总结的过程。学校应从教师成长过程来看待评价结果,为教师建立档案,帮助教师全面了解自己,明确自身的成长阶段和尚需努力的方向。这是学校教师绩效管理中的关键环节,也是区别于传统的教师"绩效考核"的本质。在整个教师绩效过程中,这种持续的绩效诊断和引导充分体现学校管理者为教师服务,为教师创造良好工作氛围的绩效管理的人性化管理理念。

二、收集绩效信息的方法

收集有效信息并不是一蹴而就的事情,而必须贯穿于学校各项工作的始终,并灵活机动地采用以下方法来实现。

---

① 徐鑫,郭家瑜. 360度考核法在中学教师绩效考核中应用的设想 [J]. 湖北经济学院学报(人文社会科学版), 2008 (3): 179—180.

（一）观察法

观察法主要是指主管直接观察教职员工在工作中的表现并对教职员工的表现进行记录。这种收集信息的方法是比较简单而且易于开展的。洪家中学在日常管理中也大量采用了这一方法。如值周领导制度、行政晚间值班制度、年级段段长值班制度、值周教师工作情况登记制度。

（二）工作记录法

工作记录法是指用日常的工作记录来体现绩效情况。这种方法可以有效避免考核时出现的主观性。洪家中学在许多工作中也采用了这种方式。如食堂、超市每日点评制、班主任考核制，班级、公寓红黄蓝考核制度等。

（三）他人反馈法

他人反馈法是指当教职员工的工作是为他人提供服务或与他人发生关系时，就可以从教职员工提供服务的对象或发生关系的对象那里得到有关的信息。这种反馈相对于自评所提供的信息更客观。洪家中学在办学过程中也非常注重从多种渠道来收集相关信息。如每学期都要举行的教师满意度调查、学生座谈、家长委员会座谈交流等。2010 学年，洪家中学还参加了椒江区举办的创建人民满意学校的评选活动，把学校置于全社会的监督之中，从而使学校的绩效管理评价有了更为全面的依据。

三、收集绩效信息中应注意的问题

在收集绩效信息时，红黄蓝绩效管理模式应注意以下问题。

（一）让教职员工参与收集信息

作为学校管理人员，不可能每天 8 小时盯着每一位教职员工进行观察，因此管理人员通过观察得到的信息可能不完全或者具有偶然性。那么，教会教职员工自己做工作记录则是解决这一问题的一个比较好的方法。

（二）要注意有目的地收集信息

如果收集来的信息最后发现并没有什么用途而被置之不理，那么所有的工作都会白费。因此，部门和个人在收集信息的时候要有明确的目的性。例如，高三年级在最后冲刺阶段对学生学情的调查分析，收集的目的是为了找出学生知识的薄弱点，从而给教师的教学提供方向，进而实现学生的有效增分。

（三）可以采用抽样的方法收集信息

学校工作涉及方方面面，如果在信息收集过程中一个也不遗漏，必然会导致人力、物力和时间的一大浪费。因此，在收集信息的过程中可以采用抽样方法，如固定间隔抽样法、随机抽样法、分层抽样法等，从而提高信息的有效性。

第二节 红黄蓝管理中的绩效反馈

学校绩效管理是学校管理的重要部分，也是学校管理的重点和难点。而绩效反馈既是绩效管理的最后环节，又是新的绩效计划制订的重要依据，而且贯穿于绩效管理的全过程，是做好学校绩效管理的重要环节。红黄蓝管理中的绩效反馈包括绩效反馈的定义和重要性、绩效反馈的方式、绩效反馈的结果等几方面。

一、绩效反馈的定义和重要性

（一）绩效反馈的定义

绩效反馈是绩效管理过程中的一个重要环节，它主要通过考核者与被考核者之间的沟通，就被考核者在考核周期内的绩效情况进行面谈，在肯定成绩的同时，找出工作中的不足并加以改进。绩效反馈的目的是为了让教职员工了解自己在本绩效周期内的业绩是否达到所定的目标，行为态度是否合格，让管理者和教职员工双方达成对评估结果一致的看法；双方共同探讨绩效未合格的原因所在并制订绩效改进计划，及时弥补教职员工工作能力的不足。同时，管理者要向教职员工传达组织的期望，双方对绩效周期的目标进行探讨，最终形成一个绩效合约。

（二）绩效反馈的重要性

绩效反馈是绩效考核的最后一步，是由教职员工和管理人员一起回顾和讨论考评的结果，如果不将考核结果反馈给被考评的教职员工，考核将失去极为重要的激励、奖惩和培训的功能。由于绩效反馈在绩效考核结束后实施，而且是考核者和被考核者之间的直接对话，因此，有效的绩效反馈对绩效管理起着至关重要的作用。

1. 绩效反馈是考核公正的基础

由于绩效考核与被考核者的切身利益息息相关，考核结果的公正性就成为人们关心的焦点。而考核过程是考核者的履行职责的能动行为，考核者不可避免地会掺杂自己的主观意志，导致这种公正性不能完全依靠制度的改善来实现。绩效反馈较好地解决了这个矛盾，它不仅让被考核者成为主动因素，更赋予了其一定的权利，使被考核者不但拥有知情权，更有了发言权；同时，通过程序化的绩效申诉，有效降低了考核过程中不公正因素所带来的负面效应，在被考核者与考核者之间找到了结合点、平衡点，对整个绩效管理体系的完善起到了积极作用。

2. 绩效反馈是提高绩效的保证

绩效考核结束后，当被考核者接到考核结果通知单时，在很大程度上并不了解考核结果的来由，这时就需要考核者就考核的全过程，特别是被考核者的绩效情况进行详细介绍，指出被考核者的优缺点，特别是考核者还需要对被考核者的绩效提出改进建议。

3. 绩效反馈是增强竞争力的手段

任何一个团队都存在团队目标和个体目标。个体目标与团队目标一致，能够促进团队的不断进步；反之，就会产生负面影响。在这两者之间，团队目标占主导地位，个体目标属于服从的地位。

二、绩效反馈的方式

在绩效周期结束后，学校管理者依据预先制订好的计划，采取科学的评价方法对教师工作绩效给予一个客观准确的评价和总结，目的是鼓励教师发挥他们的潜力，提高工作效率和质量。绩效评估主体一般包括学生、教师本人、同事及直接上级。

绩效反馈是对绩效评估结果的分析。教师工作能力的提高需要高质量的常规反馈，基于绩效管理的反馈，即使是负面的反馈也比没有反馈要好。负面的反馈也会对教师的工作行为产生一种鞭策性激励，会帮助教师目的明确地改进自己的工作。学校管理者需要与教师进行一次面对面的交谈。通过绩效反馈面谈：一是要使就被评估教师的绩效表现达成一致的看法，从而消去分歧和矛盾；二是要使教师认识到自己的成就和优点，从而对教师起到积极的激励作用；三是要就教师工作中出现的问题与教师进行沟通与分析，找到原因，并根据学校的发展需要共同确定下一阶段绩效改进的优先顺序和重点。

当前，我国学校在实施绩效反馈时，一般都是以总结性呈现——绩效面谈的方式进行。洪家中学的绩效反馈与其他学校一样，在绩效反馈方式上既有一般学校所有的共性方法，如绩效面谈，也有洪家中学自身在绩效管理过程中探索出的行之有效的方式，如过程性呈现——绩效沟通。总体而言，洪家中学的红黄蓝绩效管理模式依据相关理论，主要实施了绩效面谈和绩效沟通等两种绩效反馈方式。

（一）总结性呈现——绩效面谈

学校管理者应根据自己的工作安排，与教师进行适当的沟通之后，拟订一个行之有效的面谈计划，并将面谈计划告诉教师，让教师做好面谈准备，面谈是学校管理者和教师共同完成的工作，需要双方都做好充分的准备，在面谈计划下发的同时也要将面谈的重要性告知教师，使之有一定的心理准备。

1. 绩效面谈的步骤

总体而言，绩效面谈包括了绩效面谈的准备工作、绩效面谈过程、确定绩效改进计划三部分。

（1）绩效面谈的准备工作

在绩效面谈中，学校主管和教职员工都要做好相应的准备。对学校主管来说，应做好以下准备工作。

① 选择合适的时间

选择合适的时间，其目的是为了保证双方都有空余的时间。

② 预备好面谈场地

如采用学校小会议室会更体现会谈的正规性。另外，还可以通过座位的适当安排，缓解教师的紧张心情等。

③ 准备较全面的面谈信息

如教师平常工作表现相关记录及信息，做到有理、有据。

④ 做好充分的心理准备

由于对象不同，面谈中表现的情绪和行为肯定大不相同，因此在面谈前，要对面谈对象有较深的了解，做好应急措施。

⑤ 制定好面谈程序

包括面谈的开头、过程和结束及拟采用相关对策等。

对教职员工来说，应做好以下准备工作。

① 准备表明自己绩效的相关资料或证据

如以事实为依据说明自己在哪些方面做得好，在哪些方面做得不够，以事实说话。

② 准备好个人的发展或改进计划

因为学校绩效管理中一项重要的作用是不断提高教职员工的绩效水平，即更关注教职员工将来的绩效和发展。

③ 做好互动的准备

一方面增加与学校上级主管面谈的机会，向其表达自己的努力及需要得到帮助的地方，另一方面对如何提高自己未来的绩效可与学校主管进行更深入的交流。

(2) 绩效面谈过程

在绩效面谈过程中，要注意以下几点。

① 绩效面谈形式

学校主管应引导教职员工讲出对自身的看法，不宜采取批评的方法，双方以平等的方式进行讨论。

② 绩效面谈目标

要避免没有目的的漫谈，整个面谈以达成一致看法和下一周期绩效目标为计划。

③ 绩效面谈要点

主要谈工作业绩，其他的事务少谈。同时也让教职员工思考下一阶段的工作打算。

(3) 确定绩效改进计划

在面谈结束后，学校主管应和教职员工一起确定绩效改进计划。

① 确定考核结果

双方就考核结果达成一致，并签字确认。

② 提出改进计划

就教职员工的工作弱项进行讨论，提出相应的改进计划。

③ 改进计划

用具体的行动来改进教职员工的工作，包括做什么、谁来做、何时做等。改进计划要求具有实际性、时间性、具体性的特点。

2. 绩效面谈的原则

在进行绩效面谈时，学校管理者应遵守一定的原则。

(1) 绩效反馈前做好充分的准备

"凡事预则立，不预则废"，如果学校管理者在反馈前能做好充分的准备（包括了解教职员工的基本情况，安排好反馈面谈的时间地点以及大致程序等），就可以很好地驾驭整个反馈面谈过程。

(2) 与教职员工建立融洽的关系

不要让教职员工觉得有压力，如入题前先聊聊与反馈内容无关的话题，拉近彼此的距离。面谈时起着"帮助者"、"伙伴"的角色转换。学校管理者在与教职员工进行绩效沟通时最好遵循 20/80 法则：80%的时间留给教职员工，20%的时间留给自己，而自己在这 20%的时间内，可以将 80%的时间用来发问，20%的时间才用来"指导"、"建议"、"发号施令"，因为教职员工往往比学校管理者更清楚本职工作中存在的问题。换言之，要多提好问题，引导教职员工自己思考问题和解决问题，自己评价工作进展，而不是发号施令，居高临下地告诉教职员工应该如何做。

(3) 以事实为依据

对事不对人非常关键，反馈尽量拿出事实依据来，就事论事。不要伤害教职员工的人格和尊严。在绩效反馈面谈中双方应该讨论和评估的是工作行为和工作绩效，也就是工作中的一些事实表现，而不是讨论教职员工的个性特点。教职员工的个性特点不能作为评估绩效的依据,如个人气质的活泼或者沉静。但是,在谈到教职员工的主要优点和不足时,可以谈论教职员工的某些个性特征,但要注意这些个性特征必须是与工作绩效有关的,如一个教职员工个性特征中有不太喜欢与人沟通的特点,这个特点使他的工作绩效因此受到影响,这样关键性的影响绩效的个性特征还是应该指出来的。

(4) 肯定成绩

对教职员工表现好的地方一定要给予充分的肯定,这有利于增强教职员工的自信和消除教职员工的紧张心理。同时不管教职员工的绩效考核结果是好是坏,一定要多给教职员工一些鼓励,加强正面引导,至少让教职员工感觉到:虽然我的绩效考核成绩不理想,但我得到了一个客观认识自己的机会,我找到了应该努力的方向,并且在我前进的过程中会得到学校管理者的帮助。总之,要让教职员工把一种积极向上的态度带到工作中去。

(5) 差别化对待

不同类型的教职员工反馈的重点应该不同,对工作业绩和态度都很好的教职员工,应该肯定其成绩,给予奖励,并提出更高的目标;对工作业绩好但态度不好的教职员工应该加强了解,找到态度不好的原因,并给予辅导;对于工作业绩不好但态度很好的教职员工应该帮助分析绩效不好的原因,制订绩效改善计划;对于工作业绩和工作态度都不好的教职员工则应该重申工作目标,把问题的严重性告之对方。

3. 绩效反馈面谈中的技巧

面谈准备工作固然重要,但面谈的过程更加重要。所以,一定要在面谈过程中注意方式、方法,使面谈在融洽的气氛中进行,真正起到帮助教职员工提高绩效的目的。对一个教职员工的绩效可以从正反两个方面讨论,有表现优秀值得鼓励的地方,也有不足须加以改进之处。所以,面谈反馈也可以从正反两个方面着手,既鼓励教职员工发扬优点,也鞭策教职员工改进不足。在绩效反馈面谈过程中应注意:不要责怪和追究被考评人的责任和过错;不要带有威胁性、教训教师;不作泛泛而谈,多援引数据,用事实说话;对事不对人;既找出缺陷,又诊断出原因;保持双向沟通,不能管理者单方面说了算;落实行动计划;创造轻松、融洽的谈话氛围。

当然,由于面谈对象的不同,学校管理者应掌握相应的技巧才能取得较好的面谈效果,真正发挥绩效反馈的作用。对业绩考核优秀的教职员工,应继续鼓励教职员工上进,为其参谋规划,另外不必对教职员工许愿诱惑。对业绩考核差的教职员工,帮助其分析差距,诊断出原因并帮助其制定改进措施,切忌不问青红皂白、兴师问罪。对连续业绩较差、没有明显进步的教职员工,应开诚布公,让其意识到自己的不足,与其讨论是否现有职位不太适合,是否需更换岗位。对老资格的教职员工,要给予应有的尊重,不使其自尊心受伤害,要充分肯定其过去的贡献,关心他,并为其出些主意。对雄心勃勃的教职员工,不要泼凉水、打击其积极性,要耐心开导,阐明学校奖惩政策,用事实说明愿望与现实的差距,激励其努力,说明水到渠成的道理。对性格内向的教职员工,要耐心启发,以提出非训导性的问题或征询意见等方式,引导其做出积极的反应。对容易发火的教职员工,要耐心地倾听,有问题不要急于与他辩论和反驳,要了解其发火的原因,冷静地、建设性地帮助其找出解决问题的关键。

由此看来,学校管理者是否掌握好沟通技术直接影响着反馈沟通的效果,因此,学校管理者要掌握倾听技术和绩效反馈技术。首先,要培养自己的倾听素质。学校管理者在面谈中应呈现出恰当而肯定的面部表情并辅之以恰当的目光接触，避免出现隐含消极情绪和动作，呈现出自然开放的姿态，不要随意打断教职员工的说话。其次，砺练自己的反馈技术，多问少讲；沟通的重心放在"我们"；反馈应具体；对事不对人，尽量描述事实而不是妄加评价；应侧重思想、经验的分享，而不是指手画脚地训导；把握良机，适时反馈；反馈谈话的内容与书面考评意见保持一致，不能避重就轻，否则会带来不好的效果。最后，增强考核者自身的人格魅力，用爱心和诚信架起真诚的沟通桥梁。

4. 绩效面谈存在的问题及解决办法

在绩效面谈的过程中，面谈双方会暴露出不少的问题。同样地，在学校绩效面谈中也会出现很多的问题，有些问题是学校特有的，但大部分问题是绩效面谈中的共性问题。对于这些问题，学校管理者应采取相应的解决办法。

(1) 典型的问题表现

具体而言，绩效面谈一般会存在以下典型问题。

① 准备不足

第一，资料素材方面，学校管理者平时没有做绩效记录，面谈前未对教职员工的工作行为和能力进行综合评价，面谈素材不足；考核数据不能及时提供，未进行数据确认；教职员工面谈前未及时进行工作总结，事件、问题谈不透等。

第二，人员意识方面，不熟悉考核制度、指标定义、评分规则，出现面谈现场纠纷、指标、数据等细节问题；不熟悉面谈实际意义和面谈程序，出现走过场现象。

② 角色定位不准确

面谈中容易将工作中的上下级关系很自然的带到现场，难以做到以平等的心态进入面谈。部分岗位面谈一开始，学校管理者就开始滔滔不绝地讲，教职员工主要在听，在被动接受，情形有点像被领导叫到办公室分配任务。

③ 沟通不深入，容易将问题症结归因于外

面谈中判断多描述少，针对具体事件的分析少，不能深入挖掘造成差距的自身原因、可控原因，容易将问题归结为其他部门或客观因素。如洪家中学年轻教师多，结婚生子是人生大事，尤其是有了小孩后，一些青年教师往往以难以兼顾家庭和事业为由，工作中存在畏难情绪，怕苦怕累，向学校提照顾要求，不愿挑重担。

④ 有心理顾忌，思想沟通不够

面谈中有些被面谈人不在状态，缺乏面谈沟通的基本前提：眼神的交流。面谈双方因为从来没有尝试过这种沟通方式，心态也放不开，有拘束感。

⑤ 未形成明确改善计划

不少面谈过程往往泛泛而谈，没有拿出明确具体的绩效改善计划，具体举措是什么，有哪些障碍，需要哪些支持等都没有。

(2) 解决方法

针对上述五种典型问题，一般可以从以下四个方面着手。

① 统一面谈当事人的思想认识

绩效面谈的目的到底是什么，对于当事人双方都有哪些意义，这些都是当事人有效开展绩效面谈工作的根本所在。

② 通过考核面谈模拟调整优化绩效方案

由于绩效方案在设计过程中对于很多实际操作的问题难以准确预料并做出合理的安排。例如，考核时间的安排，数据的提取和反馈以及方案中的一些具体规则都有可能因为不合实际而无法有效落实。绩效面谈组织部门可以在绩效面谈开始之前，选择一两个部门或一两个教职员工进行一次面谈模拟，以测试方案程序上的可操作性，再来对具体内容进行调整优化。

③ 做好面谈的准备工作

学校面谈工作问题的根源即在于面谈的准备工作不足，包括前面提到的两个方面的准备工作，因此，做好绩效面谈的准备工作是取得好的面谈效果的前提。当事人要熟悉规则，准备好相关数据、面谈计划等。

④ 恰当地运用沟通技巧

前面提到的典型问题中的角色定位不准确、沟通不深入、有心理顾忌、思想沟通不够都和沟通技巧运用不当有关。细节决定成败。作为一项让管理者颇感劳心费神的工作，绩效反馈面谈的任何一个细节都不可忽视。与每一位教职员工面对面地探讨其一段时期内的绩效考核结果，并分析原因，找到提升业绩的解决方案，本身就不是件易事；若还要让教职员工心悦诚服，则更是难上加难。忽视其中的任何一个细节都会"失之毫厘，谬以千里"，成与败，似乎不仅仅在一线间。

总之，绩效考核实质上是组织的管理者与教职员工之间的一项管理沟通活动，而绩效反馈面谈则为管理者和教职员工提供了一个更为正式的、面对面的平等沟通机会。通过这种沟通，管理者可以进一步了解教职员工的实际工作情况，协助教职员工提升业绩；教职员工也可以了解管理者的管理思路和计划，有利于促进管理者与教职员工之间相互了解和相互信任，提高管理的渗透力和工作效率。

5. 绩效反馈面谈案例分析

同样都是进行绩效反馈面谈，但不同的做法，其结果却大相径庭。"有比较，才有鉴别"，我们不妨来看一组案例。①

（1）失败篇

（差五分钟下班，赵新老师正改好作业收拾整理，准备下班后去幼儿园接孩子，校长走了进来）

校长：赵新，你现在不忙吧？考核结果你也知道了，我想就这件事与你谈一谈。

赵新：校长，我下班后还有点事……

校长：没关系，我今晚上也有个应酬，咱们抓点儿紧。

赵新（无奈地）：那我就来。

（校长办公室，办公桌上文件堆积如山。赵新心神不宁地在校长对面坐下）

校长：赵新，绩效考核结果你也看到了……

（电话铃响，校长拿起了电话，"喂，谁？啊，李局呀，几点开始？好，一定！"……）

校长（通话用了五分钟。放下电话，笑容满面的脸重新变得严肃起来）：刚才我们谈到哪里了？

---

① 钱路. 对比鲜明的绩效反馈面谈 [EB/OL]. http://www.chinahrd.net, 2011-05-25.

赵新：谈到我的绩效考核结果。

校长：喔，你上一年的工作嘛，总的来说还过得去，有些成绩还是可以肯定的。不过成绩只能说明过去，我就不多说了。我们今天主要来谈谈不足。赵新，这可要引起你的充分重视呀，尽管你也完成了全年指标，但你在与同事共处、沟通方面还有些欠缺，以后得改进呀。

赵新：您说的"与同事共处、沟通方面还有些欠缺"具体指什么？

（电话铃再次响起，校长接起电话，"啊，李局呀，改成六点了？好好，没事，就这样。"校长放下电话）

校长：赵新，教职员工应该为领导分忧，可你非但不如此，还给我添了不少麻烦。

赵新：我今年的工作指标都已经完成了，可考核结果……

校长：考核结果怎么了？赵新，别看我们学校老师多，谁平时工作怎样，为人处世如何，我心里可是明镜似的。

赵新（委屈地）：我觉得您可能对我有些误会，是不是因为在上次教师会上我的提议与李主任发生冲突，弄得很不愉快……

校长：你不要乱琢磨。你看看王鑫，人家是怎么处理同事关系的。

赵新（心想：怨不得他的各项考核结果都比我好）：校长，王鑫是个老好人，自然人缘好；但我是个业务型的人，比较踏实肯干，喜欢独立承担责任，自然会得罪一些人……

校长：好了，李局又该催我了，今天就这样吧。年轻人，要多学习，多悟！

赵新（依然一头雾水）：……

校长自顾陪客人吃饭去了，留下赵新一个人愣在那里。

（2）成功篇

校长：小赵，这两天我想就你近来的绩效考核结果和你聊一聊，你什么时候比较方便？

赵新：校长，我星期四功课不多，您定吧。

校长：我星期四下午也没有其他重要安排，那就星期四？下午三点怎样？

赵新：没问题。

星期四之前，校长认真准备了面谈可能用到的资料，他侧面向赵新的同事了解了赵新的个性，并对面谈中可能会遇到的情况作了思考。在这期间，赵新也对自己一年的工作情况对照考核结果进行了反思，并草拟了一份工作总结和未来发展计划。

（星期四下午三点，学校小会议室，宽敞明亮，校长顺手关上了房门，在会议桌头上坐下，赵新侧坐在校长右侧）

校长：小赵，今天我们打算用大约一个到一个半小时的时间对你在过去半年中的工作情况做一个回顾。在开始之前，我想还是先请你谈一谈你认为我们做绩效考核的目的是什么？

赵新：我觉得绩效考核有利于对优秀的教职员工进行奖励，特别是在年底作为绩效奖励发放的依据。不知我说的对不对，校长？

校长：你的理解与我们做绩效考核的真正目的有些偏差，这可能主要是由于我们给大家解释得不够清楚。事实上，我们实行绩效考核，最终是希望在绩效考核后，能通过绩效面谈，将教职员工的绩效表现——优点和差距反馈给教职员工，使教职员工了解在过去一年中工作上的得与失,以明确下一步改进的方向;也提供一个沟通的机会,使领导了解教职员工工作的实际情况或困难,以确定可以提供哪些帮助。

赵新(不好意思地):校长,看来我理解得有些狭隘了。

校长(宽容地笑笑):我们现在不又取得一致了吗?我们现在逐项讨论一下。你先做一下自我评价,看看我们的看法是否一致。

赵新:去年我的主要工作是带领备课组成员抓好高二段英语成绩的提升,但从市统考来看效果不是很令人满意。我们制定了一系列的方法措施(双手把文件递给校长),老师很辛苦,学生也很配合,但成绩提升幅度很慢,离我们计划相去甚远。这一项我只给自己"合格"。

校长:事实上我觉得你们的这项举措是很值得鼓励的。虽然结果不是很理想,我想可能是由于你们没有考虑学生实际水平参差不齐的缘故,但想法和方向都没有问题。我们可以逐步完善,这项我给你"优良"。

赵新:谢谢校长鼓励,我们一定努力。

校长:下一个。

赵新:在英语早晚读的安排和质量上,我觉得做得还是不错的。这一项我给自己"优秀"。

校长:这一点我认同。但我觉得还有一些有待改善的地方,例如,早晚读的小练习,我觉得不同类型班级作业的数量和质量应区分度还不够。我认为还达不到"优秀"的等级,可以给"优良"。你认为呢?

赵新:谢谢,我一定会更加努力的。

校长:下面我们来讨论你今后需要继续保持和需要改进的地方,对此你有什么看法?

赵新:我觉得我最大的优点是比较富有创造性,注重对下属的人性化管理,喜欢并用心培养新人。最大的缺点是不太注重向上级及时汇报工作,缺乏有效的沟通。我今后的发展方向是自己在业务上上水平,培养一个有竞争力的团队,为学校创造更好的业绩。

校长:我觉得你还有一个长处,就是懂得如何有效授权,知人善任;但有待改进的是你在授权后缺乏有力和有效的控制。我相信,你是一个有管理潜力的年轻人,你今后一定会成为学校的中坚力量。

赵新:好的,谢谢校长。

(3) 总结

两相对比,高下自明。两种截然不同的面谈,产生的效果会有天壤之别。此时,很多人都会不由得发出这样的疑问:作为管理者,应如何保证绩效反馈面谈的效果?事实上,答案并不复杂。我们来看一下整个绩效面谈中容易被许多管理者忽略的一些细节。第一,面谈前,管理者和教职员工都必须有充分的事前准备。第二,管理者的准备工作主要集中在两个方面:一是时间、地点的准备和安排;二是相关材料的分析和准备。第三,管理者应与教职员工事先商讨双方都能接受的时间,选择安静、轻松的小会客厅实施面谈。在进行绩效面谈的时候,管理者最好能够拒绝接听任何电话,停止接待来访的客人,以避免面谈受到不必要的干扰。

(二) 过程性呈现——绩效沟通

学校绩效管理是一个持续的交流过程,该过程由教职员工和其管理者之间达成的协议来保证完成，并在协议中对未来工作达成明确的目标和理解，并将可能受益的学校、管理者及教职员工都融入绩效管理系统中来。与绩效周期后就绩效目标的达成而展开的绩效面谈不同，绩效沟通应该涵盖教师工作的整个过程，贯穿于绩效管理过程的始终。绩效沟通要及时发现教师工作过程中存在的问题，帮助教师不断改进工作方法与技能，并根据实际情况的变化及时对工作目标进行修正与调整。在持续的绩效沟通前，要提供绩效评估的事实依据和绩效改善的事实依据、发现绩效问题和优秀绩效的原因。学校管理者必须进行绩效信息的收集，主要方法有观察法、工作记录法、反馈法、关键事件记录法、考勤记录法、定期抽查法等。所有的数据记录都一定要以绩效为核心，但并非教师所有的信息都要收集，只收集和绩效相关的信息。洪家中学红黄蓝绩效管理模式在进行绩效反馈时非常重视绩效沟通的实施。

1. 绩效沟通的方法

绩效沟通的方法可以分为正式方法和非正式方法两类。

（1）正式方法

正式方法是事先计划和安排好的，如定期的书面报告、面谈、有各级主管参加的定期的小组或团队会等。

① 定期的书面报告

教职员工可以通过文字的形式向学校管理者报告工作进展、反映发现的问题，如质量分析会。当教职员工与学校管理者不在同一地点办公或经常在外地工作的人员可通过电子邮件进行传送。书面报告可以培养教职员工理性、系统地考虑问题，提高逻辑思维能力和书面表达能力。但应注意采用简化书面报告的文字，只保留必要的报告内容，避免烦琐。

② 一对一正式面谈

阶段性的正式面谈对于及早发现问题，找到和推行解决问题的方法是非常有效的。一对一正式面谈可以使管理者和教职员工进行比较深入的探讨，可以讨论不易公开的观点，使教职员工有一种被尊重的感觉，有利于建立管理者和教职员工之间的融洽关系。但面谈的重点应放在具体的工作任务和标准上，鼓励教职员工多谈自己的想法，以一种开放、坦诚的方式进行谈话和交流。

③ 定期的会议沟通

会议沟通可以满足团队交流的需要；定期参加会议的人员相互之间能掌握工作进展情况；通过会议沟通，教职员工往往能从管理者口中获取学校发展战略或价值导向的信息，如教师会、教研会、班主任例会、集会点评等。但应注意明确会议重点，注意会议的频率，避免召开不必要的会议。

（2）非正式方法

非正式沟通是未经计划的，其沟通途径是通过组织内的各种社会关系。非正式方法的形式如非正式的会议、闲聊、走动式交谈、吃饭时进行的交谈等。非正式沟通的好处是形式多样、灵活，不需要刻意准备；沟通及时，问题发生后，马上就可以进行简短的交谈，从而使问题很快得到解决；容易拉近学校管理者与教职员工之间的距离。

教师是知识型员工中的一类，知识型员工对沟通的需要比较强烈，希望能让同事（包括上级）了解自己的工作成果，同时也希望与其他人交流自己的想法和创意。在绩效管理过程中，学校领导尤其是教师的主管领导应该主动与教师进行沟通，和他们讨论、分析绩效状况和职业发展,并鼓励他们及时主动地反映工作中和职业发展中遇到的困难和问题。只有当教师切实感受到上级愿意倾听并乐意帮助其实现职业目标时,绩效考核及整个绩效管理才会真正有效。

我们研究发现,相比正式的沟通(如定期的书面报告、专门的绩效面谈和正式会议等),非正式的沟通(如非约定的谈话、偶遇时的聊天)更容易,也更频繁。正式沟通毕竟次数不多,如果没有非正式沟通的补充,绩效的反馈就不能做到及时且针对性强。访谈中,多数教师呼吁主管领导在平时的工作过程中对教师做得好的方面应及时肯定与鼓励;而当发现教师在工作中有不当的地方,尤其是明显偏离绩效计划时,应该适时地指出并辅导其改进,而不应视而不见,或等到定期的正式沟通时才提出。否则,就难以让教师认为考核是关注其跟工作相关的行为,并以帮助其提升能力、改进绩效为主要目的。而且,非正式沟通更容易让教师觉得轻松,从而减轻教师的紧张情绪和抵触情绪。

2. 绩效沟通的实施

沟通让考核焕发生机。绩效沟通是绩效管理的灵魂和核心,是整个绩效管理过程中耗时最长、最关键、最能产生效果的环节,它包括绩效目标沟通、绩效辅导沟通、绩效评价沟通、绩效反馈沟通和绩效改进沟通。[①]

(1) 绩效目标沟通

行政方式的绩效管理,其绩效目标的制定是采取行政命令,通过行政手段,按人头平均分下去的,它是单向的、命令式的、从上至下的。市场方式的绩效管理,其绩效目标制定、计划、分配是上级与下级双向沟通中形成的。

① 目标制定的沟通

学校最高管理层必须向教职员工讲清楚:学校发展的蓝图是什么;要实现这个蓝图学校发展的目标是什么;为了完成学校发展整体目标,各个部门的发展目标是什么;为了完成部门的发展目标,学校对教职员工的期望是什么;为了实现学校对教职员工的期望,岗位要完成多少目标任务、工作要达到什么标准;完成了工作目标会怎样,没有完成工作目标又会怎样?千斤重担众人挑;人人头上有指标,让教职员工知道,我们干的不是一个简单工作,而是从事一份伟大的事业,明确自己工作岗位的责任、使命和愿景。

② 目标实施的沟通

学校管理者在分配绩效指标任务时还必须和教职员工就达成目标采取什么措施和手段、需要什么资源和条件进行沟通。例如,实现目标过程中,哪些是关键环节,工作重点是什么,会遇到什么矛盾和问题,应对的办法是什么等,这些要和教职员工进行沟通。又如,达成目标需要什么支持条件,需要什么资源,需要学校提供什么帮助,这也需要在目标沟通中确定,以便管理者提早做好相应的准备。

在红黄蓝管理中,沟通的主要目的是主管领导和教师对教学工作目标和标准达成一致的过程,为教师工作指明方向。一方面,教师要有清晰的教育理念,并能切实地将之落实到教育、教学工作中。另一方面,教师要理解学校的办学宗旨和人才培养目标,并能积极配合。为此,在这一阶段应就以下问题进行沟通:一是教学主管领导分配本学期的教学工作任务;二是每位教师根据所授课程的特点和学生专业特点,提出相应的教学工作方案、

---

① 张剑虹. 科学的绩效管理关键在沟通[J]. 中国人才, 2009 (1): 58.

教学目标及其达成的标准；三是主管领导和教师就相关教学工作方案和考核标准进行反复的沟通；四是双方达成一致后，教学工作方案和标准就成为期末评判教师绩效的依据和标准。

洪家中学在各种目标规划的制定中都非常关注沟通。例如，2009年《洪家中学三年发展规划》的制定首先进行了大量的调研，对学校学情进行了细致的分析，关于学校现状的分析，关于学校发展存在问题的诊断，通过教代会的提案、教师的座谈等方式多方采集制约学校发展的问题。接着，在信息收集的基础上，请专家来进行合理化的诊断，进行相关的技术培训，给予理论的支撑，并形成发展的总体目标。然后，各个处室各自对本部门三年的发展目标进行梳理，生成讨论稿。再次，教师会议上，校长办公室把讨论稿印发给全体教职员工，由校长在教职工会议上进行解释。再分各个教研组对讨论稿进行讨论，征求意见，并形成文字上交办公室，由办公室进行可行性的分析、调整、修改。最后再把修改后的规划上报教育局，学校再根据督导室所提的意见，定稿。正因为进行了充分的沟通，所以规划处提出的目标颁布后很快就得到了全体教职员工的认可，成为大家工作的动力和目标。

注重沟通已成为洪家中学各项工作得以顺利实施的保证，而这种优良传统也使得红黄蓝管理真正体现了民主性，成为民主科学的管理方法。民主协商的对话制度让教师参与学校管理，参与学校重大决策，在这一过程中，教师体会到参与的价值和主人翁地位。这样既可以满足教师的需要，又可以增强教师对决策的认同感，进而激发教师工作的积极性和创造性。

（2）绩效辅导沟通

绩效辅导是指管理者与员工讨论有关工作进展情况，潜在的障碍和问题，解决问题的办法措施，员工取得的成绩以及存在的问题，管理者如何帮助员工等信息的过程。它贯穿于整个管理过程，不是仅仅在开始，也不是仅仅在结束，而是贯穿于绩效管理的始终。

因此，在绩效管理中，学校管理者布置完任务后，并不是撒手不管，当甩手掌柜，而是要向教职员工的绩效完成情况负责。以往绩效管理，年终考核时才发现问题，事后"诸葛亮"，打"马后炮"。而绩效辅导沟通不是把问题解决在事后，而是解决在执行过程中。因此，管理者要通过报表、文件、检查、汇报等方式对教职员工工作绩效目标执行情况及时进行了解，跟踪计划进度，当教职员工在目标完成过程中出现问题、困难和挫折时，主管应及时跟进，帮助教职员工分析原因，找出解决问题的办法，提供支援帮助。

绩效辅导沟通要求教职员工不仅要有好的绩效也要有好的过程，对教职员工实施目标的手段进行监督，防止教职员工以牺牲长远利益追求短期利益，以牺牲整体利益追求局部利益，避免教职员工为实现绩效目标不择手段。违规办坏事不行，违规办好事也不行，对教职员工实现目标过程中执行的制度、流程、机制进行监督，发现问题及时纠正。

在红黄蓝管理中，绩效辅导沟通的目的主要有两点：一是教师汇报工作教学工作的进展或就工作中遇到的障碍向主管领导寻求帮助和解决办法；二是教学主管领导对教师的教学工作与教学目标之间出现的偏差及时进行纠正，并给出改进建议。首先，教师与教学主管领导共同确定了教学工作方案和评价标准后，并不是绝对不能改变的。教师在完成教学任务的过程中可能会遇到外部障碍、能力缺陷或其他意想不到的情况，这些情况都会影响教学工作的顺利完成。教师在遇到这些情况的时候应当及时与主管领导进行沟通，主管领导则要与教师共同分析问题产生的原因。如果是属于教师本身教学技能上缺陷等问题，主管领导应该提供教学技能上的帮助或辅导，辅导教师顺利达成绩效目标。其次，在绩效辅导阶段，教师有义务就教学工作进展情况向主管领导汇报。通过这种沟通能够使主管领导及时了解教师的工作进展情况。主管领导有责任帮助教师完成相应的绩效目标，对教师出现的偏差进行及时的纠正，尽早找到潜在问题并帮助教师将其很好地解决。

洪家中学在学校目标的实施过程中给教职员工提供了大量发表自己声音的平台：一学期一次的教育教学工作会议总是在学期开始前如期举行，在会议中，除了各部门对自己上学期的工作进行汇报总结，对下学期的工作进行规划展望，最重要的是，给了普通教职工发表自己意见和困惑的渠道，而且这一声音可以直接传递给学校的最高领导，避免信息传递的延迟和解决问题的滞后；每一次月考之后，年级段都要在第一时间举办教学质量分析会，及时向一线教师反馈最近一阶段的教育教学工作取得的成效和问题，并听取班主任和任课教师的意见，作为下阶段改进工作的依据，同时，还分班级举行质量分析会，由班主任主持，听取班级各位科任教师的意见和困难，并形成文字上交年级段段长，寻找学校的帮助；每周一上午第五节课，都要举办班主任工作会议，班主任可以在会议上向主管教学、德育的年级段段长直接汇报自己工作上的得失，并寻求帮助和支持。这种制度化的沟通有效地使目标实施过程中出现的问题得到及时地解决，从而使教职员工的潜能得到最大范围地激发，进而使各项工作向着"蓝区"的方向前行。

（3）绩效评价沟通

绩效评价沟通主要包括三个方面的内容：本次绩效评估结果使用说明、教师绩效差距原因分析和下阶段绩效改进计划。一方面，教师与主管领导进行沟通主要是为了对教师在考核期内的教学工作进行合理、公正和全面的评价。另一方面，主管领导还应当就教师出现问题的原因与教师进行沟通分析并共同确定下一期改进的重点。通过绩效评价沟通，使教师了解学校对自己的期望及要求，了解自己的教学效果及实际工作绩效，认识自己有待改进的方面；同时教师也可以提出自己完成教学任务及绩效目标中遇到的困难，请求上级的指导和帮助。这种沟通应当始终保持畅通。

在红黄蓝管理中，年终考核和职称评定量化考核是关系教职员工切身利益的大事，也是教职员工最关心的一个问题。在整个绩效评价过程中，沟通更是显得尤为重要。例如，职称评定量化考核的实施，学校首先组织相关教职工大会，向他们传达《椒江区洪家中学教师晋升专业技术职务推荐方案》，并传达职称评定的具体要求；再让有关的教职员工根据《椒江区洪家中学教师晋升专业技术职务推荐量化细则》进行自评，填写相关表格；然后由各处室提供基础材料，对自评内容进行核实，并和教职员工进行面对面的沟通；最后再由职称考核小组进行综合打分，并把最后的结果进行公示，接受全体教职员工的监督。公开、公正、透明的实施过程，真正做到了为教职员工服务，有效地保障了教职员工的合法权益。

（4）绩效反馈沟通

实施奖罚后，不是绩效考核就结束了，而是要把绩效考核的结果反馈给教职员工。让教职员工知道自己作了什么，做得怎样，为什么，后面怎么办？和教职员工一起共同分析成功的原因和失败的教训。

对未完成目标的教职员工，要分析是外因还是内因所致。如果是外因，是因为客观环境变化、天灾人祸造成的，还是学校内部制度、流程、机制不合理造成的。如果是内因，是教职员工的知识能力不足、经验不够造成的，还是教职员工思想、态度欠缺造成的，要分清责任，找准病根，考核结果要让教职员工心服口服。

对达成目标的教职员工，也要分析是如何完成目标的，是个人努力的结果还是外部环境有利。如果是个人努力的结果，要找到自己的优势和劣势，不能满足现状，还要再接再厉，树立更加宏伟的目标。如果是外部环境有利，如政策、区域优势，就要分析这种优势是暂时的还是长久的，我们是否需要修改应对措施。

（5）绩效改进沟通

绩效考核既是一个过程的终点，又是下一个过程的起点。绩效反馈不仅要谈过去，更重要的是还要谈未来，做好绩效改进沟通，要做到以下三个方面。

① 提出绩效改进目标

学习要有榜样，追赶要有目标。一年一小步，三年一大步，不让每一个教职员工掉队。

② 制订绩效改进方案

完不成目标计划，如果是教职员工知识能力不足的，就需要安排相应的培训辅导；如果是经验不足的，就需要安排锻炼机会；如果是教职员工自身态度问题，就需要批评教育，必要时进行惩罚和辞退；如果是外部的问题，就需要完善制度、流程和机制。

③ 检查绩效改进效果

检查教职员工绩效改进目标是否明确，绩效改进措施面谈应用心来沟通。关于绩效改进，从激励角度看有两种思路。一种是发现教师绩效不理想的原因，然后帮助教师探究改进的方法和途径，即"避短法"。这种方法在实践中确实能够取得成效，但是多少有点挑刺的味道，其效果如何，既要取决于被评价对象能否接受改进的建议，同时也取决于提建议者的态度与方法。另一种方法可以称之为"扬长法"，即主要以激励、表扬为主。管理大师彼得·德鲁克说得好：绩效管理中评估所要解决的问题，是探讨怎样才能把工作做得更好，而不是去分析为什么没有做好。管理者要学会欣赏部属，在绩效评估中着眼于其优点。"有效的管理者在用人所长的同时，必须容忍人所短。有效的管理者用人，是着眼于机会，而非着眼于问题。"[1] 要将改进绩效作为管理的核心，非常重要的是要学会基于优点的绩效管理。这也是洪家中学红黄蓝绩效管理模式绩效沟通的努力方向。

由此，由绩效目标、绩效辅导、绩效评价、绩效反馈和绩效改进组成的循环沟通持续不断地开展，渗透到教师绩效管理的每一个环节，体现了学校红黄蓝绩效管理模式务实、科学的理念。

3. 绩效沟通的原则

要使绩效沟通取得良好的效果，学校管理者需要把握一些基本原则，洪家中学红黄蓝绩效管理模式也在这些原则的指导下实施绩效沟通。

（1）设计激励措施，充分调动教师的积极性

进行绩效管理的根本目的是实现学校目标或者提高学校的业绩，使教职员工行为与学校行为保持一致，通过实现或提高教职员工业绩使学校业绩最大化。激励是业绩管理的重

---

[1] 唐宗清. 从绩效评估到绩效管理——提高教师管理有效性的正确选择［J］. 中小学管理，2006（09）：33.

要部分，激励的目的在于发挥个体的潜能。哈佛大学教授威廉·詹姆古从调查研究中发现：按时计酬的职工一般需要发挥20%~30%的能力即可保住职位而不被解雇，如果受到激励，则职工的能力可以发挥80%~90%。所以要设计激励措施，充分调动老师的积极性。人力资源管理的预期理论认为，推动人们努力工作的动机是由对各种报酬（如金钱、认同感、平等感等）的预期触发的。如果努力会带来成就，成就又会带来预期的报酬，那么人们就会由此得到满足并被激励再次行动。教师的报酬与其所承担的职责、作出的贡献、付出的努力应该是相连的。只要教师达到了任职标准并通过聘任考核，就说明他已完成了自己的职责，就应当给予他相应的报酬和荣誉。

（2）重视业绩实施与管理过程，进行持续的业绩沟通

在业绩管理过程中，业绩计划、业绩考核和业绩反馈都可在短时间完成，而耗时最长的是中间的业绩实施与管理，贯穿于整个业绩期间。而且业绩计划是否能够落实和完成要依赖于业绩实施与管理，业绩考核的依据也来自于业绩实施与管理的过程，所以业绩实施与管理是一个重要的中间过程，这个过程做得怎么样直接影响着业绩管理的成绩。通过持续的沟通可达到三个目的。

① 通过持续的沟通对业绩计划进行调整。环境中的竞争在不断加剧，变化的因素也在逐渐增加。通过业绩实施过程中教职员工和管理人员的沟通，可以对业绩计划进行调整，使之更加适应环境需要。

② 教职员工需要在执行业绩计划的过程中了解到自己工作的怎么样的信息。持续的业绩沟通的过程是教职员工不断改进和提高自己业绩的过程。

③ 管理人员需要得知教职员工工作的进展情况及教职员工的表现，否则无法在业绩考核的时候对教职员工做出评估。学校进行业绩管理的目标是实现学校总体业绩计划，而不是单单给每个教职员工一个评价。所以，学校应在业绩标准制定后，关注业绩实施与管理，进行持续的业绩沟通，及时发现解决问题，以确保学校总体计划的完成。

（3）加强业绩反馈，进行业绩反馈面谈

对同样的行为表现，往往不同的人会有不同的看法。进行沟通以达成一致看法才能制订下一步的业绩改进计划。业绩管理是一个往复不断的循环，一个业绩管理周期的结束，同时也是下一个业绩管理周期的开始。由于刚刚讨论完教职员工在本业绩管理周期中的业绩结果以及业绩的改进计划，在制定业绩目标的时候就可以参照上一个业绩周期的结果和存在的待改进的问题来制定。这样既能有的放矢地使教职员工的业绩得到改进，又可以使业绩管理活动连贯的进行。因此，仅仅考核还不够，还不能达到让被评估者改进业绩的目的，必须要通过业绩反馈面谈进行沟通。所以，学校不能简单地把考核结果通知教工，要进行业绩反馈面谈，这对学校和教工个人长期持续发展都是有好处的。

（4）把团队业绩纳入个人业绩考核指标，促进团队协作

业绩管理是指为了达成组织的目标，通过持续开放的沟通过程，形成组织目标所预期的利益和产出，并推动团队和个人做出有利于目标达成的行为。也就是说对个人进行业绩管理不仅促进个人的发展，更关键的是实现组织目标的实现。但在现实中，往往存在个人与集体利益的冲突，作为"私利的人"，教职员工难免做出提高自身业绩而损害集体业绩的行为。有效遏制这一行为的方法就是把团体业绩和学校总体业绩的实现水平纳入个人业绩考核指标。这样，教职员工为追求自身业绩的实现，同时也会关注团体业绩和学校总体

业绩。

(5) 根据绩效评估的结果分析来对教职员工进行相应的培训

传统绩效考核的目的是通过对教职员工的工作业绩进行评估,将评估结果作为确定教职员工薪酬、奖惩、晋升或降级的标准。而现代绩效管理的目的不限如此,教职员工能力的不断提高以及绩效的不断改进和发展才是根本目的。所以,绩效改进工作的成功与否是绩效管理过程是否发挥效用的关键。发现教职员工缺乏的知识和技能后,应该有针对性地安排一些培训,及时弥补教职员工能力的不足,这样带来的结果是既满足了完成工作任务的需要,又可以使教职员工享受免费的学习机会,对组织和教职员工都是有利的。总之,绩效管理的主要目的是为了了解目前教职员工绩效状况中的优势与不足,进而改进和提高绩效。因此,培训学习是在评价之后的重要工作。

4. 绩效沟通的案例:洪家中学岗位工资设置方案的出台

岗位工资的改革是一件关系教职员工切身利益的大事,在实施过程中往往遇到很大的阻力。洪家中学岗位工资设置方案在出台过程中时时注重沟通,真正体现了红黄蓝绩效管理模式的实质。在其他学校普遍面临步履艰难的情况下,洪家中学却能够得以顺利完成,这与学校注重沟通是分不开的。

首先,学校切实理解事业单位文件的精神。其次,通过填写《洪家中学岗位设置调查表》,排查学校教职员工的有关情况,并由相关部门制订出初步的方案。再次,把方案放到各个教研组进行讨论,由各位教师提出意见,通过七次的修改,定稿。然后,全体教职员工根据方案进行自评。接着,学校校长和书记通过和教职员工一个个地进行面谈、认定,并在《洪家中学岗位设置量化考核认定表》上签字。最后,学校分层次组织相关教师进行认定结果的反馈并在学校橱窗进行公示。

从上级文件精神的传达到洪家中学岗位工资设置方案的成功出台,整个过程长达将近一年的时间,可以说是费时又费力,但正是这种有效的沟通使学校顺利解决了这一大问题。

三、绩效反馈结果的运用

绩效管理是一个闭合的循环管理系统。系统中包括绩效计划、绩效实施、绩效考评、绩效反馈以及绩效考核结果运用等各个子系统。绩效考核结果运用是其中一个关键的子系统,它是绩效管理产出效益的重要环节,对于学校管理具有重要作用。当前,许多学校重视绩效考核,在这一方面投入较大的精力。遗憾的是真正通过绩效考核实现预期目标的学校不多,多数学校最后不是流于形式,就是中途夭折。究其原因可能是多方面的,其中大多数学校忽视绩效考核结果运用是致使绩效考核流产的原因之一。洪家中学红黄蓝绩效管理模式意识到了这一点,比较重视绩效反馈结果的运用,也实施了一些用于解决反馈结果运用存在问题的举措。

(一) 绩效反馈结果运用的意义

绩效考核是指考评主体对照工作目标或绩效标准,采用科学的考评,评定教职员工的工作任务完成情况,教职员工的工作职责履行程度和教职员工的发展情况,并且将评定结果反馈给教职员工的过程。从概念上,我们可以认识到:绩效考核是以学校教育目标为出发点,对教职员工工作进行考评,发现学校管理中存在的问题并且不断改进。同时,我们也可以认识到绩效考核运用在学校管理中发挥着承上启下的作用。一方面,它是组织学校各类管理职能部门等开展工作的基础,另一方面,它是学校提升教育管理水平促进绩效改进的途径之一。

对全体教职员工进行考核以后,学校管理者可以根据最终的考核结果采取各项有效措施,对绩效目标能起到助推的作用。如何发挥绩效考核助推器的作用,实现管理者与教职员工的双赢是绩效管理的关键所在。考核结果的合理转化和利用是发挥绩效考核作用,是提高制度化管理水平的关键。绩效考核本身不是目的,而是一种手段,因此必须重视考核结果的运用。只有及时合理地将考核结果运用于管理工作的各个环节,健全激励机制,增强教职员工自身压力和危机感,才能调动和扩大教职员工的工作积极性。

对学校管理而言,通过绩效反馈结果,能够发现学校存在的问题并不断改进,在提高绩效的同时,增加人力资源价值;能够做出正确的用人决策,使正确的人做正确的事情,并且能够奖励及留住表现最好的教职员工。

对于教职员工而言,绩效反馈结果不仅能够使自身获得参与目标设定的机会,获得对技能及行为的反馈,不断改进学习,获得讨论及计划个人发展及职业生涯的机会,增加认同感,而且还与个人利益密切相关。

(二)绩效反馈结果运用的原则

绩效管理作为学校管理的一个重要手段,其评价结果一定要运用到学校的管理决策当中,真正发挥其决策依据的作用,帮助学校做出正确的决策,提高管理水平,提升教职员工的素质,使教职员工与学校的发展保持同步,不断为学校提供更加良好的管理环境和人力资源支持。如果绩效评价结果得不到有效的运用,奖惩决策将无法做到公平、公正,奖惩措施对教职员工不具有说服力,这势必给学校的人心稳定造成伤害,削减教职员工的士气,打击教职员工的工作积极性,降低工作效率。因此,学校绩效结果运用主要应关注以下几个原则。

1. 作为教职员工奖金分配和薪酬调整的主要依据

这是绩效考核结果的一种非常普通的用途。教职员工考核结果分为四类:优秀、良好、合格、不合格。教职员工每学期的考评得分与期末奖挂钩,教职员工的年度考评得分与年终奖挂钩。根据教职员工的年终考评成绩不同,学校主管领导可执行新的岗位工资标准。

2. 用于教职员工职位的调整和晋升

通过分析绩效考评记录,若发现教职员工与工作岗位的不适应程度,经分析、查找原因后,必须进行岗位调整的,中层干部以下教职员工的调整由主管部门在征求后做出调整;中层干部的调整由主管部门提出意见,报校长批准后经校长办公会议商量做出调整。根据考评结果对确实不能胜任工作的教职员工,可依法定程序终止劳动关系。另外,通过对教职员工在一定时期的连续绩效分析,选出绩效较好、较稳定的教职员工作为学校晋升培养对象。

3. 用于教职员工制订个人发展或绩效改进计划

从绩效考核结果,管理者及教职员工均可从不同角度上看到教职员工绩效的长处及不足。对于不足方面,管理者可协助教职员工制订绩效改进计划,不断提高教职员工的绩效水平。作为学校的一种导向,考评反映了学校的价值取向。考核结果的运用,一是强化了教职员工对学校价值取向的认同,使教职员工个人的职业生涯有序发展;二是通过激励功能的实现,使教职员工个人的职业生涯得到更快的发展;三是通过考评信息的反馈,有利于教职员工认真分析自己的发展方向,有利于及时调整自己的职业生涯规划。

4. 作为教职员工选拔和培训的评价

通过认真分析考评结果,能够发现教职员工的专业知识、工作技能的不足,帮助培训部门有的放矢地做好下一步的培训计划,提升教职员工队伍的整体素质。同时有效的绩效管理应有利于人才的培养和选拔,若选拔出来的优秀人才实际绩效考核结果很好,那就说明选拔是有效的;反之,就说明要么是选拔不够有效,要么就是考核结果有问题。若培训之后一段时期内,教职员工绩效水平得到提高,说明培训发挥了一定的作用,否则就说明培训没有取得预期结果。

5. 用于人才激活沉淀

绩效不佳的教职员工,若这些教职员工不再积极进取,将逐渐成为沉淀层,并最终会被淘汰出局;但若他们通过培训并勇于拼搏,通过提高自身的能力不断地提高自身的业绩,从而在竞争中取胜。因此通过有效的绩效管理,把平庸之才进行激活,形成优胜劣汰的激励机制,不断地提高教职员工的整体素质。

6. 增强上下级间的沟通与交流

在考评办法中,学校可规定在下达学期绩效计划、学年绩效计划前,上级、下级之间要充分沟通,协商确定绩效计划,然后付诸实施。在每次考评结束后,直接上级要把考评结果反馈给被考评者个人,通过沟通与交流,说明其不足之处,并指明其今后努力的方向。

7. 及时对考评结果进行归档和整理

作为绩效管理基础性环节,绩效考核涉及学校、部门和教职员工的绩效。主管部门应该及时地对绩效考评结果进行归档、整理,根据不同的需要,进行不同的统计和分析,为制定和实施各项跟进政策,如招聘政策、选拔政策、培训政策等提供参考。

(三)绩效反馈结果运用存在的问题

目前,一些学校纷纷建立了自己的绩效考核制度,绩效考核工作也搞得轰轰烈烈,但是对考核结果的运用却差强人意。绩效考核结果宛如花瓶一样,虽然美丽,但它终究只是摆设。绩效考核作为有效管理工作是过程而不是目的,关键在于考核结果的运用。绩效考核结果运用性很差,使得绩效考核流于形式。洪家中学在绩效考核结果的运用上虽没有出现过大问题,但在实践操作中或多或少也存在一些问题。究其原因,学校绩效考核结果运用主要存在以下问题。

1. 学校的管理者没有足够重视绩效考核结果的运用

管理者心目中的考核无非是奖优罚劣,亦即传统的胡萝卜加大棒。一些学校的领导人员特别是高层领导除了对以"选拔"干部为目的考核较为重视以外,对工作中教职员工的绩效并不重视。在他们看来,考核仅仅是人事部门的例行工作罢了,与其他人事工作也没有必要联系,更与学校的教学质量不沾边。在这种错误认识下,管理者容易在考核工作中违背本应遵循的原则甚至错误地执行考核结果;教职员工则会惧怕、逃避和拒绝考核,从而给学校带来不应有的管理矛盾,最终会影响学校的发展。这种错误认识的主要原因在于管理者没有明确绩效考核最终目的,也就谈不上对绩效考核结果的合理运用了。

2. 绩效考核结果缺乏反馈沟通,未能实现绩效改进

如今有许多学校在进行绩效考核时都存在某些误区:只重视考核结果的获得忽视了结

果的正确处理。一方面一些学校的绩效管理过程只进行到绩效考核即告以段落，这些学校往往认为填写完评估表格，算出绩效考核的分数就算是绩效考核结束了。学校上下齐心协力，辛苦努力才使每个人都有了一个考核结果，却被锁进抽屉，放进了档案室尘封起来，无任何用武之地。管理者都觉得很累而且充满了疑惑。另一方面不少学校在考核结束后仅仅是公布了一下考核结果就开始了强制执行"机械式"的奖惩升迁，完全不考虑教职员工的反应。这些主要是由于学校没有建立一个良好的沟通和反馈机制或者说是广大考核者和被考核者认为没有沟通反馈的必要性或者认为考核结果与教职员工进行沟通太麻烦了等原因。这就造成了在绩效管理过程中，考核者和被考核者没有进行良好的反馈沟通，仅是为了完成考核而考核。导致很多工作上存在的问题、沟通上存在的问题仍然没有通过反馈来解决。由于反馈沟通的不足，对绩效改进没有起到较大的作用，更谈不上完成绩效考核目的——让广大教职员工发现自己的不足，然后在主管的辅导及自己的努力下，去改善和改进工作。

3. 绩效考核过程中出现的问题导致考核结果无法运用

考核的过程就是比较的过程，是收集信息与考核标准进行客观对比的过程。由于在考核的过程中存在以下问题，使得考核结果不准确产生了偏差。例如，一直被评价为"工做出色"的部门，教职员工的工作成绩大家有目共睹，但是考核结果反而不如其他被评为"表现一般"的部门。原来是部门主管打分时标准过高，尺度过高、过严。再如，"老好人"现象：一场考核下来，满眼90多分甚至满分，没有几个是不优秀，大家你好他好我也好，彼此没有任何差异性。此外，还有无根无据不公平的考核等。为什么会出现这样的情况？因为绩效考核过程中容易出现两类问题：一类与考核标准有关；另一类与主考人有关。

与考核标准有关的问题，首先，考核标准不严谨。考核项目设置不严谨，考核标准说明含糊不清，加大了考核的随意性。考核标准大而笼统，没有具体的评价指标。考核标准中有过多难以衡量的因素，致使对标准的理解不同，难以使教职员工信服。其次，考核的内容不够完整，无法正确评价教职员工的真实工作绩效。另外，"德"、"能"、"勤"、"绩"等定性化指标过多，无法避免会造成考核者判断的主观随意性，在一定程度上失去了公正性与有效性。

由于考核者主观随意性及某些心理倾向，如晕轮效应、宽严倾向、平均倾向、成见效应和近因效应等，使得绩效考核结果出现了偏差。以上两个因素导致了考核结果不符合实际，也就无法正确地运用结果。

4. 绩效考核结果没有与薪酬、晋升和培训相挂钩

在学校管理中，绩效考核对于人员的培训与发展，薪酬调整和晋升调岗，都具有非常重要的参考价值，是进行人事决策的基础。但是，目前国内的许多学校能够把考核结果直接与薪酬、晋升和培训等挂钩的真是少之又少，就是有部分学校勉强应用了绩效考核结果，却引起大家的不满。这在一定程度上挫伤了广大教职员工对考核的积极性。同时对于绩效长时间较好的教职员工也没有一个培训和人事异动机制。久而久之，绩效考核工作就流于形式，导致了广大教职员工对待绩效管理的积极性不高，甚至有抵触情绪。

5. 教职员工没有足够重视绩效考核结果

部分青年教师在工作上存在中庸思想，不想上进也不愿落后，得过且过。考核结果没

有触及其底线，始终无法激发其工作热情。也有部分老教师自认为工作一辈子，临近退休，没有功劳也有苦劳，躺在过去中敷衍工作，考核结果对其已失去动力。

（四）绩效反馈结果存在问题的解决

为了有效地解决绩效考核结果运用的存在问题，洪家中学红黄蓝绩效管理模式主要采用了以下四种方法，取得了良好效果。

1. 建立绩效管理导入制度

绩效管理导入即绩效培训。绩效管理导入可以发挥两方面效益。一方面，它有利于增进教职员工和管理者对绩效考核的理解，有助于消除各种误解和抵消情绪；提高学校管理者对绩效考核结果运用的重视，让管理者和教职员工认识到绩效考核的最终目的是改善教职员工的工作表现；通过提高教职员工工作效率来提高学校绩效，在实现学校发展目标的同时，提高教职员工工作积极，提升教职员工的满意度和忠诚度，最终达到学校和个人发展的"双赢"；让学校真正树立起"以人为本"的管理理念，视绩效考核为满足教职员工追求高层次需要的手段，把做好绩效考核结果运用工作当做是对教职员工实现自身价值和提高学校绩效的有力促进。另一方面，绩效培训有利于考核者和被考核者掌握绩效管理的操作技能，保证绩效管理的有效性；达到统一管理者与教职员工对于评价指标、评价标准的理解，使考核者掌握具体的评价方法，熟悉绩效考核中使用的各种表格，并了解具体的评价程序，帮助管理者学习如何进行绩效反馈和绩效指导，避免考核者误区的发生。同时，使考核者了解如何尽可能地消除误差与偏见。

洪家中学在教育教学管理过程中运用的 ISO9000 标准、扁平式管理模式和正在进行的红黄蓝绩效管理模式就是为了解决这一问题而不断探索的结果。

2. 建立绩效考核申诉制度

绩效考核过程中出现的问题导致考核结果无法运用的现象，可以通过建立绩效考核结果申诉制度来有效避免。考核申诉产生的原因：一是被考核教职员工对考核结果不满或者认为考核者在评价标准的掌握上不公平；二是教职员工认为对考核标准的运用不当，有失公平。因此，要设立一定的程序，以制度上促进绩效考核工作的合理化，达到提高绩效考核结果运用的作用。处理申诉工作一般是由相应部门负责，如工会、教研组、中层职能部门等。首先，在处理考核申诉时，要注意尊重教职员工个人，申诉处理机构应该认真分析教职员工所提出的问题，找出问题发生的原因。其次，要把处理申诉过程作为互动互进的过程，当教职员工提出申诉时，组织应当把它当做一个完善绩效管理体系，促进教职员工提高绩效的机会，而不要简单地认为教职员工申诉是"教职员工有问题"。最后，处理考核申诉，应当把令申诉者信服的处理结果反馈给教职员工。

洪家中学为了体现公平公正的原则，在考核的流程中，加入一个绩效申述的环节。在校办将考核结果书面通知教职员工之后，设置一个申述期，在这个时间内，若教职员工对考核情况表示不满，可以向校办提出，校办结合教师所反映的情况重新对该教职员工进行考核，确定考核结果后再与教职员工就考核结果进行面谈。这样可以加大教职员工对考核的满意度。

3. 实现绩效考核结果运用与薪酬、晋升和培训等挂钩

传统的绩效考核结果运用是把结果运用到薪酬、晋升和培训等方面。所以，假如结果没有得到真正的应用，没有和薪酬、晋升和培训等切实挂钩，则绩效管理只能是流于形

式。行为科学认为教职员工是社会人,是一个有理性的人。假如绩效考核对他的工作改善、自我提升和晋升加薪等没有影响或者作用非常微小,那么他就不会去重视、配合绩效考核工作。这也会挫伤那些长期绩效较好教职员工的积极性。所以,绩效考核结果必须得到应用,必须与薪酬、晋升和培训切实挂钩才能真正发挥实效。

在绩效考核结果的运用中,洪家中学特别强调的是培训教育,要在绩效考核和适应性评价后,根据教师在某个方面的能力与潜质以及缺陷,有针对性地进行培训。培训是一种激励手段,培训是学校留住人才的法宝。那些成就感强的教师看重的是学校能否给他们一个开拓未来的机会。

4. 通过绩效考核结果的反馈沟通实现绩效改进

加强和推进绩效沟通和反馈,让绩效在沟通中改进和提升。绩效考核工作完成以后应该及时与教职员工进行绩效考核结果的沟通反馈。这是做好绩效管理的关键。绩效反馈是管理人员与教职员工在考核期内的具体表现进行双向沟通,使得教职员工认识自己在考核期内主要的工作成绩与不足的过程。在进行绩效反馈的过程中,应自始至终地把握一个重点——反馈不是为了通知教职员工本次绩效考核的结果,更不是为了跟教职员工"算账",而是为了使双方达成共识,让教职员工认识在上一考核期内自己的工作中还存在哪些不足,以改进工作提升能力为主要出发点。因此,在关于绩效考核结果的沟通中,学校管理者应重在与教职员工就红黄蓝各项考核指标的完成情况进行沟通,分析各项指标未能完成的主要原因,并在此基础上制订绩效改进计划。一方面落实下一考核期的共同性指标;另一方面则应针对教职员工上一期工作中存在的主要问题,进一步明确下一期的个性化考核指标及具体考核标准。为教职员工指出工作改进的目标与方向,鼓励教职员工把工作做好。从而促使教职员工工作改进、能力提升,从而推动学校发展目标的有效达成。这也是洪家中学推行红黄蓝绩效管理模式的初衷。

为了更好地实现绩效改进,洪家中学对教师实施发展性评价。发展性评价以促进教师的发展为目的,依据目标、重视过程、及时反馈、促进发展的形成性考核。这种考核主张在宽松的环境中促进教师自觉主动地发展,从而实现发展目标和教师的价值。换言之,这种考核不以结果作为奖惩的依据,而是通过考核给教师以自信。因此,考核过程应不断地对教师予以激励,让教师真正做到"我能行"。

绩效管理是现代学校教育管理活动中最基本的活动,是实现学校可持续发展的基础工作。绩效考核结果运用作为其中的一个子系统,在循环的管理系统中具有承上启下的作用。结果能否合理、科学的运用直接决定了绩效考核的成败,影响绩效管理系统的正常运作。因此,学校管理者必须高度重视绩效考核结果的运用。不但要积极做好传统的绩效考核结果运用以提高教职员工的积极性,而且要建立和完善绩效考核结果反馈沟通与绩效改进机制以培养教职员工的责任感与向心力,提升学校管理的绩效水平,从而实现绩效管理系统的良性循环,实现学校各项教育教学的管理目标,达到管理者和教职员工的"双赢"。洪家中学在发展的五十多年中,与时俱进,不断探索,不断创新,ISO9000标准在教育教学管理过程中的运用、扁平式管理模式、红黄蓝绩效管理模式的出现,既遵循了教育的客观规律,也促进了洪家中学教育教学质量的提升。作为一线教育工作者,我们将继续努力,在实践中不断追求教育的真谛,实现人生价值。

第九章 红黄蓝管理与现代学校制度的建设

自从有了学校,就有了关于学校管理的规则和制度,这些规则和制度一直存在,人们也一直在努力寻求和构建最适合的好的学校制度。2001年,洪家中学率先引入并推行了ISO9000的质量管理体系,坚持目标管理,遵照规范标准,加强过程监控。这个管理制度在当时大大地提高了学校的教育效能,促进了学校的发展和壮大。但是,随着改革的深入,学校生源素质的提高,该管理体制存在的一些局限性慢慢显现出来。因为是源自企业的刚性化管理,在实施过程中对高中教育的特征和需求考虑不深入、不全面,因此在管理体制中有较多的负面激励,表现为:刚性有余、柔性不足;企业味有余,教育味不足;对个体发展与组织发展之间的关系考虑得不够充分。随着管理改革的推进,教职员工之间恶性竞争、师生幸福指数不高等问题就暴露出来。在这一过程中,学校一直坚持对出现的问题进行分析改进,不断完善管理制度,提出了一系列的改正举措来激发教职员工和学生的工作积极性和学习积极性,提高教职员工和学生的幸福体验。

在这样的背景之下,我们提出了红黄蓝绩效管理模式,我们希望通过这一管理制度改革进一步提高学校的教育教学效能,协调个体进步和团体发展之间的关系,构建和谐合作的学校文化,最终建立一种新型的现代学校制度,从而实现学校跨越式的发展。

第一节 什么是现代学校制度

一、现代学校制度的定义

"制度"即规则。规则的作用在于调整各种社会关系,使社会有序运行。制度是社会发展的"软件",其作用往往比物质资源这样的"硬件"更为重要。高品质的制度是社会发展的强大推进器。

"学校制度"是指关于学校的规则体系,其作用在于调整学校的内、外部关系,使教育有序运行。学校制度所要调整的内部关系包括学校与教师、学校与学生、教师与学生等关系,外部关系包括学校与政府、学校与社会等关系。因此,这里的"学校制度"已超出了学校的范围,不仅仅是指学校内部的治理结构,还涉及学校与政府、与社会的关系。好的学校制度对于理顺学校与其他利益主体的关系,对于促进教育的健康发展意义重大。

现代学校制度是当前教育改革的热点。在当今社会,任何一所学校,如果要进行教育改革,必然要触及现代学校制度建设方面的改革命题。

到底什么是现代学校制度?教育界存在一定的争议。中央教科所李继星认为"现代学校制度指的是在新的社会背景下,能够适应市场经济发展和建设学习型社会的基本要求,以学校法人制度和新型的政、校关系为基础,举办者产权与学校日常管理权基本分离,学校依法自主管理,由教育管理行家负责学校日常管理,教职工依法民主参与,学校与社区中的各种组织及家长密切合作,指导和约束学校可持续发展的一套完整的制度体系。"①这一观点有一定的代表性,有较大的影响,其中很多的要求可以做到,但是"举办者产权与学校日常管理权基本分离"在目前推行尚有难度。

北京师范大学褚宏启教授则认为,现代学校制度指"一种教育制度安排、一种教育规则体系","叫不叫'现代学校制度'关系不大。此处的'现代'不具有历史分期意义上的时间含义;'学校制度'也不仅仅是指学校内部的治理结构,还涉及学校与教育行政部门、与社会的关系,因此这里的'学校制度'已超出了学校的范围","学校制度是指关于学校的规则体系,其作用在于调整学校的内、外部关系,使教育有序运行。'现代'我理解就是'好的、先进的、能适应时代需要的……'等类似的含义。"他坚持认为"现代学校制度是一种理想的制度设计,其目服从于教育的理想。于是问题就转换为:我们要培养什么样的人?我们需要什么样的教育?我们需要什么样的学校?"总之,"现代学校制度这个概念可以被还原为'一个好的、关于学校的规则体系'"。②褚宏启的观点在学术界很有代表性。这一观点认为,没有必要下一个严格意义上的概念定义,凡是符合学校发展需要的制度设计、规则体系和改革举措,都属于现代学校制度的范畴。

二、现代学校制度建设的价值追求

现代学校制度是一种理想的制度设计,其目服从于教育的理想。因此,现代学校制度建设必须考虑它的价值追求。价值追求是制度建设的灵魂。现代学校制度作为一个规则体系,应该有一个高品位的价值追求。

现代学校制度是一种"教育制度",是关于教育的规则。教育的规则应该体现和弘扬教育的精神,应该服务于、服从于教育的宗旨。使所有的学生获得充分、全面的发展是现代教育的宗旨,也是现代学校制度最根本的目标。"以人为本,促进发展"是现代学校制度的核心理念,这种发展不是对一部分人的,而是对一切人的;不是发展人的某一方面,而是使人得到全面发展。

某种制度是不是现代学校制度,衡量的基本标准是看这种制度能不能促进学生充分、全面地发展,能不能增进教育秩序、促进教育公平、提高教育效率。学生发展是中心,秩序、公平和效率是现代学校制度建设价值追求的三个基本点。新的现代学校制度应该有助于形成公平、高效的教育秩序。教育秩序、教育公平和教育效率是新的现代学校制度所追求的价值目标,也是设定规则时所应遵循的指导性原则。

1. 稳定教育秩序

教育秩序是指教育制度作用于社会关系而建立起来的有条不紊的状态,秩序体现了制度的规范作用和调整功能,显示出制度的功能所具有的统治性和管理性。秩序的存在是人类从事一切社会活动包括教育活动的必要前提。没有规矩无以成方圆。当前教育中不乏混乱和失序的现象存在,我们之所以关注制度研究,原因在于希望通过制度创新,理顺关系,提高效率。

---

① 李继星. 现代学校制度初论[J]. 教育研究,2003(12):83.
② 褚宏启. 我们需要什么样的现代学校制度[J]. 教育研究,2004(12):32—37.

2. 追求教育公平

秩序是中性的东西，既达到秩序的途径不止一种，既有专制的秩序，也有民主秩序，两者的区别很大。因此，新的现代学校制度不能只以秩序为唯一的价值目标。现代学校制度应具有民主平等精神。不公平会导致混乱，会导致秩序的破坏。学校把追求民主和公平作为价值取向之一，有助于提高师生的积极性，增强主人翁的意识。

3. 提高教育效率

教育效率是指教育投入与教育产出的关系，也就是教育成本与教育收益的关系。追求效率是社会发展的基础，讲求效率的社会才是发展最快的社会，一个社会不追求效率必然会陷入停滞、落后的状态。任何一个社会组织都会把追求效率作为组织的一个目标，学校也不例外，由于竞争的日益激烈，对教育效率的要求就更加迫切。

教育秩序、教育公平、教育效率三者相互作用、相互影响。关于秩序、公平、效率这三者间的关系，可以打这样一个比方来说明：效率所关注的是怎样制作一个又大又好的蛋糕，公平关注的是怎样合理分配蛋糕，以及制作蛋糕的责任的合理分担，秩序关注的是蛋糕的制作过程的组织协调和分蛋糕时不至于发生混乱。

作为一个规则体系，现代学校制度通过对各种关系的调整，促进教育秩序、公平和效率的实现。新的现代学校制度是使教育走向秩序化、公平化、效率化的重要手段。

第二节 红黄蓝管理是校本化的现代学校制度

2003年以来，台州市椒江区成为中国教育改革实验区，椒江区在现代学校制度方面进行了深入的探索和研究，洪家中学也加入椒江区现代学校制度建设方面的实验课题。在探索洪家中学的现代学校制度建设过程中，我们倾向于褚宏启博士的观点，认为所有根据学校基础、符合学校教师员工愿望、旨在促进学校发展的管理和制度方面改革的一些举措，都属于现代学校制度的范畴。我们认为，作为一所普通高中，探索现代学校制度建设必须考虑以下三点。

第一，理清办学思路，明确学校的使命。现代学校制度是一个系统，学校的办学思想和育人目标是学校系统的核心，它制约和决定学校系统的价值取向，而这两者是学校使命的体现。明确学校的使命在现代学校制度建设中有着非常重要的价值。

第二，从学校基础出发，坚持校本管理。学校的本质和特性是建立现代学校制度的基础。无论是从宏观角度还是从微观角度，现代学校制度建设都应该是对学校本质和特性关照的结果。现代学校制度建设必须从学校的基础出发，在分析校情、摸清家底的前提下进行，只有这样，学校改革才会有针对性。应当从学校基础出发，坚持校本管理，只有这样学校改革才有生命力。

第三，落实教学的中心地位，以教学改革为核心。现代学校制度又进一步分为核心制度和外围制度两个层面。教师的教和学生的学是学校制度最应该关注的问题，其他制度都是为其服务的。从这个意义上看，现代学校制度的核心就是如何促进教师更好地教与学生更好地学的制度，它必须以教学改革为核心，追求有效教学和高效学习。

基于对以往学校改革经验和教训的分析，经过充分的酝酿、反复的讨论、系统的论证，我们提出了今后学校改革的思路和方向，即红黄蓝管理，这是洪家中学现代学校制度建设的关键内容和聚焦点,也是洪家中学现代学校制度建设的特色和切入点。概括而言,红黄蓝管理是校本化的现代学校制度。

把颇为新潮的概念——"现代学校制度"朴素地理解成"好的学校制度"、"理想的制度设计",这样可以使研究者和实践者在讨论学校制度创新问题时有一个都容易理解和接受的切入点。

第三节 红黄蓝管理促进现代学校制度建设

现代学校制度作为一个规则体系,通过对各种关系的调整,促进教育秩序、公平和效率的实现。它具体地体现为以人为本、科学发展、民主合作等价值特征。红黄蓝管理的实施可以促进这些价值特征的实现。

一、通过实施红黄蓝管理,实现"以人为本"的现代学校制度特点

当今时代,"以人为本"已经成为我们考虑、处理与解决现实社会问题的首要原则和出发点。社会发展必然要以人为本,社会发展的终极目标都应是为了满足人的发展需要,全面提升人的生活质量,偏离这一方向不能称为真正的发展。因此,我们在设计和实施红黄蓝管理时,也把"以人为本"作为首要的而且是最根本的原则,并以此作为我们思考与解决学校教育问题的立足点和出发点。这里所指的"人",包括全部的有教育需要且与学校相关的人群,主要是学生、教师和其他员工,此外,还有家长和其他与学校工作直接或间接相关的人。这里面的"人",不仅是指群体的人,而且还包括个体的人。20世纪50年代以来,国内外教育管理学取得了一些共识:学校不再是一个封闭的系统,而是一个非常复杂的社会系统,这个系统包括学生、教师、家长、社区成员等诸多人的要素,因此,不能像管理工厂生产线一样管理学校,也不能像对待冷冰冰的机械产品一样对待那些有生命活力、有情感需要、有思想、有发展潜能的学生及有关人群。从这个意义上说,红黄蓝管理的设计和实施从以往只重视"物"转向对"人"的关注,思考如何促进人的发展。

从以人为本的角度看,红黄蓝管理的设计和实施要满足人的多元需求,如情感、兴趣、意志、欲望、价值选择等。红黄蓝管理及其实施充分反映个体差异性,个体差异不仅表现在年龄、性别、文化程度、职业上,还表现在态度、习惯、信仰、需要、观念等方面。

二、通过实施红黄蓝管理,实现现代学校制度的"发展性"特点

所谓发展,意味着某一事物积极的、向上的变化,或某一方面困难的克服、问题的解决等。对学校来说,发展意味着学校规模教学质量的提升、学校成员的成长、办学总体水平的提高等。发展性应该成为检验和评估现代学校制度有效性的标准。

学校发展的内涵非常丰富,可以从个体和组织两个层面来分析。就个体层面来说,现代学校制度除了要促进学生的发展之外,还要促进教师的专业发展、校长的成长与发展、家长的发展和社区成员的发展。学生的发展是主体的发展,包括生命安全的确保、身体的成长、个性和良好道德品质的形成、学业的进步和成功、终身学习能力和创造能力的提高等。教师的专业发展表现在专业知识和专业技能的增长、教学经验的积累、教学能力的增强、教育观念的更新等。校长的专业成长包含校长领导水平和领导能力的不断提高。家长的教育观念的改变、教育孩子方式的改善、营造民主型的家庭环境，甚至是成为教育行家等，都可视为家长发展的特征。

红黄蓝管理能促成学校的发展、学生的发展和教师的发展。学校发展成果表现为学生的进展与变化、教师的专业发展、学校声誉的提高。学校发展的关键应该是在理想目标与现实条件之间寻找机会，努力创造学校教育发展的时空；核心是实行"以人为本"的教育，学校把教师和学生的利益放在第一位；学校的责任是在人的主体性、多样化发展的行为中实现社会主流价值的追求，同时在促进学生的现代发展中始终关注学生的有效学习。

三、通过实施红黄蓝管理，实现现代学校制度的"民主性"特点

现代学校制度的民主性首先体现在全体学校成员所具有的理念方面。学校民主应是民主观念在学校实践中的具体体现，应包括三层内涵。

第一，学校民主是一种有效的学校管理方式，这种方式强调尊重、信任与接纳，民主参与，交流、沟通与合作，公平竞争，共同分享成果等。

第二，学校民主是一种学校成员的生活方式，在这种生活方式中，学校成员在互相尊重、互相合作、体谅宽容和公平竞争的基础上处理他们之间的社会关系。

第三，学校民主具有其特殊的道德意义。许多教育家都曾指出，民主问题是体现个人尊严与价值的道德问题，因此，民主的学校可以通过互相尊重、互相容忍、权力的授受关系、总结经验等来实现个人的尊严与价值，培养个性。我们认为，学校民主体现在课堂教学中，体现在师生交往中，体现在有组织的学校活动中，体现在学校管理决策的过程中，体现在学校与社区、家庭以及其他成员的沟通与合作中。

红黄蓝管理把实现学校民主作为其重要的使命。从学校民主的理念出发，设计和制定一整套学校的民主管理制度，确保所有学校成员的基本民主权利，如知情权、表达权、参与权、表决权等，学生、教师、家长和其他成员有权表达自己的感情，有权反映他们的观点和意见，有权获得相关的知识和信息，有权参与学校决策过程。在设计和实施现代学校制度时，可以通过制定相关的规定，将民主参与的观点和做法纳入学校管理的制度体系当中，凡是与教师、学生、家长等学校成员有关的而且有能力处理的事情，应交由他们自己去决定并负起相应的责任，尽可能地从家长、学生、学校大会、教师大会四个方面来构建学校民主的框架。

实现学校民主管理需要一定的方法和技术。采取民主管理的方法和技术不仅可以让学校做出更好的决策，而且能促进学校成员的成长和发展。根据学校成员参与的程度来区分，民主管理的方法和技术主要有会议讨论、征询意见、民主集中制、合议制、教师参与、家长参与等。

第四节 红黄蓝管理促进学校跨越式发展

一、通过红黄蓝管理，提高对师生的科学管理水平

教师管理是学校管理的关键一环，只有解决教师的管理问题，才有可能真正实现教师

群体凝聚力的提升和工作积极性的激发。对于学生的管理，更是学校管理的核心，是学校的生命线。传统的管理模式缺乏足够的正面激励，往往是找出问题，对出现问题的相关人员进行惩罚，老师和学生缺乏成就感和幸福感。通过红黄蓝管理，确定科学有效的绩效评价方法，建立有效的评价、激励和控制体系，能够区分优劣和良莠，有利于人才的脱颖而出，使优秀的人才得到表扬和激励，另一些人看到自己的不足和差距；同时，促进了学校的可持续发展。

二、通过红黄蓝管理，促进和谐校园建设

一所学校，只有和谐才能发展，也只有和谐才能不断创新，才能培养出符合未来社会需求的新型人才。红黄蓝管理制度的实施将有效地促进构建和谐的校园。

1. 构建和谐的人际关系

在一所学校里，人际关系主要由领导和教师、教师和学生、教师与教师及学生与学生之间的关系构成。构建和谐的学校人际关系、和谐的班级人际关系在构建和谐的学校人际关系中至关重要。友好、合作对于学生进步和心理发展，以及增强集体凝聚力等都具有更积极的意义。学生群体中的人际关系是重要的教育手段和教育内容，具有两个突出的特点：纯洁性和丰富性。学校是向下一代传授知识与文明、传播科学与真理、传承道德与精神的场所，教育的对象是天真无邪的青少年，这种情况必然体现在学生的群体人际关系中。同时，在班集体中，所有的成员都可以直接交往；几乎所有的教育活动都是以人际交往的形式进行的。学校越是追求教育效果，学校的人际关系也就越丰富多彩。因此，运用红黄蓝这种柔性的管理制度，优化师生关系，积极创造教育情境，营造良好的教学气氛，丰富集体活动内容，更新活动方法和组织形式等，这些都有利于和谐人际关系的培养。

2. 构建和谐的学校教育体系

要通过红黄蓝管理，构建和谐的学校教育体系。学校的中心任务是教书育人，构建和谐优化的教育体系成为构建和谐学校不可或缺的方面。构建和谐优化的教育体系，就是要按照现代教育的要求，让学生学会生活、学会健身、学会学习、学会关心。学会生活，这就要求学校要加强生活实践教育，提高学生生存素质，拓宽劳动教育内涵，加大科技含量，传授科技知识，训练动手操作能力，发展学生自主、创造、竞争、合作的个性品质。引导学生会欣赏并享受美好的生活，达到"生活与生存的和谐"。学会健身，就是要注重活动课程的实效，提高活动课教育质量，培养学生敢于竞争、竞技的个性品质和健康坚定的人格，发展学生的审美、塑美能力和完美的心理素质，以提高学生身心素质和审美素质为主体，引导学生"学会健身"，达到"训练与锻炼的和谐"。学会学习，重点是研究学法，改进教法，精讲精练，优化教学过程。以网络技术为平台，全面提高师生的信息素养，以"做中学"为基点，努力培养师生科学探究的能力。通过眼、手、脑、口等感官同时使用，激发兴趣，引导思维，探究问题，走自主创新性学习之路，引导学生"学会学习"，达到"施教与求知的和谐"。学会关心，是要弘扬人文智慧，以人为本，张扬个性，尊重人格，关注心灵的共鸣。师生以尊重关心为前提，体现为以"关爱、宽容、和谐、共生"为宗旨的人文素质特征，着力从人心、人格、人性、人生等四个方面推动师生的教育实践活动，并在活动中共同提高。通过创设的情境和教育机制，大力弘扬自主、创造、竞争、合作精神，让学生在优良的人文环境中潜移默化地"学会关心"，达到"管理与自律的和谐"。

三、通过红黄蓝管理，提高教育质量

红黄蓝管理其实是学校的全方位管理，它对学校各方面工作提出了职责要求、评价和考核的标准和程序。红黄蓝管理既有对后勤工作的考核和管理，也有对教学、科研工作的考核和管理；既针对学校领导，也针对一般教师和学生。但是无论如何，教学在学校工作中处于中心地位，学校改革应当以教学改革为核心。我们实施红黄蓝管理的主要目的，不是为了管理而管理，而是希望通过对教师教学和学生学习的绩效管理和评价，提高教师的教学水平，提高学生的学习能力。这种管理立足于找准影响教师教学和学生学习的关键节点，通过关键节点进行分区，针对不同的发展区域进行不同的管理和监督，进行有针对性的绩效评估和绩效考核，同时把个体发展和团体发展整合在一起思考，它具有自身的独特优势和价值，通过红黄蓝管理，可以提高教育质量，促进学校的快速发展。

总之，推进红黄蓝管理制度是一项富有远见又贴近实践的系统工程，我们将进一步统一认识，转变观念，抓住机遇，深化改革，拓展红黄蓝管理的新境界，探索红黄蓝管理的新途径，促进学校的跨越式发展。

附录　洪家中学三年发展规划

励精图治抓质量　精益求精树品牌
台州市椒江区洪家中学三年发展规划
(2009.09—2012.08)

台州市椒江区洪家中学坚持按教育规律办学，经由几代人的不懈努力，办学质量逐步上升，社会美誉度日益提高。目前，学校进入内涵发展的关键时期，为了抓住发展契机，促使学校各项工作上一个新台阶，本着"求真务实，挖掘内涵"、"更新观念，追求卓越"、"顶层设计，扬长避短"的三个原则，制定本规划。

第一部分　校情分析

一、基本情况

洪家中学创办于1956年，地处台州市主城区椒江的南大门，占地121亩，建筑面积54665m^2，现有44个教学班，专任教师162人，在校生1976人，是目前椒江区唯一的一所农村公办高中。

二、历史沿革

学校在五十三年的发展过程中，主要经历了六个阶段。

1. 肇基始业时期（1956—1966）

学校创建时为黄岩县洪家附设初中班，后命名为黄岩县第四初级中学，仅有两个初中班附设在洪家中心校内，教室也只有两间平房，基础差，底子薄。

2. "文革"动荡时期（1967—1976）

在初中基础上开始招收高中生，并逐渐发展为一所完中，校舍得到了扩建，多了一幢一层的楼房和一幢木结构的两层楼房。在风雨如晦的时代里，学校坚守办学信念，自强不息，但受"文革"影响，发展动荡不已。

3. 拨乱反正时期（1977—1986）

依托一批经验丰富、认真敬业的教师，高考成绩数次超过周围的重点中学，学校迎来了第一个腾飞的十年。人才辈出，培养了世界著名的天体物理学家王挺贵这样的优秀人才。校舍规模在不断扩大，又翻建了一幢两层楼和西三楼，并加建了一幢东三楼。

4. 改革转型时期（1987—1996）

随着人们经济观念的转变，地域划分的变化，一批骨干教师流失，生源质量下降，学校在困难中苦苦探索，在逆境中闯出了"走综合教育之路，育全面发展之才"的新路，希望通过综合高中教育立足生存，扩大知名度。

5. 跨世纪时期（1997—2007）

学校改变落后面貌的想法非常强烈，快速发展成为硬道理。1999年学校大搬迁，2000年初成为第一批"省级综合高中"，2002年初高中分离，2003年初被省教育厅命名为"省一级重点综合高中"。学校全面实行内部管理体制改革，2001年在全省中小学率先引入ISO9000全面质量管理体系，2004年进行扁平式管理改革，2007年推进精细化管理，为学生健康成长提供优质服务。学校教学质量逐年攀升，美誉度大为提高。

6. 内涵发展时期（2008至今）

2008年，区高中学校布局进行调整，学校成为椒江区高中教育"一体两翼"中的"一翼"。学校落实科学发展观，变以数量扩充的外延发展为以质量提升的内涵发展。学校坚持精细化管理，以高效课堂为抓手，促进教师专业发展，转变学生学习方式，构建学习型组织。学校正向省一级普通高中的目标迈进，"励精图治抓质量，精益求精树品牌"成为全体教职员工的共识。

三、优势分析

1. 得天独厚的区位优势和经济优势

学校地处台州市中心城区椒江，位于环线以内椒黄路三区的中心地带，交通便利，资讯发达，区位地理优势非常明显。

学校所在的洪家街道经济发达，拥有许多知名大中型企业，政府、企业对学校教育大力支持，学校发展具有明显的经济优势。

2. 积累了丰富的应对变革的经验

在最近二十多年的办学历程中，学校经历了从综合高中到普通高中、从弱校到强校、从小学校到大学校的转变，积累了丰富的办学经验。自强不息的发展历程和丰富的办学经验，使学校能够应对任何错综复杂的教育问题，这是学校进一步发展的有利条件。

3. 硬件设施一流

学校搬迁到新校舍后，各种设施先进齐全。2008年，建成了在全市首屈一指的以微格教室为核心的教学活动中心，为本校教师和全区教师的教研活动提供了一流的场所。学校将全面建设阳光体育中心、鸿洲艺术中心、信息中心和创新科技中心。全市一流的现代化办学条件和硬件设施，为教育教学改革提供了坚实的保障。

4. 教育质量稳步上升，学校美誉度日益提高

目前全市共有137所普通高中，其中省一级普通高中13所，省二级普通高中12所，我校高考质量和综合实力位居前20位。学校锐意改革，积极进取。教师关心学校发展，积极工作讲奉献，具有拼搏精神，学校办学美誉度日益提高。

5. 有一支年富力强、团结合作的干部队伍，学校管理高效创新

学校拥有一支年富力强、团结合作的干部队伍，在多年办学历程中逐渐形成了自己的管理特色。从1994年开始，进行内部管理体制改革。2001年率先引入ISO9000全面质量管理体系。2004年又进行扁平式管理改革尝试。2007年，推进教育、教学、后勤的精细

化管理。这些管理改革取得了极大的成功,促使学校获得了跨越式发展。

四、问题诊断

1. 招生空间受到挤压

优质生源的匮乏是制约学校办学质量提升的重要因素。近年来,由于招生制度安排和学校整体实力等原因,导致学校在优质生源的吸引方面处于不利地位。随着高中段学生入学人数的减少,区域内同类普通高中之间的生源竞争日趋激烈,学校招生空间受到挤压的现象将更加严重。

2. 教育观念有待于进一步改变

尽管已形成了一支团结协作、积极奉献的教师队伍,但是随着新课程改革的不断推进,教师在教育观念、教学方式、管理艺术等方面还需加紧培训,教师队伍建设任重道远。教师教育观念的转变,以及相应教育行为的跟进,成为学校发展的永恒主题。

3. 新教师比重大、名师和骨干教师少,专业水平参差不齐

教师队伍年轻化特征明显,新教师比重大。青年教师的教学功力尚显不足,在一定程度上制约着教育教学质量的提高。名师队伍和骨干教师队伍的建设是促进学校办学水平提升的重要因素。一方面,由于学校地处城乡结合部,与区域内名校、强校相比,尚具有一定的差距,很难引进在省、市教育界具有较大影响力、能够引领学科发展的教学名师和特级教师。另一方面,尽管学校在发展过程中高度重视对于品牌教师的培养,也曾相继培养出一批在当地具有一定影响力的教学名师,但是由于种种原因,这些教学名师中的大部分教师都在较短时间内被其他学校挖走。如何培养优质人才、留住优质人才,乃至引进优质人才,成为学校亟待解决的现实问题。

4. 教学粗放、低效现象普遍存在,高效课堂建设任重道远

课堂教学中粗放、低效现象普遍存在,教师和学生普遍以拼体力为主要的竞争手段,导致学生学习积极性不高,教师缺乏职业幸福的体验。优质、高效的课堂教学是影响学校办学水平的重要因素。近年来,在全校师生员工的共同努力下,学校的办学质量有了很大提高,高考各批次的通过率都呈逐年上升趋势。但是,这些成绩大多是凭借广大师生员工,特别是中青年骨干教师焚膏继晷、夜以继日的辛勤工作换来的。本应充满智慧的教学艺术,成为一项机械而繁重的"体力劳动"。因此,如何加强高效课堂建设,转变教师的教学方式和学生的学习方式,成为学校发展的一项重要课题。

5. 教育科研水平亟待提高

相对落后的教育科研水平是制约学校办学品位进一步提高的重要因素。虽然近年来学校相继承担了一些教育科研课题,而且也有一批科研成果获得上级部门的嘉奖,但是,这些立项课题和获奖成果,大多处于较低层次,很难起到引领学校发展、提升办学品位的作用,也没有产生较大的社会影响力,也尚未对学校发展的关键问题进行科学研究。因此,如何进一步提高教师的教育科研能力,营造更好的科研氛围,成为学校发展过程中必须要解决的重要问题。

第二部分　办学思想

一、办学理念

1. 加强教育服务性，一切为了学生发展

学生发展是学校教育的核心。学校教育以学生主体性发展为起点、依据和根本目标，充分促进学生的主动发展和全面发展。

学校教育教学的一切工作服务于学生，以学生发展为本，满足学生身心发展的需要，为学生的主动发展和全面发展创造条件。

2. 促进教师专业发展，创建学习型组织

教师发展是学生发展的前提。学校通过各类教育和培训活动，通过合格教研组和示范教研组建设，促进教师的专业发展，创建学习型组织。通过教师发展，促进学生的发展和学校的发展。

3. 坚持精细管理，培育合作进取的学校文化

学校文化建设是学校发展的关键。要通过开放、民主的办学方式，构建以合作、进取为核心价值观的现代学校文化。所谓开放，就是杜绝封闭保守，海纳百川，包容差异；所谓民主，就是杜绝独断专行，对话协调；所谓合作，就是人际友善，互补互助，共进共生；所谓进取，就是追求卓越、崇尚一流。

4. 强化教育特色，彰显办学亮点

学校在发展过程中选准突破口，形成教育特色，通过特色项目以点带面，以局部带动整体，推进素质教育，实现整体优化，促进学校的品牌发展。

二、发展定位

根据椒江区高中学校校网调整方略，把握好洪家中学在区高中教育"一体两翼"中的"一翼"定位，发挥学校在区域经济社会建设中的作用。

通过三年努力，把学校办成一所在台州市主城区内有较大影响力、有品位、有特色和质量稳定的现代化示范性高中，并创造条件申报省一级普通高中。

所谓"有品位"，是指学校办学要强调文化建设，追求文化立品。所谓"有特色"，强调学校办学要有特色追求，彰显办学亮点。所谓"质量稳定"，是指为高校输送更多的合格人才，要维持现在的全市前20名水平，并稳步上升。所谓现代化，不仅是指硬件设施的现代化，还指办学思想的现代化。

三、培养目标

通过全体教师员工的努力，使洪家中学的学生养成自强、厚德、启智、健体的基本素质，具备较高的人文素养和科学素养，成为未来社会的合格公民。

1. 自强

树立崇高的理想，立志刻苦学习、奋发向上，才能开启自己的幸福人生，才能感恩父母、光宗耀祖，才能掌握建设祖国的本领，成为一个有所作为的强者。

2. 厚德

"厚德"就是崇尚道德，提高学生的道德品质。重视学生的品德修炼，强调内外兼修，讲究做人品格。"厚德"的核心是学会做人。做一个真正的人，一个堂堂正正的人，一个有益于家庭、社会、国家的人。

3. 启智

"授人以渔"，让学生掌握科学的学习方法，具有灵活的思维方式和创新精神。掌握扎实的基础知识和娴熟的基本技能，养成健全的人文素养和科学素养，有勤奋踏实的学习态度和积极向上的进取心。

4. 健体

掌握锻炼身体和卫生保健的基础知识，形成良好的体育锻炼和卫生习惯，培养良好的身体协调能力、健康的体魄和坚强的意志。

第三部分　规划举措

一、强化教育特色，彰显办学亮点

（一）指导思想

1. 根据学校发展需要，选择信息技术教育作为教育特色创建的突破口，着力打造高质量的信息技术教育，以此彰显办学亮点。

2. 信息技术教育以提高学生的信息素养为目的，既要求学生具有比较扎实的信息知识和信息技能，又要求学生具有较高的信息道德水平。

（二）工作目标

1. 高质量的课程建设。信息科技课程以提高学生的信息素养为根本目标。通过信息科技课程的学习，使学生具备收集、鉴别、筛选、整理、处理、传输、表达信息的知识和技能；具有利用信息技术发展思维、学会学习、自主探索和合作交流的能力；具有相关的道德判断和价值选择的能力。

2. 以培训、进修、引进信息技术教师为突破口，着力打造一支具有扎实的信息技术理论基础，能够指导学生参与各项信息技术竞赛，并具备一定科研开发能力的信息技术教师队伍。

3. 完善信息科技方面的软硬件设施。包括信息技术教育方面的专用数据库和专用软件，以及一些必要的硬件设备。

（三）规划措施

1. 信息技术教育的课程建设。以信息技术教研室为中心，按照《普通高中课程方案（实验）》中的课程设置，在确保信息技术课程质量的基础上，有计划、有步骤地开发和开设校本课程，如网页制作、动漫制作、程序设计语言等。

2. 信息技术师资队伍建设。为学校配备足够的信息技术课程教师，引进有特长的信息技术骨干教师。在条件允许的情况下，聘请专家到校开设信息技术竞赛讲座，培训学校教师。利用外出学习机会，考察名校在这方面的一些成功做法和成熟经验。

3. 开展信息技术类竞赛活动。在全校范围内，特别是在高一新生当中物色、选拔优秀生和特长生，对他们进行强化训练，鼓励他们积极参加省市区相关的信息技术竞赛项目，通过比赛积累必要的经验，为以后的辅导明确方向。协同物理组、数学组等理科教研组，根据学校实际情况，确立具有学校特色的竞赛项目，如电脑设计和制作比赛、校园信息科技之星等。积极参加省市区相关的信息技术竞赛项目，如中学生信息奥林匹克比赛、中学生电脑制作活动竞赛、中学生计算机应用操作竞赛、青少年科技创新大赛等。

4. 加强信息技术的教学和科研工作。聘请专家到我校开设信息技术竞赛讲座，利用教研组外出学习机会考察名校在这方面的一些成熟、有经验的做法。同时，通过教研提高自身的知识修养和专业技能水平。

5. 建设高水平的信息中心和科技创新中心，添置相应的数据软件、设备、场地，为信息科技教育特色创建提供先进的软硬件设施。

二、开展教育科研，引领学校发展

（一）指导思想

1. 坚持教育科研为学校改革发展服务、为提高教师专业化水平服务、为提高学校课程与教学质量服务的原则。

2. 强化教学与科研一体化的理念，以课题研究为载体，把教学与科研紧密联系在一起，进一步完善教育科研的运行机制，切实推动学校工作的全面发展。

（二）工作目标

1. 结合二期课改，以学校龙头课题为突破口，增强教师的科研意识、协作意识、成果意识与创新意识。

2. 积极推进学校教科研工作向更高层次发展，形成一支具有现代化教育理念和创新精神的教育科研骨干教师队伍，提升学校的办学水平，推进学校的内涵发展。

3. 规范科研制度，提升科研品质，形成以教科研引领教育、以教育推动教科研的良性互动的"科研文化"。

（三）规范科研制度

1. 进一步完善教育科研的规章制度，形成既有学校特色又符合教科研规律的组织机制、激励机制、评价机制。将教科研工作纳入教师、教研组、年级段年度考核之中，加大优秀教师评定、班主任考核、年终考核等方面的科研比重。增设教育科研优秀成果奖，奖励在教科研有突出成就的教师。

2. 强化教学与科研一体化的理念，以学校龙头课题引领，以校本研修为抓手，形成学校课题、组室课题和个人课题三级网络，完善教育科研的运行机制，切实推动学校教育科研工作向高层次发展。

3. 进一步加强与大学、研究机构和学术团体的沟通与合作，形成长期稳定的合作机制。邀请相关专家开设讲座，增强教师的科研意识，提高教师的科研能力。

（四）确立龙头课题

根据学校发展需要，将已经成功立项的升级课题"洪家中学学校文化建设的研究"作为学校的龙头课题，下设五个子课题：

1. 学校发展的核心价值观探索；
2. 校园教育景点创设的思路及其教育功能的研究；

3. 构建良好网络文化，提高学生信息素养的应用研究；

4. 加强教研组建设，构建学习型组织的实践研究；

5. 高中校园仪式文化的研究。

三、加强德育创新，提高德育实效

（一）指导思想

1. 以《中学德育大纲》、《公民道德建设实施纲要》等文件为依据，以学校办学思想为指导，以洪中学子格言"生活简单化、学习刻苦化、精神高雅化"为主线，以中学生日常行为规范养成为重点，以"为学生一生幸福生活奠定基础"为目标，开展学校德育工作。

2. 落实"教育性教学"和"全员德育"思想，在学科教学、团队工作、社会实践、社团和文体等活动中渗透德育。以教师的良好言行感染学生，发挥教师在德育工作中的主导作用。

（二）构建序列化德育工作内容

各年级分阶段实施各项德育内容，使德育内容形成既相互独立又有内在联系的序列。

1. 高一年级

（1）加强学生的基础规范教育。认真学习和践行《中学生守则》、《中学生日常行为规范》和《学生管理手册》，加强日常行为规范的养成教育，树立规则意识，遵守法律法规，养成良好的行为习惯，形成自信自理、团结友善的品质。

（2）加强学生的学习适应性教育。重视初高中学习知识的衔接和学习方法的改进，使学生尽快适应高中的学习方式和生活节奏，为进一步的学习奠定基础。

（3）体验性德育活动。开展体验式的活动，如社会实践活动、社区志愿者服务等，培养学生的爱校爱国情感和自强自立精神。

（4）规范学生的社团活动。通过各种学生社团，开展各项主题性教育内容，发动学生进行自我管理和自我教育，增强学生的自主学习意识，逐渐培养学生从他律走向自律。

2. 高二年级

（1）职业生涯规划教育。对学生进行职业生涯规划教育，帮助学生认识自我、把握自我、发展自我，树立正确的人生观和价值观，有自己的职业理想、健康和完善的人格，以及良好的社会适应能力。

（2）青春期教育。对学生进行青春期教育，培养学生如何正确处理与异性之间的交往，学会尊重他人，自尊自爱。

（3）成人仪式教育。认真开展成人仪式活动，通过在成人仪式上举行的"宣誓活动"，增强学生的责任感和使命感，以强化学生的自强教育。

3. 高三年级

（1）加强学生的理想信念教育。结合职业生涯规划教育，邀请成功人士为学生开设励志报告。帮助学生树立远大的、切实可行的奋斗目标，坚定信念，刻苦学习，恪守规范，做一个素质全面、锐意进取的优秀毕业生。

（2）强化学生的感恩教育。通过系列教育活动，培养学生的感恩意识和感恩行为，让学生学会感恩家长、感恩学校、感恩社会、感恩自然。

（3）加强学生的挫折教育。开展野外拓展训练等活动，增强学生抵抗挫折的能力，提高学生的意志力和恒心，进一步激发他的学习原动力，保持良好的学习激情，充实而又快乐地迎接高考、迎接人生的挑战。

（4）毕业典礼教育。继续开展"明报国责任，树成才理想"主题系列活动，举办毕业典礼，让学生在活动中接受精神的洗礼。使毕业典礼成为校园文化建设的重要阵地。

（三）拓展德育途径，创新德育方法，提高德育工作实效性

1. 建立学校、家庭、社会三位一体的大德育网络，拓展德育途径

（1）充分利用好学校德育教育阵地，对学生进行全方位德育

以主题班会为抓手，教育处制订学校总体计划，各年级段、各班根据学生实际和班级情况有计划、有针对性地开展主题班会。

以传统节日教育和仪式教育为契机。以清明节、端午节、中秋节、春节、元宵节、重阳节等中国传统节日教育为载体，设计系列活动，让学生在了解中国民俗的同时弘扬民族精神。

以新课改理念为指导，重视学科的育人价值。任课老师根据学科特点，在各学科教学中渗透德育。在班集体文化建设校园文化建设中挖掘德育资源。

（2）发挥家长作用，使家长参与学校德育工作

发挥家长委员会的作用。定期召开家长委员会会议，发挥家长委员会的沟通桥梁作用。家长委员会对学校德育工作进行监督，对德育工作不妥之处提出意见和建议。

对家长进行德育指导。学校请专家、有经验的老师、教子有方的家长开设专题讲座和研讨会，对家长进行家庭教育指导。

引导家长参与学校德育工作。把家长作为德育活动的重要资源，邀请家长参与主题班会及学校一些重大的德育活动。把学校的重大活动放在校园网上，让家长参与评论或提出建议。

（3）发挥社区教育作用

挖掘校外的教育资源，建立"解放一江山岛革命烈士陵园"、"星星集团"等校外德育基地，促进学校与社区的德育互动。

2. 创新德育方法，从强制变为自制，从他律到自律

（1）实行自主性德育。以班级建设为载体，立足于学生个性健康发展，开展"四自教育"：让学生学会自我教育、自我服务、自我管理和自主活动。

（2）重视体验性德育。在学校开展的各种文化活动中加强学生的道德体验。把"体育节"、"艺术节"、"文化节"、"校园吉尼斯纪录"、"校田径运动会"、"元旦文化会演"、"十八岁成人宣誓仪式"和"毕业典礼"作为体验教育的重要载体。强调个体的亲身经历和自我认识过程，重视人与人之间的理解和合作，重视人内在情感的发展过程。

（3）推行"红卡"制度，以进一步树立正气，弘扬中华民族的传统美德，创设一个"我为大家，大家为我"的氛围，鼓励学生为班级为学校争光，争做好人好事，使学生在做好事中提升自己的思想道德品质。

（4）建设温馨教室和温馨寝室，使学生学会相处，学会相容，学会自理，学会自立，学会感恩，学会回馈，为学生今后走向社会奠定基础。

（四）加强德育队伍建设，完善德育各项工作制度

完善德育各项制度，建设一支以班主任为骨干的结构合理、思想过硬、水平较高，有开拓精神的德育队伍。

1. 德育领导队伍建设

加强学习。德育领导小组成员采取集中与自学相结合的方式，带头学习德育工作的法规、文件、德育理论以及先进的管理经验。使领导小组的每一位成员能够全面了解当前学校德育工作的现状，存在的问题与发展趋势，掌握先进的教育理论以及成功的管理经验与方法，从而进一步开阔视野，拓宽思路，不断提高自己的管理水平和育人水平。

加强研究。围绕学校德育工作中出现的热点、难点问题，确定科研课题，积极解决工作中实际问题，并且每学年完成一篇高质量的德育科研论文。

加强管理。德育领导小组成员要树立效能意识，全面、认真、细致地抓好计划的落实及常规工作的布置、检查、评估、反馈等工作环节，强化过程并创造性的开展工作。

加强作风建设。德育领导小组的每位成员要做到严格自律、率先垂范、雷厉风行，并养成严谨的工作作风，经常性的深入学生、深入教师，了解情况，发现问题，听取意见，改进工作，用自身的言行启迪学生，带动教师，推进学校德育工作的开展。

2. 班主任队伍建设

通过"请进来""走出去"的方式，有计划地开展班主任培训活动，扩大班主任的眼界，吸收新的经验和管理理念，提升管理能力。

通过结对活动，采取以老带新，培养班主任的后备力量，为学校的德育力量增加新鲜血液。

建立"优秀班主任"、"优秀班集体"的评选表彰机制，调动广大教师从事德育工作的积极性和主动性。

通过百分竞赛、主题班会课、养成教育、班级环境管理、温馨教室、温馨寝室等创优活动，从而达到交流提高，优化工作的目的，从而提高班主任的工作技能。

通过教育处、年级段在深入调研、了解情况的基础上，要对班级工作中出现的问题及时向班主任提出建设性意见，促其改进。继续坚持班级工作的抽查、随访制度，坚持过程与结果并重的原则，对班主任工作进行全面、客观的评价，并不断推出班主任工作的典型。

3. 学生队伍建设

通过不定期地对学生干部进行培训，让他们参与到大型活动中来，在活动中强化锻炼，在领悟中提升管理能力。

4. 健全和落实学校德育制度

以科学发展观为指导，加强学校德育管理工作的研究，坚持机制创新，逐步建立一套制度管理与人本管理相结合，并具有较强导向性、科学性的洪家中学德育制度体系，为学校德育工作的稳步发展提供保障。

（1）健全全员育人机制

将教师育人工作情况，列为教师考核、评优、评先、职评、晋级的重要指标，促全员育人格局的形成。

（2）健全《班主任工作考核评分细则》

完善班主任聘用、培养、考核奖励制度，实现规范化管理和人性化管理相结合的管理模式，最大限度地调动班主任工作的积极性和主动性。

以《洪家中学班主任工作考核评分细则》为依据，严格按照考核要求，调动班主任工作热情，使优劳优酬落到实处。

（3）逐步建立学生道德发展状况和班级工作情况监控评估制度，对学生发展和班主任工作做出科学评价。

（4）进一步规范和落实"洪家中学百名教师访千家活动"，使这一高中阶段独特的工程能更好发挥宣传和辐射作用，提高学校的知名度和美誉度。

（五）开展校园文化建设，营造德育氛围

1. 挖掘校训、校歌、校风、教风、学风的育人作用，成为师生的自觉行为。

2. 加强班风、班集体建设，通过教育引导，活动创建，榜样示范等多种形式，逐步确立班级文化。

3. 加强和改进学校的宣传工作。办好校园广播、电视、橱窗、板报以及学生刊物，广泛开展时事政策教育、弘扬和培育民族精神教育、文明礼仪教育、双规教育，传播先进思想和主流文化。

4. 积极开展形式多样、丰富多彩的校园文化活动。办好体育节、艺术节、红五月、科技文化艺术节、读书节等深受学生喜欢的节日，通过高品位的校园文化活动，陶冶学生的情操，培养学生积极、健康、向上的兴趣与爱好。

5. 继续贯彻落实学校《温馨教室标准》，积极开展班级环境建设示范班的创建活动，使班级环境、校园环境更加优美整洁。

6. 推进洪家中学网站建设工作，不断充实网站内容，充分发挥洪家中学网站在育人过程中的积极作用，并力争使其成为市区优秀网站。

（六）德育科研

加强德育教育科研，提高德育工作的理论和实践水平，今后主要研究课题：

1. 高中行为偏差生成因及转化的策略研究；

2. 高中家长参与式德育的研究；

3. 高中学生学习方式的转变的研究。

（七）分阶段实施步骤

第一阶段（2009.9—2010.8）

1. 制定和完善德育精细化常规管理制度。做到点和面相结合、常规检查和突击检查相结合、重点检查和专项检查相结合，形成教育处—年级段—班主任—科任教师—学生干部相互配合的德育管理网络。

2. 通过仪式典礼教育，使学生形成规范意识和规范行为，按照学校规章制度要求，学习和生活有序进行。

3. 通过对德育文化建设探索和研究，形成活动文化和班级文化的初步认识。

4. 加强德育队伍建设，初步形成老、中、青相结合的德育管理队伍，探索和研究年轻班主任队伍成长的历程，缩短成长期。

第二阶段（2010.9—2011.8）

1. 加强教师全员德育的意识，使全体教职员工参与学校德育工作，营造良好的德育氛围。

2. 重点推进长廊文化和墙壁文化，并使活动文化和班级文化更加充实。

3. 学生的规范意识逐步从他律走向自律，形成正确的人生观和价值观，具有科学的思维方式，拥有良好的道德素养，形成健全的人格，良好的学风和校风得以树立。

4. 进一步调整和细化班主任考核细则，形成量化、规范化、细化的评价细则，为德育队伍建设提供更好的体制保障。

第三阶段（2011.9—2012.8）

1. 全员德育意识全面贯彻，做到谁在岗谁管理，形成事事有人管，人人有事管，精细化德育全面有效地得到落实。

2. 学生的规范意识走向自律，学生形成正确的人生观和价值观，具有科学的思维方式，拥有良好的道德素养，形成健全的人格，形成优良的学风和校风，学校的声誉度和满意度进一步得以提升。

3. 形成富有特色的洪家中学德育文化，为学生的健康成长创设优良的环境，奠定坚实的基础。

4. 形成一支管理高效，工作能力较强，拿得出、打得响、挺得起的德育管理队伍。

四、聚焦课堂教学，提高教学质量

（一）指导思想

1. 加强理论学习，形成先进的教育观念，从粗放、低效、被动的教学方式，向精致、高效、主动的教学方式转变。

2. 关注每一个学生的学习状况，促进教育教学质量的大面积提高。

（二）工作目标

教学质量进入台州市前15位，实施"三三三"工程。即上第一批人数为三十个，上第二批人数为三百个，上第三批人数为三百个。

（三）规划措施

1. 重视教学基本环节，加强教学常规管理

备课必须做到四个结合：集体与个人结合；教法与学法结合；传知与培能结合；教师活动与学生活动结合。在集体备课时，针对学校实际情况，在做好主讲制和文本化（电子教案化）协调统一的基础上，向更高层次攀升。

加强作业检查。作业批阅应做到有发必收，有收必批，有批必评，有评必补，注重及时批改，注重面批面改。鼓励教师在批语中给予学生适当的鼓励和关爱，用批语激励学生的学习兴趣和学习热情。

完善辅导制度。辅导要有目的、有计划，做到定时间、定地点、定学生、定内容、定要求；辅导方式要灵活多样，课内辅导与课外辅导相结合，集体辅导与个别辅导相结合，技能辅导与学法辅导相结合，情感培养和心理疏导相结合。有目的、有计划、有步骤地对质优生进行培优辅导，帮助他们脱颖而出，成为各级竞赛的优胜者，成为高考中的尖子生。

细化考试环节。教学主管部门严把考试命题的审查关和质量关，研究命题方案，调整命题策略。端正考风，严肃考纪，切实确保考试具有公平性、准确性，成绩具有真实性，分析具有指导性。

2. 加强合格教研组建设，创建示范教研组

以合格教研组和示范教研组的评审，促进各科教研组的规范建设，使教研组成为学校教科研活动平台，从而全面推动学校教科研工作的开展，促进学校教师素质的大幅度提升、学校教学质量的全面提高。

进一步规范和创新教研组集体备课、听评课、教研组长能力建设、教研组教研训一体化、行动研究等方面的工作。充分发挥教研组和备课组在全面提高各学科教学质量、培养青年教师、骨干教师和教学名师方面的重要作用。

进一步推进校际教研组的合作与交流。构建与省、市，乃至全国范围内的名校、名师、名学科之间的交流机制，借鉴和学习有益经验，通过取长补短促进我校教师的专业发展，扩大学校的影响力。

3. 着力打造高效课堂，全面提高教学效率

要把大面积提高常规课堂教学有效性，作为提高全校学科教学质量的重要保障。聚焦常规教学，各个学科要进一步加强和细化对教师在备课、教学过程、作业布置与批改、学习辅导等教学环节方面的规范要求；要关注对教师课堂教学细节设计和实践的指导，稳步提高课堂教学效率。

学校要全力实施打造高效课堂的工程，要想尽一切办法、措施，多出高效课堂，让洪家中学在三年内课堂教学结构有大改变，教学质量有大提升，核心竞争力有大提升。以"课堂教学展示周活动"和"课堂观察"作为高效课堂建设的重要抓手，通过教科研逐步提升教师的课堂教学能力，转变教师教学方式和学习方式。

4. 完善教师评价制度，构建学生综合素质评价

认真落实《洪家中学捆绑式评价制度》和《洪家中学奖励制度》。捆绑式评价将年级段、备课组、班级、教师个人捆在一起进行考核评价，将教学质量捆绑在一起评价，通过捆绑式评价营造积极合作的教师文化。

借助台州市网络评卷系统和区教研室教学动态评估机制，认真记录各年级段、各班，以及各位任课教师的教学成绩。始终坚持以发展的眼光评价教学质量，从面上、横向、纵向、动态等多角度来评价教师的教学行为。

完善激励机制，设立高考奖和会考奖，对教师的教学质量评价形成多维评价体系，充分调动广大教师的积极性、创造性，切实提高教学质量。

对学生开展综合素质评价。建立符合素质教育要求的学生评价体系，是课程改革的重要内容和关键环节。学校为每一位高中学生建立成长记录，全程、全面反映学生在高中阶段各方面的成长状况。学生成长记录每学年整理一次，包括课程修习记录、综合实践活动记录和素质发展记录。在高中三年学生成长记录的基础上，对学生综合素质的评价分为三部分：综合评语主要对学生的道德品质、公民素质等方面进行定性描述；课程修习与学业评价，主要如实记录高中生课程的修习状况等；项目测评主要对体现学生素质发展水平的部分项目进行定量测评，测评分审美与艺术、运动与健康、探究与实践、劳动与技能等四个项目。并记入"浙江省普通高中电子学籍管理系统"，供高校录取时参考。

5. 转变教学观念，探索教学方式改革

（1）改变传统的教师独白式教学方式为师生互动式教学。运用启发式、探究式、互动式、讨论式、开放式方法教学，激发学生的参与意识与智力开发。

（2）创设问题情境，引导自主探究。课堂上教师通过巧设疑问、走进生活、设计游戏、巧用故事、演示实验、老问题延伸、联想化归纳等措施，创设实体性情境、语言性情境、模拟性情境、推理性情境和想象性情境，让学生身临其境，有真实、直观的感觉，从而增强兴趣，积极参与，充分想象，解决问题。

（3）改变由教师讲解为教师示范与学生演练结合

传统教学主要由教师讲、学生听，学生单纯地听，并不能扎实地掌握课程的核心内容，而且不具备实践操作能力。教师在教学中应采用示范、提高帮助、放手让学生演练等方法帮助其掌握服务操作技能。

6. 通过培优纠偏补差工作，完善分层教学

以科学发展观为统领，最大限度地让每个学生得到充分的发展，提高学生的学习成绩。面对有差异的学生，实施有差异的教育，促进有差异的发展，获得有差异的成功。分层教学主要从三个层面入手，即分层指导、分层作业和分层评价。

分层指导：(1)指导每个学生根据各自差异，制定各学科近期学习目标；(2)各任课教师根据学生差异，进行动态分组，用生生互动的方式进行合作式学习；(3)细分指导的办法，采用师生互动式指导和"生教生"的方式，选择一部分学习优先者做小老师，带动和帮助学习困难者。

分层作业：(1)相同的教学内容，作业分为A、B或者A、B、C类，备课组老师分工协作提前确定每天的A类和B类作业内容；(2)给不同程度的学生提出不同的作业要求。

分层评价：(1)量化评价，评价的主要依据为考试成绩；(2)表现评价，分为课堂表现评价和作业表现评价；(3)即时反馈评价，尽最快速度向学生反馈，使评价起到及时的激励作用。

7. 加强考试研究，提高应试能力

认真研读高考和会考考试说明，并仔细分析研究最近五年各地高考试卷，了解高考和会考命题方向。每次考试后都要做好试卷分析工作。期中、期末考试要由教研组组织试卷分析工作，月考要由备课组组织试卷分析工作。试卷分析工作要针对命题、答题情况、教学环节落实、教学措施整改等环节，做出分析报告。应通过考试结果来反思教学过程的效果。

每次考试后，都要对不同层次学生的试卷作抽样分析工作，明确学情，加强反馈，提高指导学生的针对性。试卷分析工作要和班级教学质量评估、学情诊断等结合起来进行。

（四）分阶段实施步骤

第一阶段（2009.9—2010.6）

1. 制定和完善精细化的常规管理制度。教学常规管理工作中，教学处进一步完善"指导—检查—反馈—评价"措施，形成年级段、教研组、备课组负责落实、督促、检查、评价，教学处进行指导、抽查的长效机制，切实做到有记录、有反馈，完全将评价结果纳入到教师的常规考核当中。

2. 对学生的学习方式进行研究和探讨。有针对性地解决教师关注教材和自己的教学

多,关注学生学习方式少的问题,努力提高学生学习的实效性。

3. 积极创建合格教研组和示范教研组,完善《洪家中学合格教研组和示范教研组评分细则》,争取有1—2个教研组成为合格教研组。

4. 通过专题研究的实施,引导教师转变教学观念,树立新型的师生观,构建和谐的课堂氛围,逐步形成自主学习、合作学习和探究学习。

5. 对原有的教学流程管理制度进行梳理和细化,制定有效的质量监控制度。将全面质量监控理论引入课堂教学管理当中,注重考核的全过程,使考核体系更加科学合理。

第二阶段（2010.9—2011.6）

1. 加强质量管理意识,完善教学常规管理制度。常态下的教学"五环节"要能够经得起常规检查和不定期抽查,使教学常规管理制度科学化、规范化。

2. 积极创建合格教研组和示范教研组。根据第一阶段的经验,进一步完善《洪家中学合格教研组和示范教研组评分细则》,争取有2—3个教研组成为合格教研组,1—2个教研组成为示范教研组。

3. 进一步完善各教研组的建设,充分发挥科研引领作用,使教研组成为教师学科培训、教研的基地。

4. 巩固初步的研究结果。通过课堂教学展示周和课堂观察倡导启发式和探究式教学,逐步改变教师教学方式。

5. 针对考核发现问题,加强教学管理,并提出改进措施与管理措施。努力使教学质量取得稳步提高,力争完成高考上线人数第一批次二十人,第二批次三百人的预定目标。

第三阶段（2011.9—2012.6）

1. 由骨干教师担任学科教研组长和备课组长,通过岗位承诺明确职责,通过常规检查、民意调查、质量评价等方式进行考核,使这支队伍真正成为学科及课题研究的核心力量,使部分学科优势能够得以彰显。

2. 积极创建合格教研组和示范教研组,进一步完善《洪家中学合格教研组和示范教研组评分细则》,争取有3—4个教研组成为合格教研组,2—3个教研组成为示范教研组。

3. 通过教师教学方式的转变,促进学生学习方式的改变,全面总结教学专题研究成果。

4. 在科学严格的管理和考核制度下,使学校的教学质量有明显的提高。力争使学校的综合实力稳定在全市前15名,基本完成"三三三"工程。

五、推进课程改革,完善课程体系

（一）指导思想

1. 课程改革是学校教育改革的核心,是实现学校培养目标的支撑,也是学校组织教育教学活动的基本依据。

2. 加强校本课程开发,完善学校课程设置,逐步形成具有本校特色的课程体系,为学生的全面而有个性的发展提供保障,实现学生知识、能力、情感、态度、价值观的和谐发展。

（二）工作目标

1. 形成结构合理的学校课程体系。在确保必修课程质量的同时,根据学生的知识结构、认知水平和兴趣爱好，建设具有多样性和针对性的选修课程体系。在满足课程与学生生活相联系，课程与学生兴趣相结合等原则的基础上，努力使校本课程成为必修课程和选修课程体系的有益补充和必要拓展。

2. 集中精力进行语文、数学、英语等核心课程的学科建设，通过努力在三年之内使语文、数学、英语成为学校的优势学科。

3. 通过课程建设，强化学校的信息技术教育的特色。

（三）规划措施

1. 完善三类课程，优化课程结构

（1）必修课程

根据新课程标准和学校课程设置的特点，严格执行《浙江省普通高中新课程实验第一阶段课程设置意见》，在对基础性学科课程内容优化的过程中，有效控制必修课程的课时。努力提高必修课程的教学质量。

重视语文课中的阅读训练，指导学生课外阅读，确定中学生分年级优秀读物推荐书目，要求学生在三年内完成一定的阅读量。

加强数学教学改革力度，通过"数学半小时"工程，关注课堂内的差异教学。课堂对优等生通过难度较大的作业给予关注；对中等生解决知识点，在课堂规定时间内完成教学任务；对差生利用课后时间补课。

加大英语学科的课程改革力度，通过骨干教师培养、教学改革，以及教育科研的促进，使我校英语质量能够整体提高。

重视物理、化学、生物等学科的实验教学，继续增加实验内容。

加强文科教学中思维能力培养，在学科教学中重视生活内容的渗透。

（2）选修课程

为了适应社会对多样化人才的需求和满足学生全面而有个性发展的需要，学校根据《省普通高中新课程实验第一阶段选课制度建设指导意见》开设选修课程：IA选修和IB选修。

IA选修课程根据《浙江省普通高中新课程实验第一阶段学分要求》在高二年级对学生进行文理分科指导，组建新的班级，然后根据文理科分别开设合适的课程。

IB选修课程实行走班制。IB选修课程可分为两类：一类是与高考直接相关的模块，另一类是以拓展学生知识为主的模块。实施IB选修课程走班制可分为以下三步。

第一步：在高二第二学期期中考试后，召开学生家长会，向家长介绍新高考政策，学生与家长在教师的指导下，根据新高考政策以及个人实际情况，填写选类意向书。

第二步：学校教学处根据学生的意向书，对学生进行分类编班。

第三步：不同类别的班级开设不同的IB课程，一类班级开设高考类的模块，二类、三类班级则开设非高考模块。

（3）地方课程、校本课程

为了满足学生不同方向、不同层次的发展，贯彻"以学生发展为本"的课改理念，充分挖掘和利用学校现有的与潜在的课程资源，开设地方课程与校本课程。

地方课程分成通用和专题两个部分。通用部分是指在省内普通高中都适用的地方课程，内容包括除国家必修课程外，在高中教育中符合国家教育要求且已基本稳定的各项教育内容,如公民道德规范、法律常识、安全教育、人口与青春期教育、心理健康教育、环境教育、国防教育、科技教育、艾滋病预防和禁毒教育,以及浙江社会、经济、人文、历史等。专题部分是指在通用课程教学基础上,围绕特定教育内容和要求而进行教学的地方课程,主要开设一些能体现鲜明的地域性特点,具有浓郁的本土特色的课程,如台州文化、台州地理、乡土地理、台州人文等。

校本课程是在本校范围内实施的生成性课程,由学校自主开发,体现学校特色,符合学生学习需要和发展的要求,根据教师课程资源遴选的最好的选修课,如文学鉴赏、英语泛读、数学史、中美关系、台湾问题、竞技体育、网页制作、心理学、物理竞赛、化学竞赛、生物竞赛、数学竞赛、美术欣赏、音乐欣赏等。

2. 开发信息技术课程,强化特色教育

(1) 构筑具有"选修"特征的信息技术课程"套餐"。在贯彻落实浙江省高级中学课程标准的同时,努力建设信息技术校本课程体系。建设分层式信息技术课程体系,让每个学生在信息技术上都能够获得比较好的发展。学校根据学生特点,将信息学科分为A、B、C三个层次,为学生学习提供三套容量和难易程度不同的套餐课程。

(2) 建设具有"竞赛"特征的信息技术拓展性课程。开发文字处理、网页制作、计算机软硬件、多媒体制作、数据编程、动漫制作等竞赛类的辅导性课程,对具有这方面兴趣和特长的学生进行有针对性的辅导,让他们在竞赛中获奖。

3. 加强课程制度建设

要不断健全、完善学校的课程管理规章制度,完善并实施《洪家中学课程实施计划》、《洪家中学研究性学习指南》和《洪家中学选课指导制度》,建立课程管理体系,在实践过程中不断优化课程结构,为课程改革的顺利有序实施提供指导。规范各类课程的开发、设置、实施、评估机制,建立对课程的全面评价机制。

六、优化师资队伍,促进专业发展

(一) 指导思想

1. 以科学发展观为指导,努力打造一支能适应教育改革与发展需要,结构合理、师德高尚、业务精湛的"学习型组织"教师队伍,为全面推进素质教育提供有力的支持和保障。

2. 落实教师队伍建设在学校发展中的重中之重地位,通过教师发展带动学生的发展。

(二) 工作目标

1. 经过三年努力,到2012年,努力建设一支师德高尚、结构合理、务实创新、团结协作、乐于奉献的"学习型组织"教师队伍。

2. 经过三年努力,师资队伍结构得以优化,一线教师本科学历达标100%,硕士研究生学历或研究生课程结业比例达5%;高级职称以上教师比例达20%;星级教师等区级以上名师逐年有所增加。

(三) 规划措施

1. 根据教师发展需求,推进分层校本培训

作为台州市教研室校本研修基地学校之一,积极落实上级主管部门精神,推动校本研修在我校的有效开展。改革师训管理模式和内容形式,突破传统模式,探索校本研修的基

本内容、活动方式和管理办法，逐步形成符合本校实际情况的校本研修模式。

根据教师发展的不同需求，开展分层次的校本培训。通过校本培训制度建设，开展扎实的系列学习活动，促进功能优化，提高质量。

对1—3年教龄的青年教师，实行新老教师结对，老教师在备课、教材处理、上课、教学设计等方面对新教师进行指导与示范，研训重点是提高新教师的教学规范水平和教学能力。

对3—7年经验型教师实行帮教制，由教师自己选择结对，帮教制主要是发挥教研组、备课组的力量，不断引导他们反思自己的课堂教学策略，写出自己的教学体会，深入剖析各种策略的实施要求。学校积极为他们创设各种学习、锻炼的机会，组织开设公开课、教研课，促使他们尽快成熟。

对7年教龄以上的骨干型教师，要求他们形成自己的教学风格。通过课题研究、教学竞赛、论文评比、学术研讨、示范课、竞赛辅导、跟踪培养、拜师结对等途径，给教师压担子，让教师展风采，使骨干教师脱颖而出。鼓励骨干教师结合自己的教育教学实践，不断总结教育教学经验，形成自己的教学特色，发挥特长，著书立说，努力向更高层次发展。

2. 实行校本培训课程化

随着社会变革加快，学生群体特征发生了潜移默化的变化，自主意识越来越强，知识面越来越丰富，教师"以不变应万变"的行为习惯，已经远远不能满足社会和家长要求的，更不能适应学生全面发展的要求，教师树立终身学习、不断自我更新的意识，尤为必要。基于这样的认识高度，学校将认真思考培训内容和培训形式，构建具有我校特色的校本培训体系。

（1）培训目标

在培训目标上，立足于学校发展、整体提升学校教育教学质量。在培训切入点方面，基于学校的现有条件和基础，从学校存在的问题入手，"对症"培训。

（2）培训内容

根据教师发展不同需求进行不同的培训，对全体教师进行基础性培训和提高性培训。

基础性培训的主要课程：①师德培训；②新课程理念培训；③班主任工作培训；④现代信息技术与学科教学整合的培训。

提高性培训的主要课程：①高考学科命题培训；②课堂观察培训；③课题研究培训；④有效教学理论与实践的培训；⑤各学科教学方法培训。

（3）培训形式

① 集中学习和分散学习相结合，以及外出学习培训。每周星期五下午第四节课后组织教师进行学习；平时教师根据实际情况自行安排学习时间和学习内容，并做好学习笔记；根据上级主管部门安排和学校实际组织部分教师外出学习培训。

② 专家讲学和指导。设法邀请市区教育局教研员或市级以上骨干教师、高校教授到学校进行理论指导、教学现场指导以及专业咨询；开展学术报告会，向教师传递信息、提供观念、训练能力，促进教师的专业发展。

③ 充分利用现代教育信息技术，开展校本培训。组织教师通过观看课堂实录、专家讲座、上网查阅教育改革信息等方式，开展网络校本培训。

④ 个案研究与提高相结合。发挥微格教室在校本培训中的作用，每学期根据实际情况为每位教师录制1—2节课，然后以科组为单位组织教师观看录像，并结合课堂实例进行评课，以规范教师的教学行为，提高教师的课堂教学水平。指导教师本人写好教学反思，边总结边提高。

⑤ 搭建各种平台。如课堂教学展示周；参加高三月考制度；课题研究；参加台州市学科发展共同体；参加各级教学大比武、优质课等。

3. "引进、转岗"并举，优化教师结构

多渠道引进各学科骨干教师，增强教师队伍的生机与活力，与此同时，合理妥善地将富余人员进行分流与转岗，进一步优化教师队伍的结构。

4. 鼓励教师制定个人专业发展规划

要求教师认真学习学校发展规划，根据学校发展规划的要求，分析个人业务状况，确立个人的发展目标，制定个人的专业发展规划。

5. 加强与高校科研机构合作

学校办学要得到高校科研机构的大力支持，要依托上海、杭州等地的高校科研机构，整合内外资源，创造性地开展教育科研合作和校本培训活动。

第四部分 保障服务

一、管理落实保障

（一）指导思想

1. 秉持人文关怀、科学民主的管理理念，建立一套高效的管理运行机制，形成依法治校、文化立校、规范办学、高效管理的新局面。

2. 以办学理念为指导，坚持精细化管理，倡导务实创新、踏实奋进的工作态度，促进学校可持续发展。

（二）工作目标

1. 完善各项制度，通过制度规范教职员工的日常行为。建立以结构工资制、全员聘任制和业绩考核制为主要内容的岗位竞争机制，通过激励措施，发挥全体教职员工的工作积极性。

2. 通过务实高效的管理，营造一种合作进取的学校文化。

（三）规划措施

1. 精细化管理

根据ISO9000的管理方式，推行全面质量管理。进一步改变传统的垂直式科层管理为扁平式年级段管理，年级段建立科学的精细化管理系统，把"小事做细，细事做精"，提高教育教学效率。

（1）职责明确。年级段配备四个管理人员：校级领导、年级段段长、教育处负责人和教学处负责人。分工合作，务实管理，细致到位。

（2）反应迅速。年级段关注本年段出现的问题，使用科学、合理的方法及时解决。

2. 民主化管理

（1）实行校务公开制度，公开方式主要为上墙公示、会议通报和网上公示。

（2）完善"教代会制度"，落实重大决策教代会审议制，调动和激励教职工参与学校管理的积极性，充分发挥骨干教师在学校管理中的积极作用。

（3）推行干部述职评议制

学校中层以上干部，在每年年终必须履行干部述职制度，由教职员工对干部述职内容进行评议。

（4）制定家长委员会制度，并通过家访、家长会等形式，加强家校之间的联系，让家长参与学校管理。

3. 深化学校内部改革，完善各项管理制度

完善综合考评制度，完善职称评定制度，完善教职工聘用制度。

根据"多劳多得、优劳优酬、以岗定责、岗变薪变"的精神，完善分配制度改革。

4. 加强干部队伍建设

提高干部队伍的作风建设和能力建设。着力加强青年干部的培养。完善中层干部和教研组长、年级段段长的选拔机制，逐步建立能上能下的柔性流动机制。

二、后勤优化服务

（一）指导思想

1. 不断探索后勤管理机制，提升管理水平，建设一支服务高效、反应快速、管理先进的后勤服务队伍和督查队伍。

2. 探索后勤管理新方式，为教育教学第一线提供服务和保障。

（二）工作目标

1. 今后三年内，计划投资500万元，将洪家中学建设成人文校园和现代化校园。

2. 进一步提高后勤服务水平，创设良好的人文环境；精心布置校园的各种环境；开源节流，保持良好的财务运营状态。

（三）规划措施

1. 加强学校安全工作，建立安全责任制

加强学校安全工作，建立安全责任制，确保学校教育教学工作的安全进行，杜绝后勤服务事故的发生。

2. 抓好法律法规、管理服务技能的培训学习，服务优质高效出品位

（1）坚持和完善学习制度，组织后勤职工进一步学习讨论有关后勤工作各项法律法规和奖惩条例，进一步增强全体后勤职工的法制观念，使后勤管理真正走上科学化、制度化、规范化的轨道。

（2）组织各岗位后勤职工定期进行岗位培训，开展岗位竞赛，提高全体后勤人员的服务技能，真正做到管理服务上水平，管理服务出效益。

3. 搞好阶梯教室、长廊、连廊工程的设计和施工，增强校园人文底蕴

（1）对阶梯教室、长廊进行重新改造，增设电视墙、人文景观，提高其文化教育功能。

（2）对教学区教学大楼和生活区的寝室、食堂进行连廊设计施工，为师生提供更为舒

适便捷的学习生活通道，体现以师为本，以生为本的办学理念。

（3）争取椒江区人民政府支持，扩大50亩校园面积，使校园的美化、绿化、亮化、人文化更能适应教育现代化的需要。

（4）完善校史室、档案室、图书馆的建设，增设国际交流联谊纪念牌、毕业留念碑等。

4. 落实"四检查"

落实消防、用电、卫生、教学实验设备四个检查，保证水电气饮食校舍安全。

（1）成立专门机构，学校校长任组长，与各室、各处、各年级段签订安全责任状，做到一级对一级负责。

（2）健全安全制度，加强全校教职员工安全生产意识，使安全工作有章可循。

（3）加强重点部位监控：一是锅炉房等规范操作程序，管理人员持证上岗，上班时间不能擅离工作岗位；二是学生私自用电器、明火监控；三是电源线路开关、闸刀、电源插头、插座，以防线路老化造成触电及电路火灾事故。

（4）着力开展专项整治。定期开展学校安全工作大检查，如校舍安全、消防安全、用电安全、交通安全、食品卫生安全，成立义务消防队。建立安全专项工作台账，对设施、设备、经费、检查、整改情况作记录。

5. 启动"五中心"建设

启动校园文体中心、艺术中心、社团中心、科技中心、信息中心五个中心的建设，与现有的教学活动中心形成"六个中心"的有效运作，形成大气、和谐、个性突出、昂扬向上的校园文化特色，为素质教育和学生的全面发展搭建开放的平台。

（1）阳光体育中心。为师生提供体育活动锻炼场所，使他们的身心得到健康发展。

（2）鸿洲艺术中心。艺术中心的建设为广大师生提供陶冶情操、美化心灵和提升素养的场域。

（3）学生社团中心。让全体学生在社团活动中获得各种体验，把知识和实践完美结合起来，通过社团活动提高学生的实践能力。

（4）科技创新中心。发挥已有科技设施的作用，继续加大对数字化实验室的建设，使学生在动手实践中养成懂科技、爱科技的素养。

（5）洪中信息中心。学校加大信息技术方面软硬件的更新投入，使学生掌握更加扎实的搜索信息，分析信息和处理信息的能力，以适应现代社会的需要。

6. 后勤服务管理物业化

将学校食堂、超市、文印室、书店、校园绿化养护、卫生保洁、饮用水供应等继续委托代管，引入社会服务上的竞争机制，提高办学效益。

参考文献

一、著作类

[1] 李宝元.绩效管理：原理·方法·实践［M］.北京：机械工业出版社，2009.

[2] 王斌华.教师评价：绩效管理与专业发展［M］.上海：上海教育出版社，2008.

[3] 武欣.绩效管理实务手册［M］.北京：机械工业出版社，2001.

[4] 夏甄陶.人是什么［M］.北京：商务印书馆，2000.

[5] 夏正江.一个模子不适合所有的学生——差异教学的原理与实践［M］.上海：华东师范大学出版社，2008.

[6] 徐晓东，邵文其，洪仙瑜.社会转型与办学体制创新［M］.杭州：浙江大学出版社，2003.

[7] 俞文钊.领导心理学导论［M］.北京：人民教育出版社，1996.

[8] 曾晓东.中小学教师管理的制度分析［M］.北京：北京师范大学出版社，2005.

[9] 张民选.教师职业生涯周期［M］.北京：中国轻工业出版社，2005.

[10] 赵中建.学校经营［M］.上海：华东师范大学出版社，2006.

[11] 郑晓明.绩效管理实务手册［M］.北京：机械工业出版社，2007.

[12] 朱小蔓.情感教育论纲［M］.北京：人民出版社，2008.

[13]〔美〕S.斯特林费儿德，S.罗斯，L.史密斯.重建学校的大胆规划——新美国学校设计［M］.窦卫霖等译.上海：华东师范大学出版社，2003.

[14]〔美〕曼瑟尔·奥尔森.集体行动的逻辑［M］.陈郁等译.上海：上海人民出版社，2004.

[15]〔美〕彼得·圣吉.第五项修炼［M］.上海：三联书店，1994.

[16] 崔允漷.校本课程开发［M］.上海：华东师范大学出版社，2006.

[17] 季苹.学校发展自我诊断［M］.北京：教育科学出版社，2004.

[18] 李小云.参与式发展概论［M］.北京：中国农业大学出版社，2001.

[19] 联合国教科文组织.内源发展——质量方面和战略因素［M］.北京：中国对外翻译出版公司，1991.

[20] 陈建华.基础教育哲学［M］.北京：北京大学出版社，2009.

[21]〔美〕约翰·I.古德莱德.一个称作学校的地方［M］.上海：华东师范大学出版社，2006.

[22] 郑金洲.校本研究指导［M］.北京：教育科学出版社，2005.

[23]〔美〕杜威.杜威教育论著选［M］.赵祥麟，王承编译.上海：华东师范大学出

版社，1981.

[24]〔美〕杜威.民主主义与教育［M］.王承绪译.北京：人民教育出版社，1990.

[25]〔美〕杜威.学校与社会·明日之学校［M］.赵祥麟等译.北京：人民教育出版社，1994.

[26] 孙孔懿.学校特色论［M］.北京：人民教育出版社，1998.

[27] 陈桂生.人的全面发展与现时代［M］.上海：上海教育出版社，1988.

[28]〔日〕佐藤正夫.教学论原理［M］.钟启泉译.北京：人民教育出版社，1996.

[29] 邱兆伟.教育哲学［M］.台北：台湾师大书苑，1996.

[30] 赵中建.教育的使命——面向二十一世纪的教育行动纲领［M］.上海：教育科学出版社，1996.

[31] 陆有铨.躁动的百年：20世纪的教育历程［M］.济南：山东教育出版社，1997.

[32]〔法〕卢梭.爱弥儿［M］.李平沤译.北京：商务印书馆，1996.

[33]〔美〕威廉·K.弗兰克纳.善的求索［M］.黄伟合等译.沈阳：辽宁人民出版社，1987.

[34] 石中英.教育哲学导论［M］.北京：北京师范大学出版社，2002.

[35]〔美〕怀特海.教育的目的［M］.徐汝舟译.北京：生活·读书·新知三联书店，2002.

二、论文类

[1] 丁钢.以教师专业发展为核心的校本课程开发.教育研究［J］，2001（2）.

[2] 李继星.现代学校制度初论.教育研究［J］，2003（12）.

[3] 陈建华.通过参与式规划促进学校发展［J］.教育科学研究，2008（1）.

[4] 陈建华.作为发展过程的学校发展规划［J］.教育发展研究，2004（11）.

[5] 褚宏启.我们需要什么样的现代学校制度［J］.教育研究，2004（12）.

[6] 李英武，李凤英，等.中小学教师胜任特征的结构维度［J］.首都师范大学学报（哲学社会科学版），2005（4）.

[7] 刘继荣.试析马克思主义个性理论与人的潜能开发，［J］.马克思主义研究，2011（2）.

[8] 刘静.对科层式学校管理体制的反思［J］.教学与管理，2000（6）.

[9] 刘丽.中小学教师胜任力的影响因素及提升策略［J］.聊城大学学报（社会科学版），2009（2）.

[10] 刘钦瑶，葛列众，刘少英.教师胜任力研究述评［J］.高等工程教育研究 2007（1）.

[11] 刘叶云，李雪.我国高校教师胜任力评价指标体系的构建［J］.湖南师范大学教育科学学报，2010（2）.

[12] 龙江.基于胜任力模型的员工绩效评价［J］.武汉金融，2010（8）.

[13] 罗小兰，林崇德.基于工作情境下的教师胜任力影响因素［J］.中国教育学刊，2010（2）.

［14］王蕊.绩效反馈的价值、问题与优化策略［J］.人力资源管理，2010（11）.

［15］吴宏保.论现代学校制度视野下校长负责制的有效实施［J］.中小学管理，2002，1－2.

［16］谢曼华."以人为本"的管理理念与学校行政工作［J］.中山大学学报（社会科学版），2000（3）.

［17］徐宝森.扁平化管理下的人力资源整合［J］.经济问题探索，2004（5）.

［18］徐建平，等.中小学教师胜任力模型：一项行为事件访谈研究［J］.教育研究，2006（1）.

［19］徐鹏.以学力培养为核心的基础教育改革初探［J］.现代教育科学·普教研究，2010（2）.

［20］徐鑫，郭家瑜.360度考核法在中学教师绩效考核中应用的设想［J］.湖北经济学院学报（人文社会科学版），2008，3.

［21］严进，邓靖松.析人力资源管理概念发展的逻辑［J］.软科学：2003（1）.

［22］曾晓东.对中小学教师绩效评价过程的梳理［J］.教师教育研究，2004（1）.

［23］张剑虹.科学的绩效管理关键在沟通［J］.中国人才，2009（1）.

［24］张向众.美国学校绩效责任制探析［J］.教学与管理，2007（12）.

［25］郑立平.自我管理与自我评价：班主任专业化成长的核心因素［J］.中国教师，2010（13）.

［26］钟柏昌，李艺.教育绩效管理论纲［J］.教育学报，2009（2）.

［27］钟启泉.关于"学力"概念的初探［J］.上海教育科研，1991（1）.

后 记

　　洪家中学自1956年创办至今，走过了一条曲折的发展之路，几经坎坷，也几经繁荣，从2个班一百多名学生发展到现在拥有44班近两千名学生的规模。我亲历了其中的二十余年的洪中历史，见证了从传统科层管理、ISO 9000质量管理体系改革、扁平式管理到具有现代绩效管理特征的红黄蓝管理的转变。

　　随着教育教学改革的深入，一方面，绩效工资的实施愈加突显出学校组织管理运转所依托的"绩效"的重大意义；另一方面，在传统科层管理体制下，教职员工之间恶性竞争、师生幸福指数不高、教职员工职业倦怠等问题日益暴露。作为学校管理者，如何平衡这两者之间的矛盾，这不仅仅是一个理论上需要思考的问题，而且还是一个现实的问题，摆在我们面前的重要任务是如何解决问题：如何在"阳光工资"的时代，让教职员工们工作的更加幸福，让孩子们的学习生活更加快乐？这些问题无时无刻不充斥着我的脑海。2009年的台湾之旅，突然有一个念头在我脑中闪过：在"绩效管理"时代，我们为何不根据学校的具体情况，创建具有本土化特征的管理模式？

　　理念只有通过实践才有可能成为现实。我开始了对管理新模式的构想，并将这最初的设想与洪景琳书记、王震敏副校长、徐忠勇副校长交流沟通，使得这一设想逐渐有了可预见性。趁着在上海师大培训的机会，我将自己的构想与陈建华教授进行了深入的交谈和探讨，得到了他的肯定和支持，这无疑增强了推进学校管理改革实践的信心。于是，在2009学年教育教学工作会议上，我大胆地抛出了"红黄蓝绩效管理模式"的论坛主题，学校各职能部门、学科教研组长、班主任代表等25位教师各抒己见，把对红黄蓝绩效管理模式的内涵理解、操作设想和期待都作了充分的发言讨论。令我欣喜的是，教师的见解不仅弥补了许多我曾经构想中的空白和欠缺，更重要的是表达了他们内心对管理改革的那份期待和热情，更加坚定了我迈出改革步伐的信念。

　　尝试管理改革与创新并非易事，在扬弃传统学校管理体制的基础上进行创新，都需要一个理解、接受、尝试和改进的过程。我们将教育处作为了改革的试点，对学生和班主任的班级管理尝试探索，并召开了"红黄蓝绩效管理推进会"。在各个条块推进红黄蓝管理改革的过程中，不断地遇见新的问题。例如，红黄蓝三区的界定、三个区域内渐变过程的体现、区域之间基准线的变化、关键绩效指标的设定等。对这些问题的思考让我有了写下思考心得与大家共享的念想。从2005年在澳大利亚堪培拉大学接受管理理念和管理思维方式的系统培训开始，我先后挂职锻炼于杭州第四中学、杭州第七中学、杭州学军中学、上海格致中学、上海大同中学等名校，学习名校的管理经验，体验和领略了名校管理的风采，提高了自身的管理意识和管理水平。在积极汲取他们管理精华的同时，根据学校的实际，对原有的管理理念进行了不断地反思和总结，形成自己的管理风格，对洪家中学的未来作了种种的设想和展望。"不需扬鞭自奋蹄"，这是我对教育事业的一生追求，站在新课改的浪尖上,有了一种抒发自己对教育教学改革的情怀和管理创新的灵动,于是我组织学校教师开始了本书的写作,旨在与大家分享学校管理的经验。

《普通高中红黄蓝绩效管理模式研究》是洪家中学教职员工集体智慧的结晶。在此,衷心地感谢参与本书研讨、写作的所有老师。对于一所普通高中,在面临繁重教学任务和学生管理的同时,还要撰写具有一定学术水平的著作,其艰辛可想而知,这个过程只能用"酸甜苦辣自知"来形容,所幸我们走过了这一过程,书稿完成之时,我们产生了一种奇妙的成就感,大家还对这个艰辛过程走过的路产生了恋恋不舍的感觉。

本书的第一章由陈建华、陈志明执笔,其内容是学校的绩效管理理论与反思。第二章由孙琴、王宏燕执笔,其内容是学校管理实践历程及其思考,主要阐述学校管理的三个阶段。第三章由李爱美执笔,其内容是红黄蓝管理的内涵分析。第四章、第五章由孙琴、王宏燕执笔,其内容是红黄蓝管理流程的总体设计和绩效规划的制定。第六章由洪景琳、陈茂彪、陈杨友、朱根先、郭国强、李爱萍、柯云飞执笔,其内容是红黄蓝绩效管理模式中的绩效指标,主要从教学绩效指标、学习绩效指标、班级绩效管理指标和后勤服务绩效指标四个方面进行阐述。第七章由王震敏、王聪执笔,其内容是红黄蓝管理的绩效考评。第八章由徐忠勇执笔,其内容是红黄蓝管理的绩效信息收集和绩效反馈。第九章由陈志明执笔,其内容是红黄蓝管理与现代学校制度的建设。全书最后由陈志明统稿。

上海师范大学教育学院的陈建华教授多次来校悉心指导,倾注了大量心血,为书稿的写作推进工作作了精心策划,确保了选题、研究和写作的顺利进展,在此表示感谢。另外,还要感谢北京大学出版社的姚成龙老师给予的大力支持和指导。衷心感谢前任校长洪仙瑜老师,他是洪家中学学校管理改革的领路人,曾经带领着我们对学校的教育教学管理进行了积极的探索和实践,引导我们迈出了管理改革的坚定步伐。

本书是在我们学校绩效管理的实践中进行探索、总结、改进和不断完善过程出炉的,从实践中总结而来,又期望能够到实践中起到更好的指导作用。在普通高中进行绩效管理的探索,我们是在摸着石头过河,并不是很成熟,期待着专家、同行和读者的不吝赐教。书中引用了同行、学者的许多研究成果,在此不一一注明。由于我们学术功底有限,书中不当之处敬请读者指正。

陈志明
2011 年 8 月